互通式立交出入口与隧道口小净距路段交通安全保障技术

王 佐　富志鹏　林宣财　潘兵宏　王 松 编著
吴明先　伍石生 主审

人民交通出版社股份有限公司
北京

内容提要

本书紧扣互通式立交出入口与隧道口小净距路段存在的安全保障技术问题开展研究。在分析了小净距路段最小净距相关规定存在的不足及净距对路线和互通式立交选址、方案布设与工程造价影响的基础上，建立了互通式立交出入口与隧道口不同组合情况下的最小净距理论计算模型，提出了关键交通参数和最小净距指标值，并提出基于数字化交通组织管理的车道行车安全诱导主动管控系统和基于车道行车安全诱导管控系统的交通安全综合保障技术；介绍了小净距路段交通流特征参数采集与验证方法、模拟驾驶仿真与交通流仿真试验验证。本书提出的理论模型、技术指标和交通安全综合保障技术为小净距路段的交通组织管理和运行安全保障设施设计提供了理论依据。

本书适用于互通式立交出入口与隧道口小净距路段交通安全保障，可供从事公路总体、路线、互通式立交与交通工程的广大设计、管理、教学和科研人员参考。

图书在版编目(CIP)数据

互通式立交出入口与隧道口小净距路段交通安全保障技术/王佐等编著. — 北京：人民交通出版社股份有限公司，2023.10
ISBN 978-7-114-18989-0

Ⅰ.①互… Ⅱ.①王… Ⅲ.①高速公路—交通运输安全—安全管理—设计 Ⅳ.①U491.4

中国国家版本馆 CIP 数据核字(2023)第 175690 号

Hutongshi Lijiao Churukou yu Suidaokou Xiaojingju Luduan Jiaotong Anquan Baozhang Jishu

书　　名：	互通式立交出入口与隧道口小净距路段交通安全保障技术
著 作 者：	王　佐　　富志鹏　　林宣财　　潘兵宏　　王　松
责任编辑：	李　沛
责任校对：	孙国靖　　宋佳时
责任印制：	张　凯
出版发行：	人民交通出版社股份有限公司
地　　址：	(100011)北京市朝阳区安定门外外馆斜街 3 号
网　　址：	http://www.ccpcl.com.cn
销售电话：	(010)59757973
总 经 销：	人民交通出版社股份有限公司发行部
经　　销：	各地新华书店
印　　刷：	北京市密东印刷有限公司
开　　本：	787×1092　1/16
印　　张：	13.75
字　　数：	326 千
版　　次：	2023 年 10 月　第 1 版
印　　次：	2023 年 10 月　第 1 次印刷
书　　号：	ISBN 978-7-114-18989-0
定　　价：	80.00 元

(有印刷、装订质量问题的图书，由本公司负责调换)

序
PREFACE

新中国成立以来,我国公路交通总体经历了从"瓶颈制约"到"初步缓解",再到"基本适应"的发展历程,取得了历史性的成就。截至 2022 年底,我国公路总里程达到 535.48 万 km,其中高速公路里程 17.73 万 km,国省干线公路连接了全国县级及以上行政区,干支衔接、四通八达的公路网已经形成。

2019 年 9 月和 2021 年 2 月中共中央、国务院发布了《交通强国建设纲要》和《国家综合立体交通网规划纲要》,将交通强国从行业发展战略上升到国家战略层面,这两个纲要擘画了我国交通运输发展的宏伟蓝图。党的二十大报告指出"坚持把发展经济的着力点放在实体经济上,推进新型工业化,加快建设制造强国、质量强国、航天强国、交通强国、网络强国、数字中国",再次明确了建设交通强国的战略定位。

"十四五"时期是我国全面建成小康社会、实现第一个百年奋斗目标之后,乘势而上开启全面建设社会主义现代化国家新征程、向第二个百年奋斗目标进军的第一个五年,也是加快建设交通强国、构建国家综合立体交通网的关键时期。国家经济快速发展,民众出行需求不断变化,对高速公路的服务质量提出了更高的要求,不仅要安全快捷,也要舒适愉悦。对标"人民满意、保障有力、世界前列"的交通强国建设总目标,高速公路建设的关键技术指标和管理手段等也需与时俱进,进一步更新和完善。

中交第一公路勘察设计研究院有限公司(以下简称一公院)作为我国交通规划设计咨询行业领军企业,70 年来不仅在国内外承担了大量复杂的公路建设项目,还承担了《公路工程技术标准》《公路路线设计规范》等标准、规范的编制工作。一公院长期重视科研与工程实际的结合,秉承"解工程难题,填行业空白,引领行业技术进步"的职责使命,坚持问题导向、需求导向、目标导向和应用导向,对事关高速公路建设方案、工程造价与行车安全等影响比较大的四大方面问题开展了系统的技术攻关,在复杂环境公路路线优化设计原理与方法、高速公路连续长大纵坡路段平均纵坡的合理控制、互通式立交出入口技术指标体系与安全保障技术、高速公路停车视距与识别视距及对交通安全的影响等方面取得了丰硕的创新性研究成果,这些成果对促进和提升我国高速公路设计水平具有重要意义和参考价值。

为了更好地推广、应用既有研究成果,一公院组织负责参加课题研究的资深专家,在研究成果及学术论文基础上,编撰了三本专著,分别为《公路路线优化设计原理与方法》《互通式立交优化设计原理与方法》和《互通式立交出入口与隧道口小净距路段交通安全保障技术》,全面系统地阐述了公路路线设计中关键技术指标及典型问题的优化设计原理和优化设计方法,理论性、实践性都很强。我们期待专著的出版能对新建公路复杂环境路段和高速公路改扩建工程合理运用技术指标及灵活设计起到积极的促进作用,助力在加快建设交通强国中实现"一流设施"的建设目标。

2023 年 7 月

前言
FOREWORD

随着公路网的不断完善,我国高速公路建设取得了举世瞩目的成就,积累了丰富的经验。一公院(参加单位长安大学)于2018年开始针对高速公路路线及互通式立交在安全性、舒适性优化设计方面存在的典型关键技术问题,在既有研究成果的基础上开展了系统的总结性、创新性及原创性研究。经过4年多的深入调查、分析与研究,取得了丰硕的成果:完成了"高速公路路线及互通式立交安全性优化设计研究"(含6个子课题)、"互通式立交出入口与隧道口小净距路段交通安全保障技术研究"等专题研究报告,在国内核心期刊发表了40余篇学术论文,申请了系列专利,完成了系列专著的编著。

《公路立体交叉设计细则》(JTG/T D21—2014)(以下简称《立交细则》)发布后,尽管标准中明确规定"当地形特别困难,不能满足最小净距要求而互通式立交必须设置时,应结合运行速度控制和隧道特殊结构设计等,提出完善的交通组织、管理和运行安全保障措施,经综合分析论证后确定设计方案",但新建高速公路小净距路段净距一旦小于《立交细则》规定的最小净距,则会因缺乏基本原理的解读和技术操作层面的支撑,评审专家不得不出具"存在交通安全隐患"的审查意见而使方案难以通过评审;同时,行业内对已建高速公路小于《立交细则》最小净距规定值时是否存在交通安全隐患也存在质疑。因此,当小净距路段净距小于《立交细则》规定的最小净距时,如何完善交通组织设计及配套的安全保障技术等问题,已成为山区高速公路建设和运营管理中急需解决的关键技术难点。以此为导向,在开展专项课题研究的基础上,本书以小净距路段安全性研究成果为基础,舒适性高质量建设为目标,结合设计实践总结和科学研究成果,全面系统阐述了互通式立交出入口与隧道口小净距路段设计中关键技术指标及相关规定的典型问题优化设计原理与安全保障技术。本书主要内容和特点如下：

首先,本书根据互通式立交出入口与隧道口之间相对位置,将小净距路段分为四种组合类型,根据不同组合类型中的交通环境条件、车辆行驶特征和驾驶行为等影响最小净距的因素进行综合分析研究,建立了不同组合类型的最小净距理论计算模型。通过实车调查试验,利用先进数据采集装备,采集了大量隧道附近基本路段与隧道出入口路段的交通运行数据,通过系统深入的分析,得到了小净距路段运行速度特点、车头时距分布模型、明暗适应时间、换道轨迹模型、出口识别视距注视点等关键交通参数特点与规律。通过实车试验,基于瞳孔震荡理论的隧道出入口驾驶人明暗适应特性的深入研究,建立了明暗适应过程中车辆运行速度与瞳孔震荡换算关系模型,得到了不同运行速度条件下明暗适应所需要的时间及距离指标;调研还发现了隧道洞口产生"白洞"与"黑洞"效应的基本条件。基于上述关键交通参数计算模型和指标值,首次系统地建立了互通式立交出入口与隧道口之间四种组合类型的最小净距计算理论模型,得到了分合流区不同车道的最小净距指标;为数字化、智慧化高速公路互通式立交分合流区车道行车安全诱导主动管控提供了科学、可控的交通关键场景数据。

其次,从互通式立交分流区路段交通事故多发原因中分析发现,驶出主线的车辆未能在减速车道三角段起点前换道至最外侧车道而强行变道或紧急制动减速是造成交通事故的最主要原因之一。基于导航系统具备"高效、精准、可控"的主动管控功能,首次提出了在分合流区建立导航启动区间与换道启动区间的设计新理念,并依据分合流区不同车道的最小净距理论模型,建立了导航启动区间与换道启动区间的标准化设计指标。提出了由前区出口远距预告标志、出口预告指标和后区出口近距预告标志组成的三位一体车道行车安全诱导管控系统。

本书首次提出基于数字化交通组织管理的车道行车安全诱导主动管控系统和

基于车道行车安全诱导管控系统的交通安全综合保障技术,为公路小净距路段的交通组织管理优化与运行安全保障设施设计提供了科学理论依据。首次提出的小净距路段综合性关键技术指标(主要包括分合流区不同车道的最小净距、导航启动区间、换道启动区间、分合流区主线线形设计指标等)将为相关规范的修订提供理论支持;创新性提出了基于车道行车安全诱导管控系统的小净距路段最小净距合理运用原则,对互通式立交选址、方案布设、交通安全设施优化、工程造价控制等具有重要意义。期待本书能为互通式立交出入口与隧道口小净距路段及净距小于《立交细则》最小净距要求的交通安全保障关键技术难点的解决提供技术支撑。

全书共分8章,第1、2章分析了小净距路段最小净距相关规定存在的不足及对互通式立交选址、方案布设与工程造价的影响;第3~6章建立了最小净距理论计算模型,得到了关键交通参数和最小净距指标;第7章提出基于数字化交通组织管理的车道行车安全诱导主动管控系统和基于车道行车安全诱导管控系统的交通安全保障措施与提升交通安全保障的建议措施等综合保障技术;第8章介绍了小净距路段交通流特征参数采集与验证方法、模拟驾驶仿真与交通流仿真试验验证。

本书由王佐、富志鹏、林宣财(一公院),潘兵宏(长安大学),王松(一公院)编著,由吴明先(一公院)、伍石生(陕西省交通运输厅)主审,参加本书撰写的人员还有张江洪(一公院),李昕、陈旭(陕西交通控股集团有限公司),刘禹同(长安大学),罗京、曹校勇、余大洲(一公院),雷双龙、郭勇(陕西交通控股集团有限公司),邵阳(西安邮电大学),靖勃、吴涛、刘智、安欣、屈强(一公院)等。在本书编著过程中,交通运输部公路局张冬青,一公院赵永国、汪晶、李宏斌、杨晓东、李广华,陕西省交通规划设计研究院有限公司潘鹏飞、王永平等专家提供了指导和帮助,提出的宝贵意见与建议对提升专著质量起到显著的作用。本书出版得到了一公院科技创新基金项目和陕西交通控股集团有限公司科技项目的资助,人民交通出版社股份有限公司对本书的出版给予了大力支持,在此一并表示感谢。

本书的主要内容属于对工程设计依据的原创性、创新性研究成果,对指导工程设计实践、实现公路灵活设计、提升小净距路段工程设计和运营管理水平,提升我国高速公路的建设和运营管理质量具有较高参考价值。由于编著者水平有限,书中难免有错误与不妥之处,恳请批评指正。来信请寄中交第一公路勘察设计研究院有限公司(陕西省西安市高新区科技二路63号,邮编:710075,联系电话:029-88322888,邮箱:linxc8616@163.com)。

编著者
2023 年 7 月

目录
CONTENTS

第1章 概述 ... 1
  1.1 互通式立交出入口与隧道口之间的组合类型与小净距路段的定义 ... 2
  1.2 互通式立交出入口与隧道口之间小净距的现状及交通安全风险分析 ... 4
  1.3 相关行业规范中有关规定的分析 ... 5
  1.4 国内外相关研究分析 ... 6

第2章 小净距路段相关规定对立交选址、方案布设与工程造价的影响 ... 13
  2.1 互通式立交出入口与隧道口小净距路段最小净距相关规定及解读 ... 14
  2.2 最小净距规定值对立交选址、方案布设与工程造价的影响 ... 17
  2.3 小净距路段满足最小净距要求的典型示例及合理性分析 ... 24
  2.4 小净距路段互通式立交选址及方案布设应思考的问题 ... 30

第3章 小净距路段行车环境条件分析 ... 31
  3.1 互通式立交出入口与隧道口小净距路段行车安全影响因素分析 ... 32
  3.2 互通式立交出入口路段环境条件安全性分析 ... 39
  3.3 隧道出入口路段环境条件安全性分析 ... 41

第4章　小净距路段交通事故特征分析　49

4.1　互通式立交出入口路段交通事故特征分析　50
4.2　隧道出入口路段交通事故特征分析　53
4.3　互通式立交出入口与隧道口小净距路段交通事故特征分析　60
4.4　互通式立交出入口与隧道口小净距路段交通安全性分析　63

第5章　小净距路段的交通运行数据调查与特点分析　65

5.1　数据采集方法介绍　66
5.2　试验设备介绍　67
5.3　小净距路段车道运行特点及运行速度调查与分析　70
5.4　小净距路段隧道口前车头时距调查与分析　79
5.5　小净距路段车辆换道轨迹调查与分析　90
5.6　隧道出入口驾驶人明暗适应特性及适应时间的调查分析　98
5.7　出口识别视距驾驶人注视点位置(识别目标点)调查分析　108

第6章　不同组合类型小净距路段最小净距　111

6.1　最小净距计算模型的影响因素分析　112
6.2　基于心理、生理和交通特征的小净距路段关键参数计算模型　115
6.3　小净距路段最小净距需满足的基本条件　125
6.4　互通式立交出入口与隧道口小净距路段最小净距　126

第7章　小净距路段交通安全保障方案　137

7.1　小净距路段交通安全保障技术总体目标　138
7.2　小净距路段交通运行状态与行车安全性分析　138
7.3　基于数字化交通组织管理的车道行车安全诱导主动管控系统　143
7.4　基于交通安全综合保障技术的小净距路段最小净距合理控制方法　162
7.5　互通式立交分合流区技术要求与安全保障措施　164
7.6　基于车道行车安全诱导管控系统的交通安全保障措施　169
7.7　提升交通安全保障的措施　176

第8章 小净距路段交通流特征参数采集与交通仿真试验验证　　185

8.1 小净距路段交通流特征参数采集 …………………………………… 186

8.2 模拟驾驶仿真验证 ……………………………………………………… 191

8.3 交通流仿真验证研究 …………………………………………………… 195

参考文献　　200

第 1 章
CHAPTER 1 〉〉

概述

1.1 互通式立交出入口与隧道口之间的组合类型与小净距路段的定义

1.1.1 互通式立交出入口与隧道口之间小净距路段及最小净距的定义

基于《公路路线设计规范》(JTG D20—2017)(以下简称《路线规范》)中相关规定,结合《公路立体交叉设计细则》(JTG/T D21—2014)(以下简称《立交细则》)中的解释,将互通式立交出入口与隧道口小净距路段定义为:互通式立交出入口与隧道口之间的净距小于1000m 的路段称为小净距路段。

互通式立交出入口与隧道口之间最小净距:指在一定交通组织条件下(如交通标志标线、导航提示等)能保障车辆完成合理操作(如换道、加速与减速)和行驶,并具有相应的服务水平和通行能力所需要的最短距离。

1.1.2 互通式立交出入口与隧道口之间的小净距组合类型及范围界定

1) 隧道出口至前方互通式立交出口(简称"隧出 + 互出")

隧道出口与前方互通式立交出口的最小净距应是在保证二者之间通行能力、交通安全性及服务水平满足要求的前提下,在内侧车道行驶的车辆安全换道至最外侧车道所需要的最短距离。当互通式立交出口减速车道为单车道时,其净距应为隧道出口处洞门与减速车道渐变段起点间的距离,如图1-1a)所示;当减速车道为双车道时,其净距应为洞门与减速车道分流点间的距离,如图1-1b)所示。

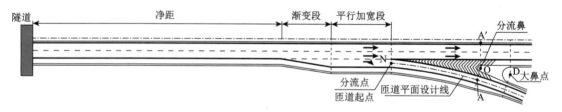

a) 出口为单车道减速车道

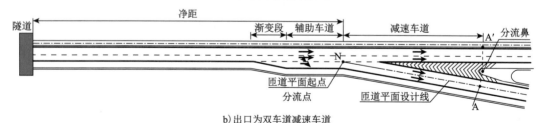

b) 出口为双车道减速车道

图 1-1　隧道出口至前方互通式立交出口净距

2) 互通式立交入口至前方隧道入口(简称"互入 + 隧入")

互通式立交入口至前方隧道入口的最小净距应是保证驾驶人完成合流后判读标志识别前

方隧道,并进行向内侧车道换道或调整行驶速度所需的最短距离。其净距为加速车道渐变段终点与隧道入口处洞门之间的距离,如图 1-2a)所示。当加速车道为双车道时,其净距应为合流点与洞门间的距离,如图 1-2b)所示。

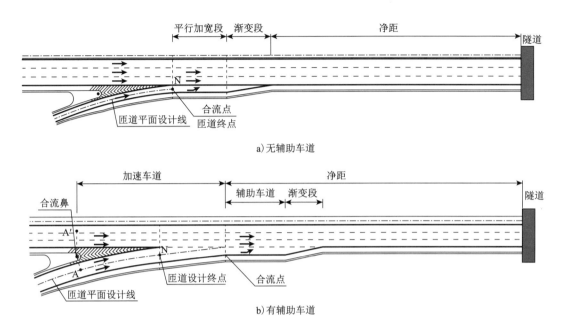

图 1-2　互通式立交入口至前方隧道入口净距

3)互通式立交出口至前方隧道入口(简称"互出 + 隧入")

互通式立交出口至前方隧道入口的最小净距应是保证驾驶人通过分流区后,判读标志识别前方隧道,并进行相应的行驶速度调整所需的最短距离。其净距应为分流鼻与隧道入口处洞门之间的距离,如图 1-3 所示。

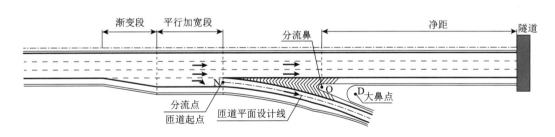

图 1-3　互通式立交出口至前方隧道入口净距

4)隧道出口至前方互通式立交入口(简称"隧出 + 互入")

隧道出口至前方互通式立交入口的最小净距应是保证驾驶人在驶出隧道后,发现前方合流区做出决策,小客车一般向内侧车道换道行驶或客货车调整行驶速度等相应操作所需的最短距离。其净距应为隧道出口处洞门与合流鼻之间的距离,如图 1-4 所示。

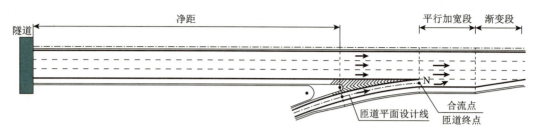

图 1-4　隧道出口至前方互通式立交入口净距

1.2 互通式立交出入口与隧道口之间小净距的现状及交通安全风险分析

1.2.1 我国互通式立交出入口与隧道口之间小净距路段的现状

近年来,我国高速公路建设里程和隧道数量持续增长。已公开数据显示,截至2022年底,我国高速公路通车总里程已达到17.7万公里。同时2022年底我国已建成公路隧道24850处,总长26784.3km。其中,长隧道6715处、总长11728.2km,特长隧道1752处、总长7951.1km,特长隧道和长隧道共占隧道总长度的73.47%。2015—2022年隧道数量和里程变化如图1-5所示。

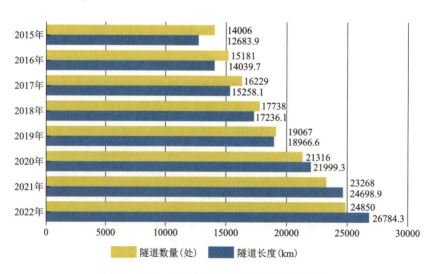

图 1-5　2015—2022年隧道数量和里程变化统计图

随着国家高速公路网的形成和高速公路密度的显著增大,山区高速公路占比也逐年增多,由于山区地形复杂,山区高速公路隧道和隧道群占比较高,同时,为了更好地带动沿线乡镇经济发展和交通出行方便,需要在相应位置设置互通式立交;互通式立交出入口与隧道口之间的净距,随着互通式立交节点和隧道数量的增加而不断增加,已建和在建高速公路主线出入口与隧道口之间净距偏小的情况非常多。

1.2.2 互通式立交出入口与隧道口之间路段交通安全风险分析

驾驶人行驶在隧道路段时,隧道作为半封闭式的结构物,亮度环境急剧变化、交通环境复杂,其行驶环境与普通外部路段比相差较大,更容易发生碰撞、追尾等事故。研究发现,隧道出入口相对于其他隧道路段更容易发生事故。隧道口与互通式立交出入口路段交通事故频繁发生的主要原因包括:①隧道内外的照度变化大,人眼容易出现光线交替变化而导致视觉疲劳,产生视觉障碍,驾驶人还会产生急躁、对前方未知道路状况的恐慌等情绪,从而影响驾驶人的正常操作行为,严重时会发生追尾、超速行驶等;②隧道出入口与互通式立交出入口或主线相互分合流之间的净距过小时,可能不满足行车安全的需求。驾驶人由于受到明暗变化的影响,在互通式立交出入口之前来不及减速,或在互通式立交出入口之前错过最佳的换道时机而强行换道,干扰了互通式立交出入口交通流状况,严重时将发生碰撞、追尾等事故。

研究表明,互通式立交出口交通事故多发与驾驶人错过或即将错过出口时强行变道有较大关系。隧道口与主线互通式立交出入口之间的路段,如果净距过小,会影响驾驶人标志识别、分合流时的决策判断,从而影响行车安全,增加行车安全风险。

综上分析,隧道口与主线出入口范围的安全问题是一个工程设计人员不容忽视的问题,应通过研究事故分布规律、隧道出入口明暗适应、设置合理的净距,并采取合理有效的交通组织与管理措施来提升这一特殊路段的安全性。

1.3 相关行业规范中有关规定的分析

目前,国内尚无对隧道口与互通式立交出入口路段完整的交通安全保障措施研究,国内外对隧道出入口与互通式立交出入口净距有部分研究,但缺乏系统全面的研究。我国《路线规范》和《立交细则》对互通式立交与其他构造物之间的净距做了相关规定,但针对互通式立交出入口与隧道口之间的相关规定不明确,净距规定的基本原理不清晰,使得设计人员在面对小净距问题时产生较多疑惑,不能够很好地指导设计和交通安全设施的布置。存在的主要问题有:

(1)净距控制"应能满足设置出口预告标志的需要",没有考虑到交通安全的全部影响因素。

(2)受条件限制时,《路线规范》或《立交细则》仅仅给出一个最小间距或净距,并没有给出在不同车道的交通环境下对安全性的要求。

(3)《路线规范》规定:"条件受限制时,隧道出口至前方互通式立交出口起点的距离小于1000m时应在隧道入口前或隧道内设置预告标志";《立交细则》提出:"当地形特别困难不能满足净距要求时,应结合运行速度控制和隧道特殊结构设计等,提出完善的交通组织、管理和运行安全保障措施,经综合分析论证后确定设计方案"。这些规定明确了在地形特别困难时可以小于最小净距规定值的要求;但因《立交细则》中对"地形特别困难不能满足净距要求时"的要求操作难度大,即使提出保障措施的设计方案,也往往缺乏安全性评估依据,造成不得不接受当小于条件受限的净距时就是不符合规定的认知。

(4)在公路安全性评价时,安全性评估专家对互通式立交出入口与隧道净距小于《立交细则》中条件受限规定值的情况,基本上均认为存在交通安全隐患,与《立交细则》中当地形特别困难时的规定意图不完全相符,与《立交细则》在研究相关规定时的初衷不一致。

因此,以互通式立交出入口与隧道口小净距路段为研究对象,本书分别从安全影响因素及事故、隧道出入口的明暗适应特性、互通式立交出入口与隧道出入口的净距三个方面,基于实车试验和实际车辆运行特征调查结果与分析,深入研究隧道出入口明暗适应特点,考虑多种运行因素,建立四种组合类型(隧道出口与互通式立交出口、互通式立交出口与隧道入口、隧道出口与互通式立交入口、互通式立交入口与隧道入口)的净距计算模型,同时给出四种组合的最小净距建议值及其交通安全对策;为互通式立交出入口与隧道口小净距路段互通式立交方案的合理设计和交通安全保障措施的设置,提供理论依据和关键技术难点的解决方案。

1.4 国内外相关研究分析

1.4.1 相关研究文献分析

1) 驾驶人明暗适应研究

对国内外公路隧道的交通事故进行分析后发现,隧道出入口的明暗适应问题是隧道出入口路段事故频发的主要原因之一。因此,首先在 Web of Science™ 核心合集数据库对关键词 "Light and dark adaptation" 进行检索,共筛选出 1617 篇论文,并对其国家分布、时间分布、论文数量,以及被引用次数进行了统计分析,如图 1-6、图 1-7 所示。

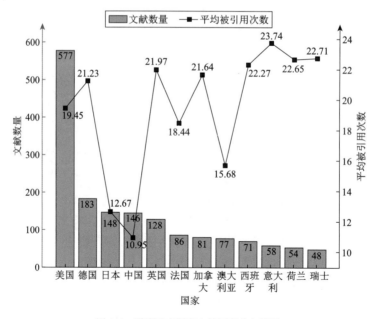

图 1-6 明暗适应研究文献国家分布情况

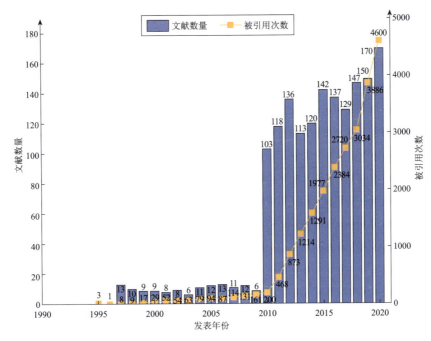

图 1-7 明暗适应研究文献时间分布情况

从文献分析结果可以看出,我国的论文总量虽排在前列,但数量远小于美国,同时论文的平均被引用次数也低于其他国家,意大利、荷兰、瑞士的论文被引用次数排在前列,说明我国学者对于隧道出入口明暗适应关注度较高,但论文研究质量仍有待加强。在后续研究中,除了借鉴国内外研究成果以外,也要紧跟当前的研究趋势,进行更深入的研究。

由图 1-7 可知,对驾驶人的明暗适应研究整体呈稳步增长趋势。早在 20 世纪 90 年代,相关研究就已经开展,从 2010 年开始,研究次数较之前出现大幅度增长,近几年更是保持了较高的研究热度。这表明,随着公路隧道的增多,隧道也随之成为高速公路的瓶颈路段,事故时常发生,引起了广大学者对隧道明暗适应与安全关系的高度关注。同时,也说明暗适应还需要进一步深入研究。

2)隧道口与互通式立交出入口净距研究

净距的研究也是隧道口与互通式立交出入口安全的重点内容之一,因此在 Web of Science™核心合集数据库对关键词"Interchange spacing""Tunnel"进行检索,最终筛选出 12 篇文献,并对其国家分布、时间分布、论文数量,以及被引用次数进行了统计分析,如图 1-8、图 1-9 所示。

从文献分析结果可看出,关于净距研究的论文总量不多。我国的论文总量排在第一,虽然论文的平均被引用次数低于其他国家,但说明目前我国对隧道口与互通式立交出入口净距的问题关注度较高,尤其注重驾驶人的体验。近年来,隧道口至互通式立交出入口路段的事故率远远大于主线其他路段,因此,应当在借鉴国外研究成果的同时,对该路段的净距进行进一步的研究。

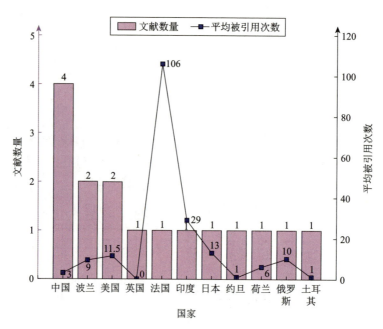

图1-8　隧道口与互通式立交出入口研究文献国家分布情况

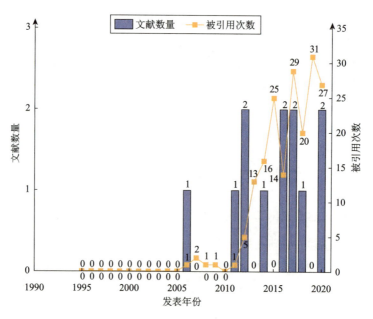

图1-9　隧道口与互通式立交出入口研究文献时间分布情况

由图1-9可知,隧道口与互通式立交出入口净距问题从2006年开始研究,且研究次数整体呈稳步上升趋势,从2011年开始,研究次数较之前出现大幅度增长。这表明,学者对于隧道口与互通式立交出入口净距问题的关注度越来越高,但目前有关互通式立交之间净距的研究较多,对隧道出入口与互通式立交出入口净距的研究较少,因此,需要开展进一步的研究。

1.4.2 国外研究现状分析

1) 隧道口与互通式立交出入口路段行车安全分析

Shy Bassan 基于驾驶人的行为,研究了车辆在隧道路段的纵向摩擦特性,将外部道路的停车视距与隧道内部进行对比后发现,驾驶人位置对隧道的平曲线半径值有很大影响,且外部道路的平曲线半径远大于隧道内部,其差值随设计速度的增大而增加。

Ma Zhuanglin 对 2003 年和 2004 年来自四条高速公路隧道的交通事故数据进行分析,总结出交通事故的时间、空间分布特征,并根据结果有针对性地提出了隧道交通安全措施。

Amundsen F H 对挪威隧道交通事故的研究发现,隧道的事故严重性要高于外部道路,且事故发生率在隧道入口区域最高。

Robatsch 和 Nussbaumer 研究发现,隧道内单向交通的事故率、死亡率、事故成本均远小于双向交通,单向交通隧道比双向交通隧道更安全。

Anne T. McCartta 调查了北弗吉尼亚州州际匝道上发生的 1150 起交通事故样本,结果表明,立交出入口的事故发生率高于其他路段,且互通式立交出口的事故发生率要高于主线侧入口。

2) 隧道出入口明暗适应研究

美国富兰克林研究中心的 Zwahlen H T 等人研究了驾驶人驶入高速公路隧道时的眼睛扫视行为。通过实车试验,提出了驾驶人眼睛注视 xy 密度图、注视持续时间、视线及眨眼时间、眼睛扫视直方图等参数。

法国的 Bourdy C 等研究了驾驶人的时间适应在光照强度连续变化情况下的阈值,并根据阈值随时间的变化曲线得到亮度的配置条件,为提高隧道入口前几百米的照度水平提供了参考。

Simons R H 和 Bean A R 提出隧道入口具有"黑洞效应",因此,在隧道入口前一定距离需要保持一定的亮度以提高隧道内的可见性,距离值由暗适应时间决定。该亮度的计算由洞外亮度乘以系数 K 得到,国际照明委员会(CIE)推荐 K 值取 0.1。

荷兰的 Verwey W B 通过探究驾驶人的生理行为评估了隧道入口的安全性。通过实车试验发现,在接近隧道入口时,眨眼频率降低,因此,可根据人眼负荷来评估隧道入口的安全性。

Plainis 等指出光照强度对驾驶人反应距离有很大影响,研究发现,在行驶速度分别为 30km/h、50km/h、70km/h、80km/h 时,驾驶人的反应距离在高光照强度的情况下比低光照强度的情况下短 5.3m、8.9m、12.4m、14.2m。

3) 隧道口与互通式立交出入口净距研究

《日本公路技术标准的解说与运用》和《日本高速公路设计要领》根据互通式立交出口预告标志设置距离的要求,规定高速公路互通式立交的最小间距为 3km。

德国的《联邦德国道路设计》综合考虑驾驶人行车特性、出口预告标志设置、匝道几何设计要素、交通量等因素,对互通式立交的最小间距做了详细规定。

美国的《公路与城市道路几何设计》对高速公路互通式立交的间距做了详细的规定;《道

路通行能力手册》(HCM2010)对高速公路及其互通式立交进行了详细的理论研究。

Patrick T W Broeren 等人根据交通流风险理论,将立交出入口与隧道出入口之间的距离分为驾驶人明适应距离、驾驶人对前方出入口或隧道的判别距离、三角区路段三部分,并对这三部分进行研究,以此确定连接段的最小距离。

Samer Ammoun 和 Yoshihiro Nishiwaki 等人根据隐马尔克夫模型,同时考虑驾驶人行为习惯的不确定性,模拟了驾驶人行为换道轨迹,结果表明,该模型拟合良好。

4) 交通安全保障技术研究

Jurado-Piña 等人从阳光直射造成的眩光会干扰驾驶人的视力出发,基于柱状图上太阳路径的投影,提出了一种用于评估由隧道口造成的潜在驾驶人视力障碍情况的方法,结果表明,该方法能够成功解决眩光问题,并有针对性地提出了安全保障措施以避免眩光问题。

Akihiro Shimojo 通过分析超长隧道的驾驶环境及驾驶人驾驶偏好,研究了隧道横断面对行车安全的影响。结果表明,当右侧硬路肩狭窄时,驾驶人会产生较大的心理负荷,对识别对象纵向距离的识别比普通隧道更粗糙;同时提出,当在隧道中设置距离标志时,必须在每5km或10km处设置一个大型距离标志。

Wang Yan 通过分析隧道出入口的照度变化和驾驶人的视觉适应特征,以运行速度为指标,采用间接分析的方法,对隧道的行车安全进行评价,并对隧道出入口的明过渡指标与运行速度差之间的关系进行了建模。

Agent K R 对设置在紧急弯道上的减速标线的长度、距离、材料等进行了减速效果的研究。

国外对限速值多考虑实际运行速度、天气等因素对限速值的影响进行折减确定。对于隧道路段的限速,主要考虑车辆行驶速度、路侧条件、隧道本身条件、行车视距等因素进行折减确定。为了更加体现限速政策的人性化,各国正趋向于以"建议限制速度"逐步取代"法定限制速度"。

1.4.3 国内研究现状分析

1) 隧道口与互通式立交出入口路段行车安全分析

赖金星对2193起高速公路隧道交通事故资料进行了统计分析,得到了隧道中交通事故的时间、空间、形态等分布特征。

张玉春调研了浙江省发生在高速公路隧道路段的599次交通事故,拟合出了隧道交通量与追尾事故率的关系,为重大交通事故提供了参考。

倪洪亮等对西汉高速的公路隧道交通事故资料进行了统计,分析了隧道交通事故的时间、空间、形态、原因的分布规律。

李玉岱等人提出了高速公路出口路段事故发生的形态,包括追尾、侧翻、碰撞等,事故发生的原因有盲目操作、跟车距离近、违法驾驶、警惕性不高等。

刘亚非等人对陕西省某高速公路出口匝道的数据进行了统计分析,得到了事故发生的形态分布特征;基于交通心理学对事故发生原因进行了分析;提出了针对出口匝道的安全保障措施。

2) 隧道出入口明暗适应研究

长安大学施卢丹根据实车试验,分析了驾驶人在隧道路段的视觉特征,结果表明,在特长隧道内驾驶人视觉平均注视时间大于非隧道路段,特长隧道入口段驾驶人瞳孔面积迅速增大,出口路段瞳孔面积迅速减小。

同济大学潘晓东等通过实车试验分析证明,在隧道入口50m的范围内驾驶人瞳孔面积与出入口光环境照度之间为幂函数关系,提出当瞳孔面积变化速率大于$-6mm^2/s$且持续时间在0.2s以上时,驾驶人会产生视觉障碍,并提出以换算视觉震荡持续时间评价人眼舒适度;同时指出在限速为80km/h的隧道,驾驶人驶入隧道的速度在85km/h以下时,人眼较为舒适;提出了隧道出入口合理照度过渡斜率;分析得到了k值(瞳孔面积变化速率与瞳孔面积临界变化速率的比值),并基于k值建立了驾驶人明暗适应时间与隧道长度的关系。

长安大学丁光明通过实车试验,研究了驾驶人心理、视觉等变化特征,结果表明,在驶入隧道时人眼扫视幅度逐渐减小,驶出隧道时瞳孔面积呈指数增长。

3) 隧道口与互通式立交出入口净距研究

我国现行《立交细则》考虑驾驶人行为,并考虑在驾驶人有充裕时间进行标志判读的情况下,对互通式立交与隧道之间的间距做出规定。

长安大学姚晶考虑大车与小车的换道行为,结合交通流特性,建立了一般条件和极限条件下不同组合形式的最小间距模型。

赵一飞、陈敏、潘兵宏等考虑明适应、标志认读完整性、对出口的识别,提出了高速公路隧道出口至互通式立交出口的距离在二级服务水平下的最小间距大于或等于600m,一般值大于800m。

王少飞等基于换道行为,结合影响间距的因素,提出了三车道高速公路隧道出口与互通式立交出入口的最小间距计算模型,并给出了建议值。

廖君洪等利用仿真软件VISSIM,从通行能力、驾驶人反应时间等方面开展了研究,提出了设计速度为80km/h时隧道出口至互通式立交出口、互通式立交入口至隧道入口的最小净距的一般值、条件受限值和特殊条件下的值。

4) 交通安全保障技术研究

马亚坤针对隧道与服务区小间距导致事故频发的特点,提出了隧道出口防滑、防眩、速度控制等措施。

吴玲等人通过实车试验,得到了进出隧道时视觉感受最佳的期望车速值为50~60km/h,建立了隧道出入口减速标线参数模型。

于亚敏通过实车试验,记录视点照度变化,根据相邻比值得到了视觉感受分级阈值,基于仿真模拟法分析了控制速度下、不同视点照度水平下隧道入口视点照度变化,并提出了设置遮阳棚的条件。

尹露在分析了高速公路出入口事故原因的基础上,从视距保证、速度控制、路面抗滑等方面提出了安全保障措施。

黄小勇根据湖南省高速公路中4个互通式立交的视频资料,通过分析出口标志设置、交通量、时间对驶错行为的影响,提出了互通式立交出口指路标志的优化建议。

1.4.4 国内外研究现状分析总结

(1) 国外对驾驶人的视觉特性虽然有较多研究,但多集中于驾驶人的视觉疲劳;针对隧道出入口的视觉特性也有一定的研究，但分析方向仅从单因素出发，结果大多也只是定性的分析。同时，在目前的高速公路运营中，对隧道的照明标准仍存在一些质疑。因此，有必要深入地、定量地、多因素分析隧道出入口的明暗适应变化规律。

(2)国内外对隧道出入口与互通式立交出入口净距的规定不够明确。我国采用的换道模型未考虑驾驶人心理、路段位置等因素，适配性不强；采用的明暗适应时间缺乏依据；驾驶人等待可插入间隙距离的计算不够准确；净距模型还应采用运行速度进行计算，包括主线的运行速度及隧道出入口的运行速度。

(3)国内外从标志、标线设置技术，视觉引导等方面研究了交通安全保障技术，较为系统、全面。对于隧道口与互通式立交出入口路段，还应根据具体的交通环境、事故原因、明暗适应特性、净距要求提出更为系统的措施。因此，有必要对隧道口与互通式立交出入口路段的交通安全保障措施提出更为细化的要求。

第 2 章
CHAPTER 2 》

小净距路段相关规定对立交选址、方案布设与工程造价的影响

2.1 互通式立交出入口与隧道口小净距路段最小净距相关规定及解读

2.1.1 路线设计规范历次修订后的相关规定

(1)《公路路线设计规范》(JTJ 011—1994)(以下简称《94规范》)第11.1.3.4条规定：互通式立交与隧道最小间距一般值4km,低限值1.5km。

(2)《公路路线设计规范》(JTG D20—2006)(以下简称《06规范》)第11.1.6条规定：

①隧道出口至前方互通式立体交叉间的距离,应满足设置出口预告标志的需要,条件受限制时,隧道出口至前方互通式立体交叉减速车道渐变段起点的距离不应小于1000m,否则应在隧道入口前或隧道内设置预告标志。

②互通式立体交叉与前方隧道入口间的距离,应满足设置标志和标志以后对洞口判断所需的距离。

(3)《路线规范》第11.1.6条规定：

①隧道出口至前方互通式立体交叉间的距离,应满足设置出口预告标志的需要,条件受限制时,隧道出口至前方互通式立交出口起点的距离不应小于1000m,小于1000m时应在隧道入口前或隧道内设置预告标志。

②互通式立体交叉加速车道渐变段终点至前方隧道入口的距离以不小于设计速度的1倍长度为宜。

《路线规范》与《06规范》中关于隧道出口至前方互通式立体交叉间的距离规定完全一致。但《路线规范》对应条文说明又提出：地形等条件严格受限制时,宜满足《立交细则》的相关规定。与《06规范》相比较,《路线规范》对互通式立交入口与隧道入口的距离提出了具体规定值。

2.1.2 《立交细则》相关规定

《立交细则》第5.4.5条规定：

(1)隧道出口端与前方主线出口的间距宜满足设置全部指路标志的需要。当受现场条件限制时,间距可适当减小,但隧道与前方主线出口之间的净距不宜小于表2-1的规定值,且应提前于出隧道之前开始设置完善的出口预告等指路标志。对应条文说明：随着我国山区高速公路的发展,隧道与前方主线出口之间的净距普遍偏小的情况越来越多。为此,本款规定的最小净距仅考虑了车辆出隧道后驶离主线的运行过程所需要的最小距离,该过程包括驾驶人明适应、寻找间隙、变换车道和出口确认等,而出口预告标志的辨认、读取和行动决策等过程均假设在出隧道之前完成,故同时规定应采取提前于出隧道之前开始设置完善的出口预告标志等交通管理措施。

隧道与前方主线出口之间的最小净距　　　　　　　　　　　　　　　表 2-1

主线设计速度(km/h)		120	100	80	60
最小净距(m)	主线单向双车道	500	400	300	250
	主线单向三车道	700	600	450	350
	主线单向四车道	1000	800	600	500

（2）主线入口与前方隧道之间的净距不宜小于表 2-2 的规定值。对应条文说明：本款规定的最小净距为刚驶入主线的车辆在进入隧道前的安全准备距离，包括车辆驶入主线后调整车速和位置等所需要的最小距离。

主线入口与前方隧道之间的最小净距　　　　　　　　　　　　　　　表 2-2

主线设计速度(km/h)	120	100	80	60
最小净距(m)	125	100	80	60

（3）当地形特别困难，不能满足上述净距要求而互通式立体交叉及其他设施必须设置时，应结合运行速度控制和隧道特殊结构设计等，提出完善的交通组织、管理和运行安全保障措施，经综合分析论证后确定设计方案。对应条文说明：当不能满足最小净距要求时，如果交通组织不到位，将可能出现在受明适应影响的洞口路段变换车道、短距离内强行变换车道或错过出口等不利情况，因此本款规定应提出完善的交通组织、管理和运行安全保障措施，并应综合分析、论证。这些措施根据实际净距的大小而各有不同。

2.1.3　最小净距相关规定的解读

1）对隧道出口至主线出口路段最小净距相关规定的解读

《立交细则》针对《06 规范》中"不应小于 1000m 距离"的规定提出了补充规定，主要有两条：①当受现场条件限制时，间距可适当减小，并根据主线设计速度和车道数提出最小净距；②当地形特别困难，不能满足最小净距要求时，提出"应提出完善的交通组织、管理和运行安全保障措施"的规定。

从《立交细则》两条补充规定的含义可知：①受严格限制时，最小净距可比《路线规范》规定的 1000m 更小；②净距小于最小净距时，与《路线规范》规定一样，在做好标志标线等交通组织与管理措施后，应解读为符合《路线规范》和《立交细则》的规定，包括隧道出口与主线出口直接衔接（最小值为零）的情况。

2）对主线入口至隧道入口路段最小净距规定的解读

《立交细则》与《路线规范》的规定基本一致；同时《立交细则》对地形特别困难，不能满足最小净距要求而设置时，规定净距可以小于最小净距，直至为零。

3）相关规定存在的不足

（1）隧道出口至主线出口路段最小净距规定存在的不足。

《路线规范》对净距小于 1000m 时，仅补充"应在隧道入口前或隧道内设置预告标志"的规定，从主线出口分流区事故多发情况考虑，交通安全设施设置强调不够系统化。《立交细则》对净距小于最小净距时，补充"应提出完善的交通组织、管理和运行安全保障措施"的规定;但因该规定不具体,至今对此又缺乏权威性的释义,造成对净距小于最小净距时能不能设置出口匝道、交通安全有没有保障存在不同意见,最终被较多设计人员解读为只要净距小于最小净距均被认为不符合《立交细则》规定的要求,给互通式立交(含服务区)选址及方案设计带来了重大影响。

（2）主线入口至隧道入口路段最小净距规定存在的不足。

《路线规范》用"宜",但在执行规范时基本上按"应"对待。而《立交细则》在条文说明中进一步解释:入口减速车道渐变段终点至前方隧道入口的最小净距是为刚驶入主线的车辆在进入隧道前的安全准备距离,包括车辆驶入主线后调整车速和位置等所需要的最小距离。这使《立交细则》实施后净距一般大于最小净距,因此,净距不能小于最小净距给灵活设计带来了极大的限制。

（3）《路线规范》和《立交细则》中没有考虑隧道出口与前方互通式立交入口的净距问题。

（4）《路线规范》中规定的净距没有考虑主线车道数,也没有考虑不同车道车辆运行速度和换道距离不同的问题;《立交细则》中虽然考虑了车道数,但没有考虑不同车道车辆运行速度和换道距离不同的问题,也没有考虑隧道路段和基本路段的限制速度往往不同的问题。

（5）《路线规范》和《立交细则》虽然提出了最小净距的规定值,但条文说明中缺乏规定值制定的基本原理或确定方法,导致设计人员无法根据限制条件灵活运用,对"完善的交通组织、管理和运行安全保障措施"的具体内容又不明确,难以指导设计。

2.1.4 小净距路段相关规定有待进一步完善

由于互通式立交出入口和隧道口路段交通环境复杂,若隧道出口与互通式立交出口净距偏小,车辆易错过出口或在短距离内强行变换车道而导致交通事故;若互通式立交入口渐变段终点距离隧道入口过近,刚驶入主线的车辆缺乏进入隧道前调整车速和连续换道至内侧车道的准备距离,可能影响主线正常通行,也易出现车辆剐蹭事故。因此,《路线规范》与《立交细则》提出小净距路段的相关规定,并强调做好标志标线设置等要求是合适的,也是必要的。《立交细则》最小净距规定值比《路线规范》更具体,但与《路线规范》一样没有进一步考虑高速公路内外侧车道换道次数不同、不同车道运行速度或限速值也不同等情况,仅根据设计速度和车道数提出最小净距的规定,难以为分合流区路段完善交通组织与管理设施的设置提供科学的设计依据。对地形特别困难路段,《立交细则》提出了"当不满足最小净距要求时,应提出完善的交通组织、管理和运行安全保障措施"的规定,找到了解决问题的技术路线,但如何根据实际净距的大小,结合运行速度控制和隧道特殊结构设计等,通过综合分析论证后确定设计方案和交通安全保障措施,缺乏具体的指导意见。

因此,互通式立交出入口与隧道口之间的小净距路段,在如何完善交通组织设计及配套的安全保障技术等问题上,已成为山区高速公路建设和运营管理中急需解决的关键技术难点。本书是对小净距路段"完善的交通组织、管理和运行安全保障措施"的重要补充,为新建高速公路项目提供科学的设计依据,为已建高速公路完善交通组织与运营管理提供科学依据,为《路线规范》修订提供重要的理论支持。

2.2 最小净距规定值对立交选址、方案布设与工程造价的影响

2.2.1 小净距路段现状调查分析

经过40年的大发展,我国高速公路建设取得了令人瞩目的成绩,高速公路已经从东部平原、丘陵地带进入西部高原、山地等地形地质复杂多样的山区。截至2020年底,中国高速公路总里程已达16.1万km,位居全球第一;2019年底,我国已建成公路隧道19067处,总长18966.6km。互通式立交作为高速公路与被交道路实现快速交通转换的载体,是高速公路的重要组成部分和重要构造物,随着高速公路里程的迅猛增加,互通式立交节点也越来越多;随着互通式立交节点和隧道数量的不断增加,高速公路互通式立交出入口与隧道洞口之间净距小于1000m的小净距路段也随之增加;地形特别困难路段,互通式立交出入口与隧道口还存在直接衔接的情况,隧道出口与主线出口之间净距难以满足最小净距要求的情况最多。

1)地形特别困难路段存在主线出入口直接衔接隧道口的情况

在高速公路隧道群路段中,因受地形条件的限制,互通式立交选址特别困难,有些选址位置能布设单喇叭形互通,有些选址位置仅够布设半互通,主线出入口与隧道口之间净距非常小,甚至直接衔接隧道口,但这些选址位置又必须设置互通式立交,如图2-1、图2-2所示。根据调查,主线出入口与隧道口直接相衔接的情况,在地形复杂的山区高速公路上较多。

图2-1 隧道群中主线出入口与隧道口相接实景图(一)

图2-2 隧道群中主线出入口与隧道口相接实景图(二)

2)互通式立交出入口与隧道口之间净距小于最小净距的情况

受地形条件限制,当隧道之间净距较小时,高速公路互通式立交或服务区主线出入口与隧道口间距往往偏小,如图2-3、图2-4所示。我国西南与西北的山区高速公路上互通式立交出入口与隧道口之间净距小于最小净距要求的情况较多。

图2-3　主线入口与隧道入口之间间距偏小实景图

图2-4　隧道出口与主线出口之间间距偏小实景图

3)互通式立交出入口与隧道口之间净距仅满足《立交细则》最小净距的情况

车辆从隧道出口行驶至主线出口前,内侧车道需要换道至最外侧车道,因此《立交细则》中的最小净距规定值远大于主线入口与隧道入口之间的最小净距;同时,高速公路互通式立交或服务区在方案布设时,还需要考虑少占耕地、降低工程造价等因素,故已建高速公路隧道出口与主线出口之间的净距仅满足《立交细则》最小净距要求的较多,如图2-5所示。

图2-5　隧道出口与主线出口之间净距仅满足《立交细则》最小净距要求实景图

2.2.2 地形特别困难路段互通式立交设置及安全性调查

1）特别困难路段互通式立交设置典型示例一

厦蓉高速（G76）某路段桥隧占比超过90%，且以隧道群为主，沿线人烟稀少，没有较大的乡镇，互通式立交总体规划时，除了在乌村附近能勉强布设互通式立交外，其他地方再找不到合适位置（图2-6）。该互通式立交主要为某县城服务，如果在乌村位置因主线净距不满足最小净距要求而无法设置该互通式立交，将对某县城经济发展和沿线人民群众出行不利；同时，因某县城互通式立交东侧距离下一互通式立交42km，西侧距离上一处互通式立交5.5km；互通式立交之间的间距过大，且地方连接道路的等级较低，某县城的交通出行需要较长时间才能上下高速公路。因此，不设置该互通式立交非常不合理，不仅影响沿线群众出行，也影响沿线经济发展，降低了高速公路高效、快捷的功能作用。

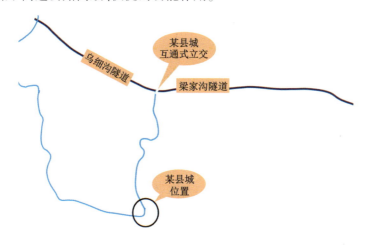

图2-6 某县城互通式立交与某县城位置示意图

设置某县城互通式立交后，尽管主线出入口与隧道口之间净距较小，隧道出口至主线出口净距为零（图2-7），但该路段的交通事故调查统计结果表明，从2011年3月31日建成通车以来，在互通式立交出入口与隧道口之间没有发生过交通事故。

a）示意图　　　　　　　　　　　b）实景图

图2-7 某县城互通式立交设置位置与隧道出口至主线出口示意与实景图

2）特别困难路段互通式立交设置典型示例二

京昆高速公路(G5)某路段桥隧占比超过70%，沿线人烟稀少，没有较大的乡镇。根据路网布局，在朱雀互通式立交与宁陕互通式立交之间需设置皇冠互通式立交，该互通式立交北侧距离朱雀互通式立交32km，南侧距离宁陕互通式立交30km。若为了满足最小净距要求，互通式立交选址只能在皇冠镇南侧的比较方案位置(图2-8)，需要设置连接线穿过皇冠镇，对城镇规划发展影响大，绕行距离也较远；不仅连接线和所有匝道都要采用桥梁方案，而且互通式立交匝道布设非常困难，左侧无法布设符合平面技术指标要求的匝道，匝道必须采用隧道方案，工程造价增加较多。

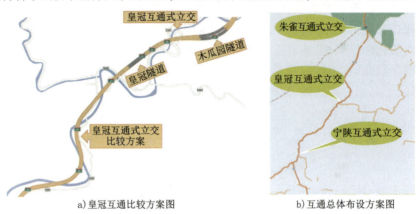

a) 皇冠互通比较方案图　　　　　　b) 互通总体布设方案图

图 2-8　皇冠互通式立交选址示意图

皇冠互通式立交设置在皇冠镇北侧后，尽管互通式立交出入口与隧道口之间净距较小，其中隧道出口至主线出口的净距几乎为零(图2-9)，但交通事故调查统计结果表明，从2007年9月30日建成通车以来，皇冠互通式立交出入口与隧道口之间没有发生过交通事故。

a) 皇冠互通式立交实景图

b) 皇冠互通式立交与隧道位置示意图

图 2-9　皇冠互通式立交位置实景与示意图

3) 特别困难路段服务区设置典型示例三

京昆高速公路某连续长大纵坡路段全长约 85km，沿线地形条件复杂，设计速度采用 60km/h，路基宽度 20.0m；工程规模大，桥隧占 82%，其中桥梁占 65%，隧道占 17%，建设项目投资大。连续长大纵坡路段中平面最小半径 175m，最大纵坡 5%，其中 K76+500~K33+000 路线长约 43.5km，平均纵坡 2.55%；3 座特长隧道位于连续长大纵坡路段的中间偏上游位置，秦岭一号特长隧道长 6144m、二号特长隧道长 6125m、三号特长隧道长 4930m，3 座特长隧道路段平均纵坡约 2.45%。交通事故多发路段在秦岭一号特长隧道出口之后的北侧，桩号为 K49+080~K58+600 的 9520m 范围（图 2-10），该段区间平均纵坡最大为 3.81%，其中大于 4.0% 纵坡 8 段，总长 5693m，占比约 60%，最大纵坡 5%，其坡长 750m。在秦岭一、二号特长隧道之间设置秦岭服务区，恰好在连续长大纵坡事故多发位置的上游，下坡方向货车在此停车休息并检查车况，有利于下坡交通安全；同时，与前后服务区之间的间距较为合理，因此，设置秦岭服务区非常有必要。如果因服务区出入口与隧道口净距不满足最小净距要求而无法设置，在其前后再也找不到更合适的设置位置。

设置秦岭服务区后，尽管互通式立交出入口与隧道口之间净距较小，其中隧道出口至主线出口净距几乎为零，如图 2-10 所示。但交通事故调查表明，除了"8·10 特大交通事故"外，自 2007 年 9 月 30 日建成通车以来，秦岭服务区出入口与隧道口之间没有发生过其他交通事故。在此需要说明的是，"8·10 特大交通事故"的事故车辆并非从服务区驶出，而是一直在主线外侧车道上正常行驶，由于疲劳驾驶出现行车方向的意外改变，然后撞上隧道口，与隧道口距离服务区变速车道过近无关。

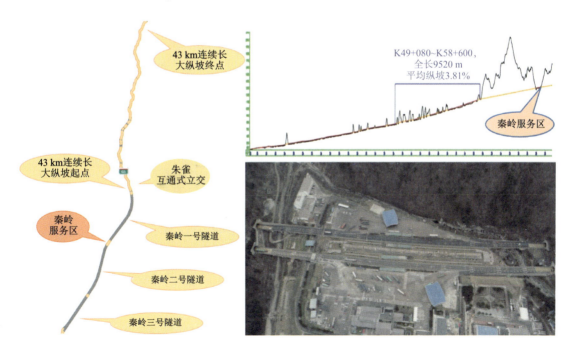

图 2-10　连续长大纵坡路段服务区设置位置及秦岭服务区实景图

2.2.3 最小净距规定对互通式立交方案设计及工程造价的影响

《立交细则》发布并实施之后,当地形特别困难,净距小于《立交细则》中最小净距规定值时,因缺少从完善交通组织与管理措施而形成保障交通安全的"共识"方案,审查时不得不放弃净距小于《立交细则》最小净距规定值的其他设计方案,从而对互通式立交设计及工程造价造成重大影响。以下通过典型示例予以说明。

某拟建项目为两条高速公路的联络线,高速公路设计速度为80km/h。在竹林关拟利用既有落地互通式立交与既有高速公路搭接,联络线位置如图2-11所示。既有竹林关互通式立交如图2-12所示,既有互通式立交隧道出口至互通式立交主线出口净距为29m,主线入口至隧道入口净距为5m,均不满足《立交细则》最小净距要求,即使调整匝道布设方案,也难以满足《立交细则》规定要求。

图2-11 某高速公路联络线位置示意图

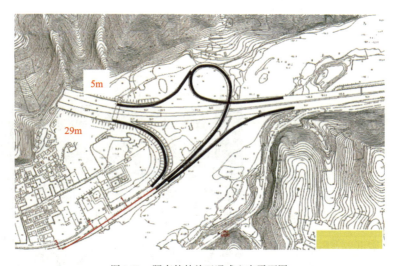

图2-12 既有竹林关互通式立交平面图

根据《某高速公路竹林关立交专项安全性评价》的结论,尽管《立交细则》中有专门对"当地形特别困难,不能满足最小净距要求而互通式立交必须设置时"的相应规定,但专项安全性评价认为只有部分匝道通过完善交通安全设施后可以利用,最小净距不满足要求的两条匝道无法利用。针对不能利用的两条匝道,在既有互通式立交基础上提出了4个互通式立交比选方案。为满足《立交细则》规定要求,匝道布设采取在隧道洞口前分合流的设计方案,如图2-13所示。

a) 第一方案

b) 第二方案

c) 第三、第四方案

图2-13 竹林关枢纽互通式立交设计方案图

从4个方案中北转向西的匝道顺捷角度考虑,第三方案最优,绕行距离最短,但第三方案桥隧总长度最长,且北转向西或西转向北均是双向双车道匝道(主线),工程规模大,工程造价最高(约4.0765亿元);另外3个方案北转向西的匝道长度基本相当,但第一方案通过对原B型喇叭改为A型喇叭,主线入口至隧道入口净距满足《路线规范》中不小于设计速度1

倍长度的要求,较第二方案少了 1 座匝道隧道,匝道桥隧总工程规模最小,工程造价最少(1.5285 亿元)。各方案工程规模和匝道工程造价详见表 2-3。经综合比较后推荐采用第一方案。

互通式立交方案及增加工程造价(匝道)比较　　　　表 2-3

项目名称	第一方案	第二方案	第三方案	第四方案
匝道设计方案	匝道新建	利用互通改造	定向匝道	定向+迂回
匝道设计速度(km/h)	环40(A 型)	环35(B 型)	60	60
匝道平面最小半径(m)	80(环60)	80(环40)	120	120
匝道桥梁总长度(m/座)	—	2075/6	4740/7	5100/6
匝道隧道总长度(m/座)	1035/1	2034/2	495/1	—
匝道造价估算(亿元)	1.5285	3.1837	4.0765	2.8242

以上 4 个方案仅匝道增加的工程造价至少在 1.5 亿元以上,如果按照《立交细则》中地形特别困难规定,仅仅通过"完善交通组织、管理与运行安全保障措施"能保证交通安全,包括调整部分匝道布设方案,工程造价远比满足《立交细则》最小净距要求的设计方案造价低得多。

2.3 小净距路段满足最小净距要求的典型示例及合理性分析

1) 互通式立交形式采用半互通+U 形组合方案的典型示例

(1) 已建成通车的典型示例

互通式立交选址位置地形特别困难,匝道仅在一个方向上与主线相连接都难以做到,不得已采用半互通+U 形转弯组合方案,如图 2-14、图 2-15 所示。隧道路段采用匝道与主线分离的方案,交织段布设在桥梁路段上,交通量较小时交通安全风险较小,但工程规模非常大。

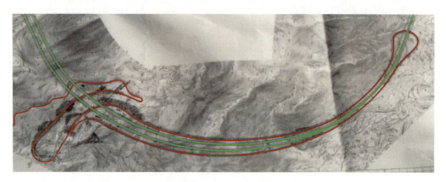

图 2-14　某高速公路采用半互通+U 形组合方案设计图

图 2-15　某高速公路采用半互通 + U 形组合方案实景图

(2) 在设计时应论证的典型示例一

某高速公路互通式立交选址在两隧道之间,隧道间距为 680m。正常布设互通式立交匝道,主线出入口与隧道口间距难以满足《立交细则》最小净距要求,初步设计拟定两个半互通 + U 形转弯方案。第一方案采用匝道上跨主线的半互通 + 匝道下穿主线的 U 形转弯形式,半互通与 U 形转弯之间的间距约为 4.5km,如图 2-16a) 所示,互通式立交出入口距离隧道口较远,交织长度较长,运营安全性较好;存在的主要问题是车辆最大绕行距离达 9km,且主要在主线特长隧道中,特长隧道存在交通流交织,安全风险较大。第二方案匝道均为匝道上跨主线,半互通与 U 形转弯之间的间距约为 0.5km,如图 2-16b) 所示,互通式立交出入口距离隧道口较近,不满足隧道出口至主线出口最小净距的规定要求,需在两隧道入口前及隧道中设置预告标志;因交织长度较短,如果交通量较大则运营安全性较差,容易出现拥堵;优点是车辆绕行距离较短,交通流交织在隧道外,交织段长度满足较小交通流量要求。在论证时认为该互通式立交交通量较小,通过设置完善的交通标志标线和加强隧道出口照明设计,运营安全有保障,因此,推荐采用第二方案。

a) 第一方案布置图

b) 第二方案布置图

图 2-16　某高速公路采用半互通 + U 形组合方案比较图

(3) 在设计时应论证的典型示例二

某高速公路受地形条件限制,互通式立交选址在隧道附近。第一方案为了尽量远离隧道口,采用匝道下穿主线的 B 型单喇叭,如图 2-17a)所示,但主线出入口与隧道口之间的净距仍然难以满足《立交细则》规定的最小净距要求。第二方案采用匝道下穿主线的半互通 + U 形转弯组合方案,最小净距满足要求,交织段在路基工程(非桥隧)路段上,如图 2-17b)所示,交织段长度满足该互通式立交交通流量的需求。第二方案工程规模较大,绕行距离较远,交织路段安全性较差;两个方案在运营期的交通安全性取决于交通量大小和交通组织与管理设施设置,从工程规模和匝道绕行距离考虑,第一方案更优,在初步设计阶段推荐采用第一方案。

a) 第一方案单喇叭型

b) 第二方案半互通+U形组合

图 2-17 某高速公路采用单喇叭型与半互通 + U 形组合方案比较图

2) 变速车道采用延长至隧道内满足最小净距要求的典型示例

当地形特别困难,不能满足最小净距要求时,如果隧道为短隧道,可考虑变速车道延伸进隧道,隧道全长加宽,如图 2-18a)所示;如果隧道为中长隧道,由于工程规模增加较大,应进行多方案论证后提出推荐方案。从交通安全考虑,原则上不应在中长隧道中采用加宽隧道设置变速车道,如图 2-18b)所示;当交通量较小,且以小型车为主时,可参照城市地下道路设计规范进行设计。

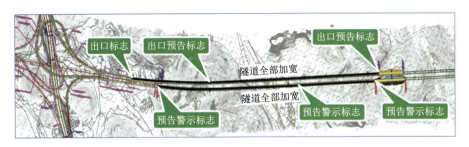

a) 第一方案隧道全部加宽

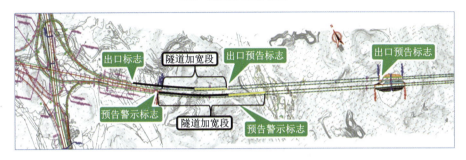

b) 第二方案隧道部分加宽

图 2-18　变速车道延伸进隧道的设计方案

3) 匝道迂回布设满足最小净距要求的典型示例

当匝道迂回布设能满足最小净距要求时，如果工程规模增加相对有限，可考虑采用这种方式，如图 2-19 所示。

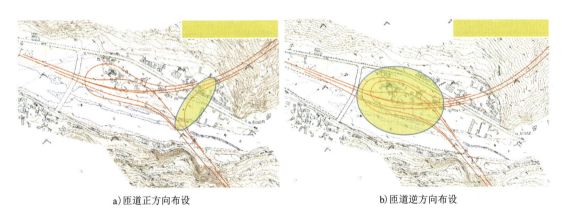

a) 匝道正方向布设　　　　　　　　b) 匝道逆方向布设

图 2-19　匝道迂回布设设计方案

4) 封闭为乡村服务的简易互通式立交以规避最小净距不足问题的典型示例

当简易互通式立交出入口与隧道口之间间距较小时，主线变速车道设置应满足规范要求，否则应封闭该互通式立交，禁止车辆通行，如图 2-20 所示，图中为乡村服务的某简易互通式立交，因出入口与隧道口间距过小而被封闭。

图 2-20 为乡村服务的简易互通式立交

5) 匝道采用城市地下道路标准以规避最小净距不足问题的典型示例

在高度城市化地区,受城市发展与规划的限制,改扩建时互通式立交改建难度大,当隧道出口至互通式立交主线出口净距不能满足最小净距要求时,如图 2-21a) 所示,有可能提出采用城市地下道路建设标准,将匝道下沉改为隧道,如图 2-21b) 所示,这种处理方式规避了最小净距不足的问题,但往往工程造价增加较多,且交通安全性并没有得到提升。图 2-21b) 所示的示例中匝道标准宽度为 10.5m,隧道匝道宽度为 9.0m 时,匝道下沉采用隧道方案,下沉匝道增加投资估算约为 8758 万元(建安费)。

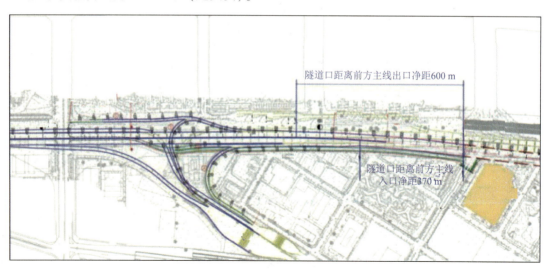

a) 匝道上跨主线

图 2-21

b) 匝道采用下沉隧道

图 2-21　匝道采用城市地下道路标准的设计方案

6) 主线采取限速措施满足最小净距要求的典型示例

当地形受限制时,如果采取限速或将设计速度降低一档能满足相应的最小净距要求时,可以考虑采取这种管理措施。这种措施不增加工程造价,同时,隧道群路段适当限速也有利于交通安全。但最终应通过完善交通组织与管理设施提升小净距路段的交通安全性,且隧道路段限制速度应与前后路段的限制速度相协调。图 2-22 所示工程示例,即采取了限速管理措施来提升交通安全。

a) 互通式立交实景图

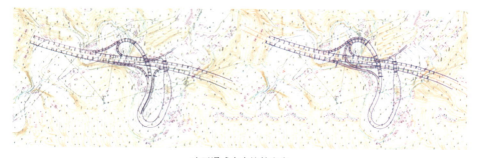

b) 互通式立交比较方案

图 2-22　主线采取限速措施的设计方案

2.4 小净距路段互通式立交选址及方案布设应思考的问题

我国地势西高东低,复杂多样,山地、高原和丘陵约占陆地面积的69%,盆地和平原仅占陆地面积的31%。随着山区高速公路的陆续修建,互通式立交受地形条件或其他因素限制,经常出现互通式立交出入口与隧道口之间间距偏小的情况。《立交细则》发布并实施后,与《立交细则》最小净距规定值的矛盾成为普遍性和突出性问题,尤其我国西部山岭重丘区,可供互通式立交选址的平坦地形非常稀缺,需要在狭窄逼仄、起伏剧烈的峡谷台阶处设置,常常因距离隧道洞口较近,难以满足《立交细则》最小净距规定值的要求,该问题的矛盾非常突出。如果仅因最小净距不足而无法设置,或互通式立交不得不另外选址,必将给沿线群众出行造成不便,影响沿线乡镇经济发展,影响高速公路带动沿线经济发展的服务功能。如果互通式立交选址不变,且应满足最小净距要求,必然需要通过迂回布设匝道,或在隧道洞口前设置分合流方式布设匝道,必然大幅度增加桥隧工程规模,增加工程造价;有些方案工程造价增加较多,给交通基础建设带来较大的经济压力;部分匝道迂回布设且采用隧道方案或在桥梁路段出现交通流交织的设计方案,交通安全风险较大,这种方案的合理性也已被广泛质疑。

根据交通事故调查发现,较多小净距路段尽管净距很小,甚至为零,但建成通车之后没有发生过交通事故。之所以能保证交通事故不发生或极少发生,主要与5个方面的因素有关:①地形特别困难路段,一般人烟稀少,分合流交通量较小;②有些互通式立交设置的主要目的是为沿线乡村脱贫致富和群众出行服务,不仅分合流交通量较小,而且服务对象基本上为沿线乡村群众,驾驶人普遍熟悉路况;③有些路段交通组成中大型货车占比较小;④不熟悉路况的驾驶人一般都使用导航,通过导航的提醒,驾驶人在出入口前已完成相关操作;⑤完善的交通组织与管理设施为预防和减少交通事故将起到关键作用。

虽然小净距路段绝大多数交通事故较少,但在可行的情况下,应根据最小净距指标制定的基本原理,以及影响交通安全的关键要素,在充分论证的前提下提出互通式立交选址及方案设计、交通安全保障措施,保证交通安全。

第 3 章
CHAPTER 3

小净距路段行车环境条件分析

3.1 互通式立交出入口与隧道口小净距路段行车安全影响因素分析

3.1.1 驾驶人心理因素

1）小净距路段驾驶人舒适性的心理影响

在实际项目中，存在很多线形指标组合困难路段，若在这些路段范围内修建的隧道与互通式立交之间的净距过小，则驾驶人要在短时间内进行明暗适应、标志认读、变换车道等一系列操作，驾驶人大脑来不及判断，容易产生紧张焦虑的负面心理，严重时会造成交通事故。若隧道口为曲线路段时，驾驶人需要不断调整车辆方向盘以保证车辆在路段上安全行驶，但此时人眼正处于"盲区"，无法准确识别前方路段的情况，更容易发生危险。

因此，确保互通式立交出入口与隧道口小净距路段的净距，保障驾驶人行车时的舒适性、安全性极为重要。

2）隧道内外的环境噪声变化对驾驶人的心理影响

驾驶人通过隧道时感受到的洞内外噪声有较大差异，这是由于隧道特殊结构形成声音反射的原因。根据研究显示，隧道洞内外的噪声差距最高达到 16dB，在噪声达到 70dB 以上时，驾驶人会感到精神紧张。从图 3-1 可以看出，驾驶人在接近隧道口时噪声已达到 70dB，驾驶人会出现紧张的心理；驾驶人出隧道时，噪声由强变弱，人耳需要一段时间来适应这种强弱的变化。总而言之，隧道内外的环境噪声变化会对驾驶人的心理、生理产生很大的影响。

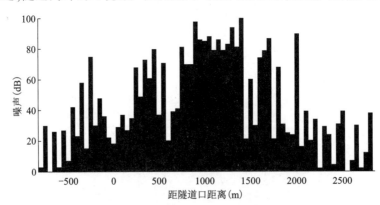

图 3-1 进出隧道噪声变化情况

注：图中隧道入口位于横坐标为"0"时，隧道出口位于横坐标为"2000"时。

3）隧道洞口内外照度变化对驾驶人的心理影响

在将要进入隧道和刚进入隧道时，驾驶人的瞳孔会急剧增大，这是因为在隧道口附近驾驶人的视觉负荷最大，即在这段行驶区段驾驶人最容易出现视觉障碍，进而增加发生交通事故的风险。

但同一驾驶人在相近测试条件下的瞳孔大小存在一定的随机性，不同驾驶人的瞳孔变化趋势存在一定的差异，在驾车接近隧道的过程中，驾驶人的适应亮度逐渐降低。但在驾驶人接近隧道的过程中，其瞳孔大小并不是单调递增，而是间歇性的出现瞳孔缩小的状况，这是因为驾驶人的瞳孔大小除受适应亮度的影响外,还受驾驶人的情绪,以及解决问题时遇到困难的不同程度等因素的影响。

驾驶人在驾车接近隧道的过程中,其心理行为可能会受到视野中突然出现的交通标志、路边的其他景物、异常声响,以及心里可能想到其他事情等因素的影响,进而情绪波动影响瞳孔的大小。驾驶人驾车高速接近隧道的过程中,表现为"黑洞"的隧道,以及所在的山体快速接近驾驶人,都可能使驾驶人产生紧张情绪;或者快速靠近的山体会给驾驶人压迫感,造成驾驶人心理状态改变,进而影响驾驶人的驾驶行为。驾驶人心理变化会影响其对交通标志标线及构造物的判断,进而影响驾驶人驾车进入隧道时的行驶安全。

3.1.2　车辆性能因素

1) 制动性

车辆的制动性是指汽车行驶时,能在短时间内停车且维持行驶方向稳定性和在较长下坡时能维持一定车速的能力。车辆在行驶过程中运行速度不断变化,为保证行车安全,车辆需要不断调整速度与微调行驶方向。在临近互通式立交出入口路段,车辆需要完成加速或减速的过程,并可能进行换道,在此过程中,车辆需要不断调整车速与行驶方向,可能会导致出入口的交通流处于紊乱状态。在临近隧道出入口路段,根据研究发现,车辆行驶接近隧道出入口时驾驶人会采取一定的减速措施。因此,良好的车辆制动性在临近隧道口的互通式立交出入口路段显得尤为重要。

2) 操纵稳定性

汽车操纵稳定性是指在驾驶人不感觉过分紧张、疲劳的条件下,汽车能按照驾驶人通过转向系及转向车轮给定的方向(直线或转弯)行驶,且当受到外界干扰(路不平、侧风、货物或乘客偏载)时,汽车能抵抗干扰而保持稳定行驶的性能。在隧道口与互通式立交出入口路段,若隧道口与互通式立交出入口之间的净距过小,驾驶人需要在短时间内完成明暗适应、路口识别、车辆换道等一系列复杂的操作。若驾驶人反应不及时,则会造成错过互通式立交出入口,甚至造成操作失误进而导致事故发生。

通常情况下,若隧道路段至前方出口路段是下坡路段,而隧道路段也属于下坡路段,则会导致车辆在行驶时经过一段较长下坡路段,再加上隧道的明暗适应现象,会使驾驶人驶出隧道口以后的车速超过限制范围,遇到紧急情况车辆会来不及减速而发生交通事故。同时,在隧道密集路段,由于隧道内横断面与基本路段横断面有差异,导致横断面变化,影响行车安全,因此,车辆的操纵稳定性十分重要。

3.1.3　道路设施因素

隧道口与互通式立交出入口路段的道路设施包括道路几何线形条件、路面状况、标志标线、照明设施、不同视觉参照系的过渡等。

1) 几何线形条件

(1) 平面线形设计

对于隧道出入口过渡段,《公路隧道设计细则》(JTG/T D70—2010)(以下简称《隧道细则》)中规定车辆驾驶在3s行程内应保持道路平面线形的一致性,条件允许的情况下应保持在5s行程内。同时,公路隧道的平面线形应尽量采用直线,特殊情况下才能设置成平曲线。隧道口的圆曲线半径应考虑识别视距、汽车前灯水平几何可见度、隧道洞壁、隧道口限高的影响,隧道口附近的回旋线参数应考虑车辆行驶轨迹、隧道出入口明暗适应、驾驶人的心理反应等因素。实际的道路设计中并不能完全满足上述要求,研究发现,驾驶人在临近隧道出入口路段时心理负担明显增加,若没有平顺的平面线形作为过渡,严重时会发生交通安全事故。事故资料统计表明,隧道路段的事故绝大部分发生在出入口处,其中的80%发生在平曲线处,且事故的发生数目随着半径的减小而增加,其关系曲线如图3-2所示。

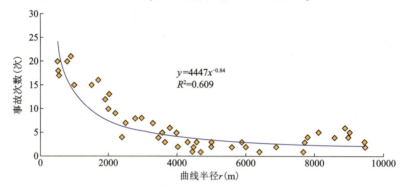

图3-2 曲线半径与隧道出入口事故次数的关系曲线

对于互通式立交出口路段,《立交细则》规定变速车道处的曲线宜保持与主线曲率相同或相近,同时,规定了在分流鼻处的匝道回旋线最小参数,以及运行速度过渡段上的任意一点曲率半径的最小值,保证驾驶人在匝道分合流路段安全平稳地行驶。

(2)纵断面线形设计

对于长隧道,隧道纵坡越大,隧道内的有害气体越多,基于长隧道采用机械通风的需求,应尽量减少隧道内有害气体,因而长隧道纵坡宜控制在2%及以内。对于短隧道,根据《公路隧道设计规范 第一册 土建工程》(JTG 3370.1—2018)(以下简称《隧道规范》)的规定,当隧道长度与隧道小时交通量的乘积小于600时,采用自然通风。基于短隧道采用自然通风的需求,根据我国二级公路的交通量及通风条件控制得到短隧道(长度小于或等于250m),以及二级公路及以下各等级公路隧道长度小于或等于500m时,最大纵坡不宜超过3%。

对于互通式立交出入口,匝道与主线纵断面应保持连续,出口匝道采用上坡利于减速,入口匝道采用下坡利于加速。同时,对竖曲线最小半径进行了规定,在实际工程中,若在互通式立交出入口设置小半径的凸型竖曲线,驾驶人会很难看到前方道路的情况,从而无法及时调整车辆位置及速度,错过合适的分合流机会,甚至引发交通事故。

(3)横断面设计

隧道行车道外侧为检修道,而路基与桥梁行车道外侧为硬路肩和土路肩,探究其横断面的宽度发现,路基与桥梁的横断面大于隧道的横断面。隧道内未设置硬路肩是隧道内外横断面突变的主要原因,若没有处理好隧道内外横断面突变的过渡,将对行车安全不利。

张驰基于实测数据分析,提出了隧道出入口过渡段长度的确定方法,并提出隧道出入口过渡段的渐变率为1/75~1/35。

综上所述,保证良好的隧道口与互通式立交出入口路段几何线形条件是保证路段交通安全的重要因素。

2) 路面状况

在隧道出入口路段,基于隧道内的特殊环境,隧道内外多采用不同的路面铺筑材料。路面的抗滑性和沉降性随着路面材料的不同而有所差异,隧道内外摩擦系数也随之有所不同。隧道内部由于常年不见阳光,通风条件较外界差等原因造成隧道内部本身环境较为潮湿,再加上容易发生局部渗透,使得隧道内的路面抗滑性大大降低。因此,设计时应注意隧道内外路面的不一致性问题,不同路面的变化不宜放在隧道口附近,宜采取增强路面防滑性能的特殊设计,降低路段的交通安全风险。

3) 标志标线

从以人为本的角度考虑,隧道出入口过渡段的标志标线设置应满足驾驶人清楚地识别前方道路的线形及其他管理信息的需求;对于互通式立交出入口路段的标志标线设置,应满足能够按照正确的路线方向行驶,避免错过出入口的需求,需要在互通式立交出入口之前每隔一段距离设置标志,以提醒驾驶人及时发现互通式立交出入口的位置信息。

当净距过小时,应在隧道内,甚至在隧道入口之前设置指路标志。但在很多情况下,隧道内未设置指示标志,这容易导致驾驶人在驶出隧道口时,不知道前方道路的信息,从而没有及时变道,错过前方出入口或分合流点,或在临近分合流点时才强行变道,极易引发追尾和侧撞等交通事故。

4) 照明设施

照明设施的设置应满足使驾驶人行车前后的亮度保持一致的要求,满足人眼舒适地完成视觉明暗适应过程的要求。

5) 不同视觉参照系的过渡

对于隧道出入口路段,不同的参照系对于驾驶人的心理、生理的影响不同。长安大学倪娜对不同视觉过渡情况下驾驶人的心理、生理变化进行了研究,结果见表 3-1 和图 3-3。

试验组描述　　　　　　　　　　　　　　　　　　　　　　　　　　　表 3-1

组编	场景示意图	描述
对比试验组 D		普通端墙式,无视觉过渡措施,对比试验
刺激试验组 E		正削竹洞口的角度 20°、40°、60°,对应 E_1、E_2、E_3

续上表

组编	场景示意图	描述
刺激试验组 F		反削竹洞口的角度 20°、40°、60°,对应 F_1、F_2、F_3
刺激试验组 G		格栅式过渡 0.75Hz、1.5Hz、6Hz、32Hz,对应 G_1、G_2、G_3、G_4
刺激试验组 H		视觉参照柱 0.75Hz、1.5Hz、6Hz、32Hz,对应 H_1、H_2、H_3、H_4

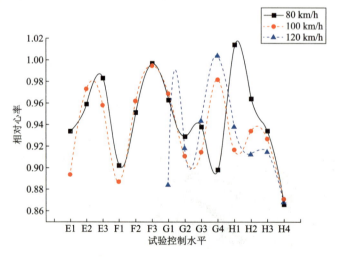

图 3-3　不同过渡设施相对心率均值曲线图

从表 3-1 及图 3-3 发现,运行速度对格栅设施的过渡作用较为明显;行驶速度小于 120km/h 时,正削竹与反削竹的角度越大,相对心率(过渡设施处心率值与该试验场景无过渡设施处心率值的比值)越高,驾驶人对于隧道出入口强烈环境变化视觉的适应能力越低;行驶速度为 120km/h 时,随着格栅的边缘率增大,参照柱的边缘率减小,相对心率值增大。

总而言之,不同的视觉参照系对驾驶人的心理、生理影响较大。

3.1.4 交通环境因素

隧道口与互通式立交出入口路段的环境因素主要包括交通环境因素及其他环境因素,主要有交通量、交通组成、运行速度、气候影响、交通组织和管理方式等。

1)交通量

交通量对行车安全有着至关重要的影响。当交通量很小时,车辆行驶的自由度较高,但由于行驶速度过快而导致的单车事故时有发生;随着交通量增大,车辆行驶的自由度降低,车辆间的平均行车间隙减小,相互之间会产生一定的干扰,从而降低了车速,降低了事故的发生;当交通量进一步增加时,车流不稳定,车辆间的干扰进一步增大,产生冲突的概率也随之增加,当急速超车、换道不当时,会发生车辆追尾、刮蹭等现象;当交通流达到堵塞的状态时,车速大幅降低,事故发生率大幅降低。

吉小进经过对高速公路上的事故率和交通量进行统计回归分析,得到事故率与饱和度的关系(图3-4),事故率和饱和度之间的关系呈 U 形曲线,饱和度为 0.7 是分界值。

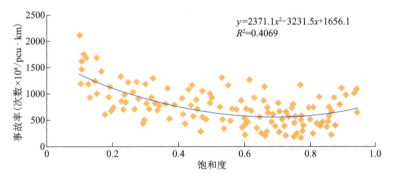

图 3-4 高速公路饱和度与事故率关系曲线

2)交通组成

当不同类型的车辆混合行驶于路段时,不同车型对交通安全产生的影响也不同。在驾驶人方面,大车由于体积大会遮挡后方小车的视线,若后方小车急于超车而不断换道,会产生安全隐患;在车辆性能方面,大、小车的行驶性能差异较大,导致车速相差较大,车速分布离散,纵向干扰增大,易发生交通事故。

对于分流区,大、中型车辆主要占据了减速车道的前半段,小车主要占据了减速车道的后半段;对于合流区,大车占据了加速车道的中、后部分,而小车占据了加速车道的前端。

3)运行速度

运行速度对安全有很大的影响,驾驶人驾车从驶入隧道至驶出隧道,运行速度大致分为调整期、适应期、调整期三个阶段(图3-5)。在接近隧道入口时,随着光环境变暗,驾驶人会逐渐减速;进入隧道之后,由于驾驶人此时已适应隧道内的环境,会以低于外界道路的速度逐渐增大至期望速度,并以期望速度一直行驶至接近隧道出口路段;接近隧道出口时,驾驶人会急于驶出隧道,因此又会加速行驶。由此可见,在隧道出入口路段,车辆行驶速度波动较大,在这些路段应注意对运行速度的管控,控制驾驶人不要超速行驶。

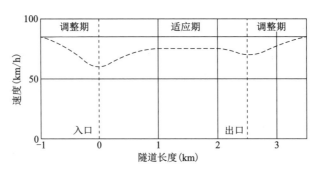

图 3-5　隧道内车速变化示意图

4）气候影响

气候因素对交通安全影响很大，驾驶人在进出隧道或处于互通式立交出入口段时，本身会出现心理紧张的现象，若气候不利，则会增加驾驶人的操作负担，严重时就会发生事故。

（1）冰雪天气

在隧道路段行车时，若有结冰现象发生，则会极大地降低车辆与路面之间的摩擦系数，尤其是暗冰不易被驾驶人发现，车辆行驶时存在更大的安全隐患。一旦制动，极易造成侧滑，从而引发事故。

（2）暴雨天气

暴雨天气容易在路面上形成积水，轮胎下形成的水膜会降低路面与轮胎之间的摩擦系数。隧道内的附着系数本身相对隧道外要低，当出现暴雨天气时，车辆会将雨水带入隧道，而由于隧道本身是封闭状态，无法自行将雨水排干，从而会加剧隧道内本身较为潮湿的状态，车辆容易发生侧滑、追尾、翻车等事故。

同时，暴雨天气对驾驶人的视野也有很大影响，暴雨的出现会使地面出现积水，从而形成反光，驾驶人的行车视距会缩短，此外，暴雨天气产生的水雾也会使驾驶人的视认性变差。

（3）雾天

大雾天气能见度低，尤其当遇到局部浓雾时，驾驶人视线严重受阻，引起对前方路况判断失误等一系列事故。

5）交通组织和管理方式

隧道附近路段的交通组织和管理方式对车辆行驶的影响也较大。目前，国内大部分中长和特长隧道内一般均禁止变换车道，并且在隧道出入口前一定的距离也会施划实线，禁止换道行为。这样就迫使驾驶人必须在隧道入口前或者出口后才能变换车道，交通组织和管理方式对隧道出入口和互通式立交出入口之间净距的影响较大。例如，隧道出口与互通式立交出口路段，若在隧道入口前能通过合理的交通组织和引导方式将所有驶出主线的车辆引导至最外侧车道，则两者之间的净距也可以为零；若做不到将所有驶出主线的车辆引导至最外侧车道，即存在部分车辆在隧道出口后再从内侧车道换道驶出，则两者之间的净距应满足驾驶人的眼睛适应洞外环境、变换车道等操作需求，以保证安全驶出。

因此，最小净距应考虑隧道附近路段的交通组织和管理方式。

3.2 互通式立交出入口路段环境条件安全性分析

高速公路出入口作为车辆上、下行主线的主要路段,是路网中连接各条高速公路与地方道路,以及进出服务区等沿线设施的重要组成部分。但随着高速公路里程和规模持续增长,路网密集程度增大,其出入口附近的安全问题也逐渐凸显。出入口是高速公路交通事故与拥堵现象的频发地带,其主线平纵面线形指标对出入口范围内的交通安全与通行能力有着重要影响。

在互通式立交出入口区域内,受车辆分合流的影响,驾驶人处理的信息增加,操作强度也增加,更容易发生交通事故,且事故后果通常较为严重,存在事故基数大、伤亡人数多、财产损失居高不下的问题。据美国 Firestineetal 统计,高速公路卡车事故中,发生于匝道与主线分合流端(或其附近)的约占 20%~30%。

根据美国国家公路交通安全管理局(NHTSA)、美国西部科罗拉多州高速公路,以及贺玉龙等人对京津唐高速公路的事故特点进行的分析、颉骥等人对 2008—2010 年广州北二环高速公路沿线交通事故特点的统计,发现占高速总里程比例很小的互通式立交发生的事故数占全线事故总数的比例较高(图 3-6)。

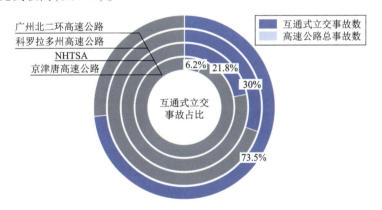

图 3-6 互通式立交事故占全线之比

而从互通式立交范围内各部分的交通事故分布情况来看,分合流区事故的占比较大。根据美国 NHTSA、北弗吉尼亚州、多伦多大学的调查统计研究,以及刘亚非依托"陕西省山区高速公路路线关键指标应用研究"课题对陕西某高速公路 3 年来的事故进行的相关调查统计,在互通式立交范围内事故总数中,出入口连接部(或分合流端)的事故数又占到了相当大的比例,具体占比如图 3-7 所示。

Bauer K M 等通过分析数据库 ISAR,发现高速公路和匝道的分合流端与加、减速车道等是常见的事故多发路段。据美国交通事故死亡分析报告系统(FARS)对 2001 年高速公路事故的统计发现,占整个高速公路里程不足 5% 的互通式立交路段,发生事故数约占事故总数的 18%,且 83% 以上的互通式立交事故出现在出入口路段,出口和入口的事故各占 50%、36%。周天赤等通过对浙江省高速公路喇叭形互通式立交事故资料的分析得出,在互通式立交范围内,主线上发生的事故重点分布于出入口附近,尤其是出口减速车道和分流鼻端附近。

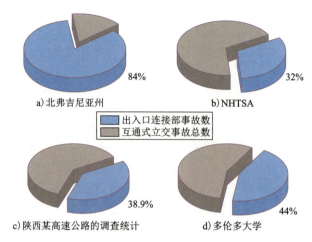

图 3-7 出入口连接部事故占互通式立交事故之比

根据"陕西省山区高速公路路线关键指标应用研究"课题及沈强儒对沈海高速公路临海北互通式立交范围进行的交通事故统计调查结果,在原始数据的基础上,经过相关转化与整合,将高速公路出口段各种事故类型的占比通过百分比堆积柱状图来表达(综合上述两份结果共同绘制,故纵坐标未统一以年代或地域表示,如图 3-8 所示)。

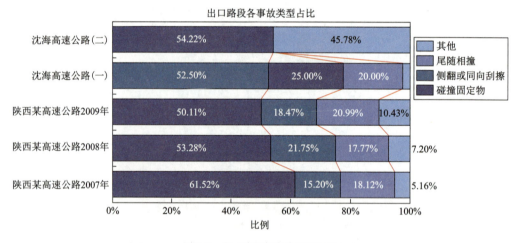

图 3-8 出口路段各事故类型占比

图 3-8 直观地展示了在出口路段的交通事故中,半数以上是由车辆碰撞分流鼻端固定物或路侧护栏所致,侧翻和追尾事故仅各占约 1/5 左右。其主要原因,一方面是受分流车辆减速的影响,出口路段的交通组织、交通流运行状态复杂紊乱,存在直行与转弯车辆间的相互作用,使互通式立交出口路段形成公路交通系统中的"瓶颈"区域;另一方面,互通式立交出口选址不合理,容易导致驶出车辆驾驶人难以准确识别出口而在换道、减速等一系列复杂操作过程中引发不当行为。

据公安部交管局统计,互通式立交出入口路段交通事故较为集中的原因在于,内侧车道驾驶人对出口的识别视距不足,在分流区因减速不充分而引起随意变道、违规停车或倒车等交通行为。

同理,对入口路段交通安全隐患进行分析发现,入口合流路段也成为交通事故的另一多发地,其主要原因:①合流车辆从加速车道换道并入主线后,与直行车辆之间会形成较大速差;②因直行车辆驾驶人在高速行驶时对互通式立交入口位置识别不清,未能及时发现即将驶入的车辆,直到接近合流鼻端,若此时车辆急剧减速,便容易与合流车辆相互碰撞;③若在逼近合流鼻端时车辆骤然变道,又极易与左后方来不及做出反应的内侧车辆发生追尾或挤撞等事故。

如果隧道与互通式立交距离过近,会增加驾驶人的信息处理量,留给驾驶人的操作空间更小,因此,对出入口的设计指标要求将更加严格。出于以上考虑,为改善互通式立交出入口交通状况、降低交通事故风险,提升高速公路整体的安全服务水平,并给相关规范的修订提供参考,应从满足出入口路段视距条件的角度来论述隧道口与互通式立交出入口路段的平纵线形设计指标。

3.3 隧道出入口路段环境条件安全性分析

3.3.1 隧道出入口的明暗适应现象

隧道区别于其他一般道路具有特殊的交通环境,驾驶人通过隧道口附近时会经历光照强度的较大变化,需要一定时间适应光照度的变化;如果隧道口内外光照度发生剧烈变化,导致驾驶人适应时间短促,则会使驾驶人产生不适。如白天驾驶人驶入隧道时,在暗适应的作用下会看到"一个黑洞";出隧道时,在自然光的作用下会看到一个"白洞"。如果隧道出入口距离互通式立交出入口或分合流路段距离过短,驾驶人可能会因来不及调整眼睛的不适而影响下一步驾驶操作,因此,在考虑互通式立交出入口与隧道口净距时,还需要考虑明暗适应的过程,从而保证安全。

产生"黑洞效应"与"白洞效应"的基本条件:白天进洞或出洞,当隧道口外照度明显强于隧道洞口内的照度,且车辆保持较高的速度行驶时,由于驾驶人瞳孔变化难以适应照度差而产生。根据调查发现,进洞瞳孔变化所需的适应时间较出洞长,因此,无论阴天或晴天,白天进洞出现"黑洞"的情况较为常见,如图3-9a)、图3-9b)所示;出洞时,只有当太阳光直照隧道洞口时才会出现"白洞效应",如图3-9d)所示;在阴天或缺少太阳直照时一般不会出现"白洞"现象,如图3-9c)、图3-9e)所示。东西走向的隧道出口和南北走向的南隧道出口容易被阳光直照,这些隧道出口应特别注意遮阳设计,尽量消除"白洞效应"。

a)"黑洞"现象(洞外晴天)   b)"黑洞"现象不明显(洞外阴天)

图 3-9

c) 无"白洞"现象（洞外阴天）　　　　　d) "白洞"现象明显（洞外晴天，太阳斜射）

e) 无"白洞"现象（洞外晴天，无直射太阳光）

图 3-9　隧道出入口的"黑洞""白洞"现象

黑夜出洞或进洞，尽管洞外照度较洞内过渡段照明的照度低，但由于隧道洞口内外照度差较小，车灯相对又比较亮，因此"黑洞"或"白洞"现象不明显或不存在。

隧道洞口内外总是存在光线明暗的差异，明暗适应的影响程度取决于隧道口内的照明设计效果。从隧道洞口内外光线反差及"黑洞""白洞"现象分析，进入隧道口后交通环境突变，隧道内的环境更差，容易在隧道入口附近路段发生交通事故；出隧道口后交通环境优于隧道内，故在隧道出口附近发生交通事故的概率较低。

3.3.2　隧道洞口照度变化的影响

驾驶人的反应时间长短直接关系到行车安全，驾驶人驶入隧道洞口时，由于照度剧烈变化引发瞳孔面积变化，使得驾驶人的视觉负荷瞬间增加，导致驾驶人对车速和跟车距离产生误判，并难以有效辨识前方车辆信息，且对自身运行状态及环境信息的认知不足，导致追尾、碰撞隧道壁等交通事故。

根据照度的变化，设置不同的洞口类型，以驾驶人驶入、驶出隧道洞口的瞳孔变化情况采集数据为依据（图3-10），绘制照度过渡曲线，并提出理想的照度曲线，分析不同洞口类型对照度变化的影响，得出最接近理想照度曲线的洞口类型。

结果显示，反削竹式洞口相较于削竹式洞口可以使瞳孔照度得到更有效下降，并在接近隧道的过程中带来更为缓和的过渡。其中又以30°反削竹设施的照度最为有效。能提供良好照度过渡的洞口可以保证驾驶人驶入、驶出隧道路段的安全。

图 3-10　采集驾驶人瞳孔变化

3.3.3　隧道路段光环境对行车安全的影响

交通安全是多因素影响的结果,光照条件、驾驶人生理情况、驾驶人心理情况、路面颜色等,将影响隧道出入口与互通式立交出入口最小净距。因此,需要分析复杂条件对隧道出入口与互通式立交出入口安全距离的影响。

1) 隧道照明光源光色

光源的光色包括显色性和色温。视觉功效是人借助视觉器官完成一定视觉作业的能力,通常用完成作业的速度和精度来评定视觉功效,除了人的因素外,还与照明密切相关,在一定范围内,随着照明的改善,视觉功效会有显著的提高。

邓敏与代言明通过试验研究了隧道照明光源的光色对驾驶人视觉功效的影响,以得到显色性和视觉功效的关系,以及光源色温、观察目标颜色与视觉功效的关系,如图 3-11 所示。

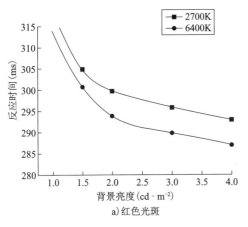

a) 红色光斑

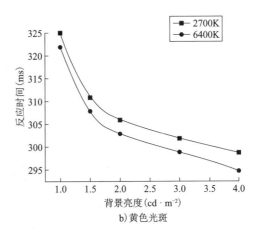

b) 黄色光斑

图　3-11

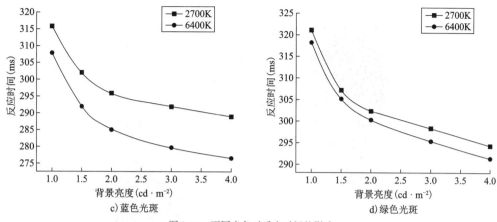

c) 蓝色光斑　　　　　　　　　　d) 绿色光斑

图 3-11　不同光色对反应时间的影响

结果表明,在其他条件相同的情况下,隧道照明光源的显色指数越高,越有利于驾驶人对障碍物的识别,越有利于行车安全和照明节能,二者之间存在着正相关的关系。在隧道照明设计中,以满足照明的安全和舒适为主,兼顾节能,应尽可能选择高显色指数的光源。

在考虑色彩的隧道照明环境中,背景亮度越大,驾驶人的反应时间越短,相应的视觉功效越好。背景亮度固定时,对于光谱能量分布曲线相似的隧道照明光源,驾驶人在富含短波段成分的照明环境中的视觉功效更好,照明效果更好。目标物颜色富含短波成分时,在高色温照明环境下更容易被发现。驾驶人视觉效果越好,对标志标线的识认能力越高,反应时间越短,因而所需净距越小。

2) 短隧道内光环境

隧道是一个及其特殊的半封闭结构,驾驶人驾车行驶在这样的环境中,难免产生惶恐、压抑及视觉疲劳等不良心理、生理反应,这会影响驾驶人对外界环境的正确感知,从而间接影响驾驶人的驾驶行为。驾驶人驾车通过隧道过程中,主要依靠视觉获取外界信息,因此,隧道交通安全与隧道内照明质量息息相关。

张扬帆等通过在实际公路隧道环境下的实车试验,利用 ETG2w 无线眼镜式眼动仪和 Zephyr 便携式生理仪研究驾驶人在隧道正常照明情况下和无照明情况下的生理参数变化规律如图 3-12 所示。

图 3-12　眼动仪采集数据

结果表明,在隧道中间段,驾驶人心率增加率相对于隧道出入口段有所下降,表明驾驶人对隧道照明环境经过一个适应过程后,心理相对平稳;驾驶人通过无照明的隧道时,各个阶段的心率增加率都大于正常照明的隧道,说明照明环境对驾驶人心理有较大影响,即隧道无照明时会加重驾驶人心理负担。

驾驶人在正常照明的隧道注视时间所占百分比小于无照明的隧道,且以短注视为主,表明驾驶人搜索识别前方目标时间短,目标更易识别,从而缩短驾驶人反映时间,有利于行车安全。

3) 长隧道内光环境

隧道内光环境的改变对驾驶人心理影响很大。在隧道外行驶,隧道外部亮度较高且变化平缓,紧张情绪占比较平稳,进入隧道后光线急剧变暗,人的紧张情绪会突然上升,然后下降达到平稳状态。进入基本照明段后,由于亮度的进一步降低,人的紧张情绪占比还会上升,然后又逐渐趋于平稳。同时,紧张情绪与驾驶人年龄、驾龄、驾驶习惯还有一定的关系。

隧道内的照明环境与驾驶人的紧张情绪呈现明显负相关;隧道路面平均亮度下降的速率与其对应的驾驶人紧张情绪升高的速率不一致,适当降低隧道内的路面照明水平,对驾驶人紧张情绪的改变不大,但却能大大降低隧道内的照明能耗。

多数长隧道设置了轮廓标(图3-13),在汽车远光灯的作用下,轮廓标的反射亮度远大于其他环境元素的反射亮度,对驾驶人的心理和生理影响有着明显的作用。轮廓标不仅可降低安全隐患,还能提高环境亮度,具有安全和节能意义。

图3-13 长隧道照明

驾驶人紧张情绪对环境亮度的敏感程度高于对路面亮度的敏感程度,提高隧道内驾驶人20°视场角内的环境亮度,能够明显降低驾驶人的紧张情绪,从而提高驾驶人的反应能力。

4) 隧道内疲劳缓解灯光带

疲劳缓解灯光带通过在隧道侧壁和拱顶设置与中间段不同的景观照明,不仅具有一定的美学功效,还可以为驾驶人提供一定的视觉刺激,改善隧道内单调驾驶环境(图3-14)。然而,疲劳缓解灯光带段的景观设置过于复杂会导致驾驶人的注意力过多地转移到灯光带上,危害驾驶安全。

图 3-14 隧道内疲劳缓解灯光带

秦鹏程等利用眼动仪对驾驶人在隧道内驾驶,以及通过疲劳缓解灯光带时的眼动特征进行现场测试。结果表明,疲劳缓解灯光带对驾驶人的视觉特性存在着一定的影响,这个影响从驾驶人距灯光带入口前 80m 时就已经有所体现;与疲劳缓解灯光带路段后半段相比,灯光带路段前半段驾驶人受到的影响更大。

就注视范围来看,在疲劳缓解灯光带路段内,驾驶人的注视范围有所扩大,从隧道中间段较为单一的集中于中央主视区远方变为开始呈线状向两侧隧道壁分布;就注视时间来看,驾驶人在灯光带路段内对两侧隧道壁的注视时间比隧道中间段的注视时间长,但对两侧隧道壁的注视时间仍远小于对中央主视区远方的注视时间。

5) 隧道光环境对不同车型驾驶人的影响

不同车型驾驶人在隧道入口区域(接近段与入口段)和出口段的瞳孔面积变化速率随着洞门距离的变化而显著不同。

货车驾驶人在进出隧道时视觉负荷更严重,货车驾驶人在隧道内的瞳孔面积增大与减小变化率峰值均大于小汽车驾驶人。

货车车型和出口区域的驾驶人对视觉环境更为敏感,不同车型、不同隧道区域驾驶人的瞳孔面积变化速率变异系数有显著差异。

驾驶人在隧道出口区域的瞳孔面积变化区间大于隧道入口区域;货车与小汽车驾驶人在出隧道后的瞳孔面积变化不显著,基本保持平稳。

当大、小车亮度条件、车速一致时,由于大车视距高、视野好,大车驾驶人发现障碍物较早,小车驾驶人发现障碍物较晚,因此,小车需要的净距更长。

6) 隧道光环境对不同年龄驾驶人的影响

随着驾驶人年龄的增长,眼睛对视觉信号的对比敏感度明显降低,40 岁视力开始功能性减退,40 岁之后人眼的对比度视力(CVA)显著下降。

不同年龄段驾驶人的视觉差异(视觉生理、心理特征等)会对行车安全产生直接的影响。因此,相比年轻驾驶人,中老年驾驶人在通过光环境更为复杂的公路隧道时,视觉特征存在明显差异,例如,瞳孔收缩程度降低,人眼暗适应速度明显下降,对刺激物细节的分辨能力逐步降低。

年龄每增加13岁,人眼的暗适应速度下降0.3个单位,即目标亮度必须增加2倍才能被看到。因此,中老年驾驶人对公路隧道内安全行车所需光环境要求更高。在相同的照明条件下,中老年驾驶人需要更长的净距才能保证行车安全。

7) 隧道内光环境对事故的影响

高速公路隧道单调的光环境,会导致隧道中部时空隧道效应和隧道出入口"黑洞效应""白洞效应",使驾驶人低估车速,高估跟车距离,诱发追尾、撞侧墙等事故。

公路隧道入口遮光设施和隧道照明设施建安费和运营养护费高,高速公路隧道视线诱导系统投入小,易于养护,可实现交通安全与照明节能的协调统一,更具可操作性。

基于驾驶人速度感、距离感、方向感、位置感和视距视区要求,运用公路隧道视觉参照系重构思路,利用低成本的逆反射材料增加局部亮度与对比度,采用多频率、多尺寸、多形状信息,重构公路隧道安全型视觉参照系,可实现高速公路隧道光环境低成本改善,从而有利于缩短隧道与互通式立交之间的净距。

第 4 章
CHAPTER 4

小净距路段交通事故特征分析

4.1 互通式立交出入口路段交通事故特征分析

互通式立交出入口的位置特殊，引起交通事故的原因众多，与正常路段相比，该路段更应注意交通安全。因此，需要从时间、空间、事故原因三方面进行统计分析，更好地揭示互通式立交出入口路段的事故发生规律。

本文通过搜集西汉高速公路某3处互通式立交出入口、包茂高速公路某2处互通式立交出入口的交通事故资料，同时查阅国内外相关文献，搜集互通式立交出入口的交通事故资料，采用图表统计的方法对互通式立交出入口路段交通事故的时间、空间等分布特征进行了分析。

4.1.1 互通式立交出入口路段交通事故时间分布特征

互通式立交出入口路段交通事故时间分布特征如图4-1所示。

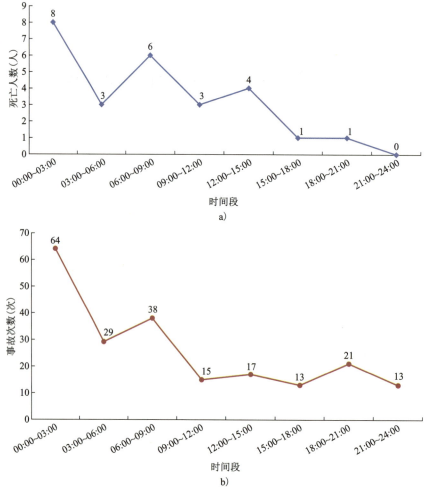

图4-1 互通式立交出入口路段交通事故时间分布特征

从图 4-1 可以看出：

（1）驾驶人在凌晨的事故发生率较其他时间段高，尽管凌晨时段高速公路交通流量较低，但由于此时间段内光线较暗，能见度低，驾驶人的视野范围变窄，难以清楚、及时地判断前方路况变化及出入口标志牌，比其他时间段更容易对前方出入口的距离进行错误判断，从而错过出口，导致驾驶人强行采取逆行等危险措施。同时，凌晨时分往往是驾驶人最疲惫的时间段，此时驾驶人的生理状况处于一天中的最不佳状态，人的意识支配能力明显下降，易放松警惕而错过判别出入口的最佳时机。因此，该时间段内的疲劳驾驶概率增大也是事故多发的重要原因。

（2）驾驶人在早上 6:00 ~ 9:00 时间段内发生事故的概率较高，这可能是由于早间高速公路交通量相对较大，同时相当一部分驾驶人利用此时间段完成城市间的通勤，往往产生"抢时间办事"的心理，容易出现超车等现象，再加上出入口路段的交通条件较正常路段差，从而易引发事故。

4.1.2 互通式立交出入口路段交通事故空间分布特征

根据交通事故的调查结果，分别将互通式立交出口区域分为主线区段、分流渐变段、减速段、分流鼻后 300m 四个区段（图 4-2）；将互通式立交入口附近的区域分为合流鼻前 300m、加速段、合流渐变段及主线区段四个区段（图 4-3），事故调查结果如图 4-4、图 4-5 所示。

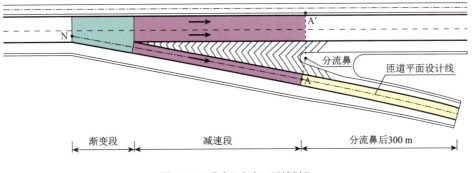

图 4-2　互通式立交出口区域划分

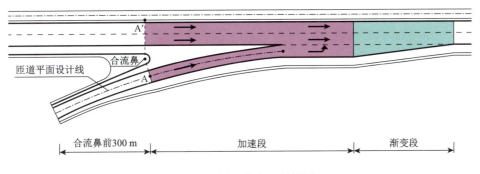

图 4-3　互通式立交入口区域划分

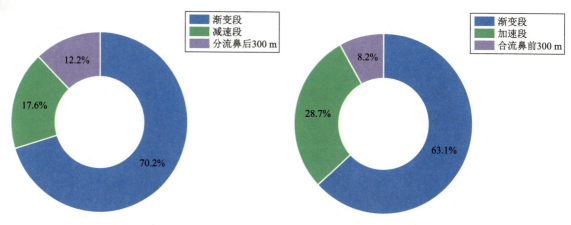

图 4-4　互通式立交出口路段交通事故分布特征　　　图 4-5　互通式立交入口路段交通事故分布特征

从调查结果可看出,互通式立交出口事故发生的比例大小为:渐变段 > 减速段 > 分流鼻后 300m;互通式立交入口事故发生的比例大小为:渐变段 > 加速段 > 合流鼻前 300m。因此,应该加强互通式立交对分合流渐变段的交通安全措施。

4.1.3　互通式立交出入口路段交通事故原因分布特征

互通式立交出入口路段的事故原因可分为人、车、路、环境四个因素,图 4-6 为各因素导致事故发生所占的比例,可以看出:

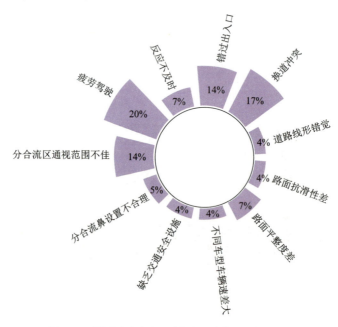

图 4-6　互通式立交出入口路段交通事故原因分布特征

(1) 驾驶人疲劳驾驶所占比例最大,当驾驶人处于疲劳状态时,极易造成事故。

(2) 换道冲突所占比例位于第二,在多车道的高速公路上,由于交通量大,驾驶人在接近互通式立交出入口时的强制性换道次数也会相应增加,车辆容易在换道时出现车速过快或车速过慢的情况,从而导致追尾事故的发生。

(3)错过出入口(强行变道)、分合流区通视范围不佳所占比例位于第三。错过出入口(强行变道)往往是由于在出入口路段驾驶人对标志的错认造成,或是由于行驶在外侧的大车对路侧标志的遮挡造成;分合流区通视不佳是与匝道分合流设计时主线的几何设计存在不合理有关,如出现曲线半径较小,匝道分合流处设置小半径凸形竖曲线等,主线上的驾驶人不能清楚地看到前方路况的变化,从而不能及时做出反应和操作。

(4)事故统计资料表明,造成事故的主因在于人,人的因素占比最大,因此,驾驶人要严格遵守交通规则,时刻注意行驶安全。

4.2 隧道出入口路段交通事故特征分析

根据美国的研究统计,在互通式立交出入口与隧道出入口的连接段上,交通事故往往发生在隧道出入口或互通式立交出入口处,且连接段上的事故数量随着其间距的减小而增多。目前,国内外已有许多学者对隧道事故进行了研究。Yeung 和 Wong 根据 3 个新加坡高速公路隧道的交通事故调查研究,发现隧道出入口过渡段的事故率高于隧道内部路段。Nussbaumer 发现,隧道入口前后 50m 范围是事故的高发路段,其危险程度约是隧道行车段的 4 倍。

本书通过查阅交通运输部门网站、安全生产监督管理部门网站事故查询系统,以及隧道出入口事故的相关文献,搜集了大量隧道出入口的交通事故资料,并利用图表统计的方法对隧道出入口路段交通事故的时间、空间等分布特征进行了分析。

4.2.1 隧道出入口路段交通事故时间分布特征

事故的时间分布特征主要从月分布、星期分布、小时分布几个方面进行,从大范围到小范围的时间段揭示隧道出入口路段事故的发生规律,为后文提出正确的安全保障措施奠定基础。本部分统计了西汉高速公路朱雀隧道,秦岭一号、二号和三号特长隧道,重庆成渝高速公路中梁山隧道,福建福银高速公路上的 8 座隧道和上海 13 座过江隧道,共 26 座隧道出入口路段交通事故的时间分布特征。事故路段为隧道口外 200~400m。

1)事故月分布特征

隧道出入口路段交通事故月分布特征如图 4-7 所示。

从图 4-7 可以看出:

(1)一年中共发生 85 起事故,死亡人数共 456 人,月平均事故次数为 7.1 次,月平均死亡人数为 38 人。

(2)5 月、6 月、11 月死亡人数较多,2 月、3 月死亡人数较少。

(3)6 月事故次数发生最多,8 月、11 月事故次数较多,2 月、3 月的事故次数较少。

2)事故星期分布特征

隧道出入口路段交通事故星期分布特征如图 4-8 所示。

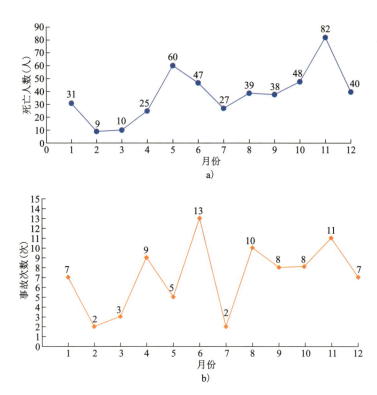

图 4-7 隧道出入口路段交通事故月分布特征

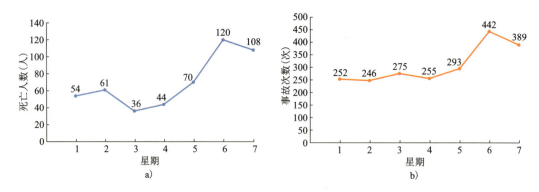

图 4-8 隧道出入口路段交通事故星期分布特征

从图 4-8 可以看出：

（1）隧道出入口在一个星期中的事故次数在周六最多，达到 442 次，周日排其次，达到 389 次；周六、周日的死亡人数在一周中相对周内高。

（2）周一至周五的事故次数变化比较平稳，平均事故次数为 264 次/d。

（3）周三的死亡人数最少。

从结论分析原因，周末外出活动的人较多，高速公路上的车流量较大，进出隧道的车流量也随之增大，从而事故次数也相应增加，这与图 4-8 中的趋势吻合。再者，周内高速公路上的车型以大货车为主，而周末大多数采用小轿车出行，这也增加了大车与小车之间的车速差，从而导致事故的发生。

3) 事故小时分布特征

隧道出入口路段交通事故小时分布特征如图 4-9 所示。

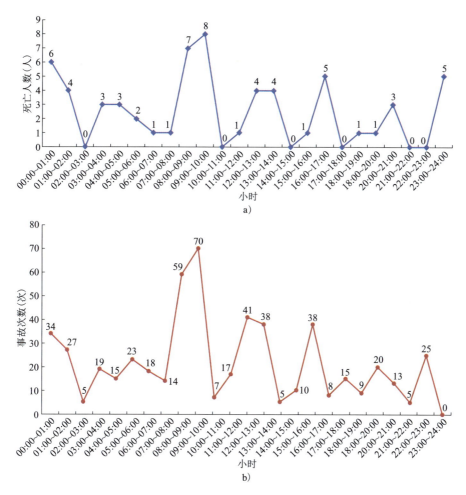

图 4-9 隧道出入口路段交通事故小时分布特征

从图 4-9 可以看出：

(1) 上午 9:00~10:00 时间段内发生事故的次数最多。

(2) 上午 8:00~9:00 时间段内的事故次数排名第二，其原因在于这个时间段车流量大，事故次数相对较多。

(3) 晚上 23:00 至第二天凌晨 02:00 时间段内事故次数较多，这个时间段内驾驶人易疲劳驾驶而引发事故。

(4) 下午 17:00~18:00 时间段内的事故次数较多，其原因在于该时间段内也是驾驶的疲劳期，且光线条件逐渐变差，容易造成事故。

(5) 死亡人数的变化规律与事故发生次数的变化规律相吻合。

4.2.2 隧道出入口路段交通事故空间分布特征

事故空间分布特征可以更好地从宏观上分析事故变化规律,从而更好地提出安全保障措施,因此,本书分别从隧道长度、事故发生区域等方面进行了统计分析。

1) 隧道长度的事故分布特征

根据《隧道细则》的规定,将隧道分为短隧道、中隧道、长隧道、特长隧道四种类型,根据赖金星的统计,全国西部、中部和东部地区共 156 座隧道 2193 起事故的分布见表 4-1。

隧道长度的事故分布特征统计　　表 4-1

隧道类型	隧道数(座)	事故次数(起)	平均事故次数(起)
短隧道	51	523	10
中隧道	36	492	13
长隧道	49	776	15
特长隧道	20	402	20

对于平均事故次数,特长隧道 > 长隧道 > 中隧道 > 短隧道,其原因在于隧道长度过短时,驾驶人在黑暗环境下适应的时间越短,而对于长隧道,驾驶人在黑暗环境下适应的时间长,尤其是在长隧道或特长隧道中,事故更容易发生。

2) 隧道出入口区段事故分布特征

根据《公路隧道照明设计细则》(JTG/T D70/2-01—2014)的规定,隧道可分为入口段、过渡段、中间段和出口段。将隧道划分为与之对应的三个区段(图 4-10)。隧道长度小于 200m 时只包含区段 1,隧道长度为 200~800m 时隧道不包含区段 3。区段 1、区段 2、区段 3 分别为隧道照明段、照明过渡段、照明中间段,分别取其长度为距洞口内外各 200m、距洞口 200~400m、隧道剩余长度。

图 4-10　隧道区段划分示意图

通过收集陕西省内 128 起隧道出入口路段交通事故,并分别取距离隧道出入口 0m、50m、100m、150m、200m、250m 处发生的事故进行统计分析(图 4-11、图 4-12),可以得出以下结论:

(1)距离隧道洞口越近,发生事故的次数越多;距离隧道洞口越远,发生事故的次数越少。这是因为车辆在进出隧道时,隧道内外经历了人、车、路、环境不协调的过程。同时,也说明隧道出入口过渡段是事故的高发路段,应当加强安全保障措施。

(2)隧道入口发生的事故次数多于出口发生事故的次数。因为对于隧道入口,驾驶环境由外界的开阔视野变为隧道内的狭窄视野,而对于隧道出口,驾驶环境由隧道内的狭窄视野变为外界的开阔视野,因而隧道入口在行车环境等各方面对于行车来说更不利。

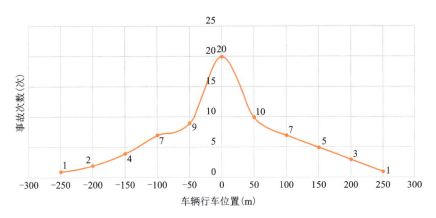

图 4-11　隧道入口事故空间分布特征

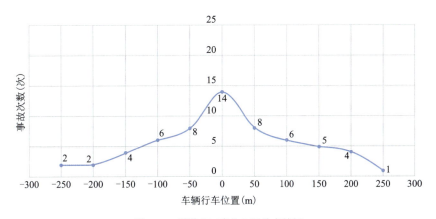

图 4-12　隧道出口事故空间分布特征

4.2.3　隧道出入口路段交通事故形态分布特征

交通事故形态是指车辆发生事故时展现出来的外部形态。隧道出入口的事故形态分布特征主要反映了事故发生的类型,以此可以更好地突出防控重点,为今后提出合理的管控措施提供相应的依据。隧道出入口发生事故的形态包括追尾、撞隧道壁、翻车、自燃、刮擦等。

由图 4-13 的统计结果可看出,隧道出入口路段发生追尾的概率最高,达到 64.23%,其次是撞隧道壁、翻车,其余事故形态所占比例不多。发生追尾的原因主要是隧道出入口的照度过渡剧烈,人眼需要一段时间才能恢复,若此时行驶速度过快,则会导致追尾,也可能是驾驶人自身原因导致驾驶疏忽等。这个统计结果与奥地利公路隧道的事故统计结果和我国的相关研究结果一致。在实际的行车过程中,应该对隧道进行速度控制,防止超速行驶,并采取一定的交通安全保障措施。

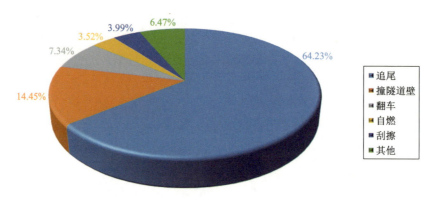

图 4-13 隧道出入口路段交通事故形态分布特征

4.2.4 隧道出入口路段交通事故车型分布特征

在隧道出入口确定车型是必要的,隧道出入口发生事故的原因多与车型不同存在一定关系。只有确定危险车型,才能更好地采取措施去减少事故发生。

根据历史事故资料,图 4-14 统计了不同车型在隧道出入口路段发生事故的比例。

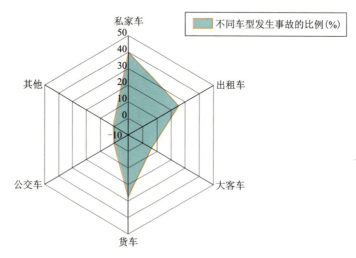

图 4-14 隧道出入口路段交通事故车型分布特征

由图 4-14 可看出,小车所占比例最多,其次是货车。出现这种情况的主要原因在于:

(1)车辆速度:小车相较于其他车型速度较快。速度越快,驾驶人保证行车安全所需的视距越大,在发生紧急情况时更不容易停车。再者,小车跟驰的距离一般较近,容易发生追尾事故。而大客车考虑自身构造,行驶速度较小车慢,前方视野也比小车开阔,事故发生概率相对较低。

(2)车辆性能:大货车的车辆性能不如其他车辆,是追尾事故的主要车型。大货车在实际行驶中往往更容易出现超载或疲劳驾驶的情况,在长下坡路段更容易发生事故。

(3)车辆尺寸:小车的自身尺寸相较于大车小,但对于后方车辆的信息往往获取较少,基于这一考虑,小车也会和大车前后保持一定的距离,这样会很大程度上降低小车与大车相撞的概率。

4.2.5 隧道出入口路段交通事故等级分布特征

根据我国对交通事故等级划分的要求,将事故分为轻微事故、一般事故、重大事故、特大事故,根据统计资料,交通事故等级的统计如图 4-15 所示。

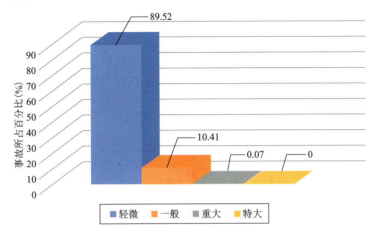

图 4-15　隧道出入口路段交通事故等级分布特征

由图 4-15 可看出,轻微事故所占的比例最大,达到 89.5%,其次为一般事故,占 10.4%,再者是重大事故,占 0.07%,最后是特大事故,数量较少,占比小于 0.01%。

4.2.6 隧道出入口路段交通事故天气分布特征

隧道出入口路段交通事故的天气分布特征如图 4-16 所示。天气因素也是影响驾驶人行驶的重要因素之一。

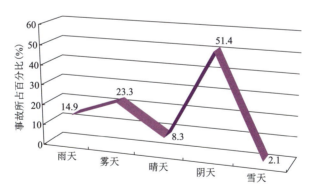

图 4-16　隧道出入口路段交通事故天气分布特征

从图 4-16 可以看出:

(1) 隧道出入口路段在阴天发生事故的比例最大,这是由于阴天光线不好,虽然隧道内外的照度差较晴天小,但隧道洞口的照度更低,驾驶人视线不清晰,对前方隧道内路况和车辆位置等关键信息判断不准确,易引发交通事故。

(2) 阴天、雾天、雨天所占比例为前三名,总共占 89.6%,说明阴天、雾天、雨天最容易发生事故,应着重考虑阴天、雾天、雨天的行车安全。

(3)雪天结冰,路面摩擦系数大幅降低,也会导致车辆打滑,从而发生事故,这也是不可忽略的因素。

4.3 互通式立交出入口与隧道口小净距路段交通事故特征分析

本书还搜集了互通式立交出入口与隧道口小净距路段 8 年(2012—2020 年)的交通事故资料,用于对比分析小净距路段交通事故特征。在事故数据采集时,搜集的数据包括整段高速公路。为分析小净距路段的交通事故特征,在进行数据提取时,以小净距路段隧道洞口为基点,提取了距离洞口上下游 500m 范围内的交通事故数据。其中,互通式立交出口与隧道洞口之间的距离为 250~300m。

4.3.1 小净距路段交通事故时间分布特征

与上文相同,事故的时间分布特征主要从月、星期、小时分布三个方面进行,从大范围到小范围的时间段揭示互通式立交出入口与隧道口小净距路段事故的变化规律,并与正常隧道出口路段事故特征进行对比。

1)事故月分布特征

互通式立交出入口与隧道口小净距路段交通事故月分布特征如图 4-17 所示。在数据处理过程中又将事故分为隧道出口—互通式立交出口小净距路段和互通式立交入口—隧道入口小净距路段。

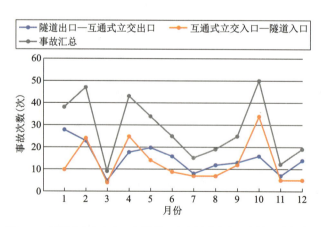

图 4-17 互通式立交出入口与隧道口小净距路段交通事故月分布特征

从图 4-17 可以看出,2 月、4 月、10 月事故发生次数较多,3 月、7 月、11 月事故发生次数较少。

2)事故星期分布特征

互通式立交出入口与隧道口小净距路段交通事故星期分布特征如图 4-18 所示,据此分析事故特征与工作日的关系。

第4章 小净距路段交通事故特征分析

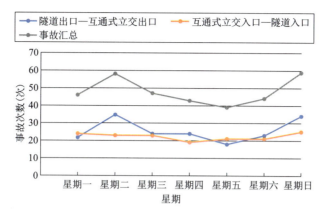

图4-18 互通式立交出入口与隧道口小净距路段交通事故星期分布特征

从图4-18可以看出,本次事故调查数据显示星期二与星期日事故次数较多,星期五事故次数较少。互通式立交入口—隧道入口路段事故发生次数在一周内无明显差异,未与星期数产生关联;而隧道出口—互通式立交出口路段事故发生次数的变化则存在一定波动,星期二与星期日事故次数相比其他时间更多。

3) 事故小时分布特征

互通式立交出入口与隧道口小净距路段交通事故小时分布特征如图4-19所示。

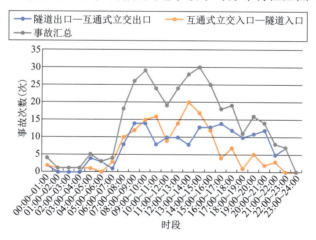

图4-19 互通式立交出入口与隧道口小净距路段交通事故小时分布特征

从图4-19可以看出,夜间0:00~7:00时间段内事故发生较少,事故主要发生在白天7:00~18:00时间段内。且事故发生次数最多的时段为9:00~10:00和14:00~15:00两个时间段内。整体事故分布呈驼峰状,事故高发时段分布在8:00~11:00和13:00~17:00。

4.3.2 小净距路段交通事故空间分布特征

事故的空间分布特征可以更好地从宏观上观察事故高发路段,进而更具有针对性地分析事故高发原因,从而更好地提出安全保障措施。本书采集了整条高速公路的事故数据,在进行小净距路段分析时,以小净距路段中隧道洞口为基准点,提取了距离洞口500m范围内的交通事故数据进行分析,提取结果如图4-20所示。

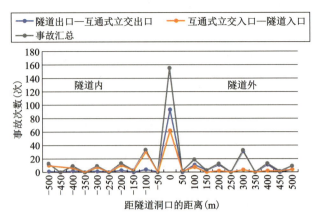

图 4-20　互通式立交出入口与隧道口小净距路段交通事故空间分布特征

从图 4-20 可以看出,互通式立交出入口与隧道口小净距路段交通事故集中分布在洞口附近,并且在运行方向上存在明显差异,隧道出口—互通式立交出口路段车辆从隧道中驶出,隧道外部事故发生次数大于隧道内部事故发生次数,且外部事故多发点(洞外 300m 处)为高速公路出口处,即出口匝道连接处;互通式立交入口—隧道入口路段车辆从匝道进入主线,随后进入隧道,隧道内部事故发生次数大于隧道外部事故发生次数,且内部事故多发点为进入隧道后 100m 范围内。从两个方向的事故分布情况看,隧道洞口附近的事故高发区段均为隧道洞口处和通过隧道洞口后的一段距离。究其原因,主要是车辆在进出隧道时,隧道内外经历了人、车、路、环境不协调的过程,因此,应重点关注车辆运行环境改变后的安全保障措施。

4.3.3　小净距路段交通事故形态分布特征

互通式立交出入口与隧道口小净距路段交通事故形态分布特征如图 4-21 所示。

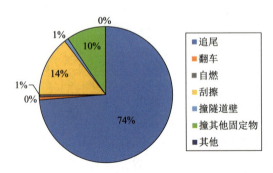

图 4-21　互通式立交出入口与隧道口小净距路段交通事故形态分布特征

从图 4-21 可以看出,小净距路段的事故形态主要是追尾,高达 74%;其次是刮擦和撞其他固定物,其余事故形态发生次数较少。在隧道出入口照度变化剧烈,驾驶人需要一段时间适应亮度变化,该过程驾驶人无法通过视觉获取环境信息,当前方小净距路段出口匝道存在车辆减速驶出时,直行车辆速度较快易与减速驶出车辆发生追尾事故。

4.3.4 小净距路段交通事故天气分布特征

互通式立交出入口与隧道口小净距路段交通事故天气分布特征如图 4-22 所示。

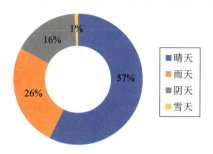

图 4-22　互通式立交出入口与隧道口小净距路段交通事故天气分布特征

从图 4-22 可以看出,小净距路段在晴天发生事故比例较高,其次是雨天、阴天和雪天。常理上,当天气较差时会导致路面湿滑、视线较差等一系列问题,发生事故的概率更大,但调查结果显示晴天事故次数却占比最高。其原因为晴天天数较雨天、阴天、雪天更多,该路段所处位置年平均日照率为 45%,因此,事故发生次数相应也更多,占比为 57%,已经超过了晴天天数所占比例。在小净距路段晴天发生事故的概率高于雨天、阴天、雪天的原因是,当天气状况较差时,驾驶人一般比较谨慎,且进出隧道时,环境照度差对驾驶人的影响远小于晴天,因此,发生事故的概率更小。

4.4　互通式立交出入口与隧道口小净距路段交通安全性分析

1）互通式立交出入口路段交通事故特征

从事故时间、空间和原因三个方面对互通式立交出入口路段交通事故特征进行了详细分析:0:00~3:00 及 6:00~9:00 这两个时间段内的事故率最高,主要原因是驾驶人疲劳和超速驾驶,容易错过出口或忽略后方来车。在互通式立交出入口路段,渐变段范围内事故率是最高的,因此,应该加强对分合流渐变段的管理措施。互通式立交出入口的事故原因主要是人为因素,驾驶人的疲劳驾驶导致了较高的事故率;其次是换道冲突,交通量较大时会使驾驶人在接近互通式立交出入口时的强制性换道次数大大增加,车辆容易在换道时出现车速过快或车速过慢的情况,从而导致追尾事故的发生。

2）隧道出入口路段交通事故特征

从事故时间、空间、形态、车型、等级和天气特征对隧道出入口路段交通事故特征进行了详细分析,得出以下结论:

交通量较大和超速行驶是导致隧道出入口路段交通事故的关键因素。隧道洞口路段事故率高于隧道内事故率,且入口事故率要高于出口,这主要是由驾驶人进出隧道明暗适应所导致的,而进入隧道还要面临更狭窄的行车环境,事故率更高。隧道出入口路段主要事故形态为追尾,这同样与明暗适应相关。车辆行驶在隧道出入口路段时,往往由于隧道内外光照强度的变化而产生视觉滞后现象,会影响驾驶人对前方车辆安全间距的准确判断,容易诱发追尾事故。

隧道出入口路段发生事故的车型主要为小客车,主要原因是小客车更容易超速行驶,但同时,这也使得隧道出入口路段事故通常比较轻微,发生特大事故的可能性几乎为零。对天气因素的分析结果表明,阴天光线不好,虽然洞内外的照度差较晴天小,但隧道洞口的照度更低,驾驶人视线不清晰,对前方隧道内路况判断不准确,易引发交通事故。同时,雾天和雨天由于视线问题也容易发生交通事故,应着重考虑,冬季路面结冰造成抗滑性能的下降也是导致事故的原因之一。

3)互通式立交出入口与隧道口之间路段交通事故特征

隧道出入口路段和互通式立交出入口路段都是高速公路上的事故高发区,当二者组合在一起时,互通式立交出入口与隧道口小净距路段的事故率往往会更高。4.3节给出了互通式立交出入口和隧道口交通事故特征的分析,从事故时间、空间、形态和天气四个方面,综合分析了近隧道口互通式立交出入口路段的行车安全影响因素,从事故分析结果来看,可以得到小净距路段主要存在以下交通安全问题:

(1)车辆行驶在隧道出入口路段时,往往由于隧道内外光照强度的急剧变化而产生视觉滞后现象,会影响驾驶人对前方车辆安全间距的准确判断,天气晴朗、洞内外照度差过大时隧道洞口会出现"黑洞""白洞"现象,容易诱发追尾事故的发生。

(2)在内侧车道的驾驶人由于没有足够的距离进行换道操作,往往在接近出入口时还未换至目标车道(最外侧车道或内侧车道),心理压力增大的同时,还可能做出强行换道的操作,从而引发交通事故。

(3)驾驶人驶出隧道时,需要对前方互通式立交出入口标志进行判读,而驾驶人在匝道驶入主线进而驶入隧道时,也需要对前方隧道标志、限速标志、开灯标志进行判读,若净距过小,可供驾驶人决策的时间短,驾驶人容易产生困惑心理,并采取突然换道等危险措施,易发生碰撞、追尾等事故。

(4)驾驶人在隧道的压抑环境下行车,驶出隧道时,会急于加速至主线速度,容易错过前方出口,而当净距过小时,这种情况更容易发生。

综上所述,互通式立交出入口与隧道口小净距路段交通安全风险较一般路段高,发生事故的概率大于单独的隧道出入口和互通式立交出入口。

第 5 章
CHAPTER 5

小净距路段的交通运行数据调查与特点分析

为给小净距路段的安全保障技术提供理论依据，本章将在小净距路段的交通运行特点数据采集的基础上，分析小净距路段的交通运行特点，主要包括不同限速下不同车道的运行速度、车头时距分布规律、车辆轨道轨迹数据和特点、驾驶人明暗适应时间、出口识别的注视点位置等，并对这些关键的参数和相关模型进行调查分析，为互通式立交出入口与隧道口之间的最小净距计算模型和安全保障措施提供基础。

5.1 数据采集方法介绍

传统交通数据的采集方法以人工计数、计数器计数为主。这些方法效率低下、局限性明显，仅能够通过单点测量或单一断面计数获取交通数据。车速的测量则需要通过测量车辆通过某一路段的平均行驶速度来实现。但随着我国人均机动车保有量迅速增长，需要更高效和更高精度的交通数据采集技术来调查交通数据，大量新型的交通数据采集技术与设备开始涌现，为交通工程相关研究分析工作的开展提供了更好的条件。目前，新型数据采集方法主要有以下几类：

1）传感器检测

常用的传感器包括电磁感应、超声波、雷达信号、微波、红外感应传感器、加速度传感器和角度传感器。通过安装在路面固定位置或者安装在车辆上的传感器，可以快速准确地测量交通量、行驶速度等相关参数。

2）视频检测

视频中包含大量交通数据信息。随着摄影技术、无人机技术的不断成熟，道路监控、行车记录仪的使用不断普及，视频信息的快速获取逐渐引起了广大学者的兴趣，信息技术和图像识别技术的不断发展也为视频信息的广泛应用提供了可能。车路协同路端系统数据库（NGSIM）就是由搭建在道路上空的摄像机采集交通数据并利用图像识别技术得到的，除此之外，美国公路战略研究计划二期（SHRP2）中的自动驾驶（NDS）研究数据库是由车载摄像机采集自然驾驶状态下驾驶行为状态得到的交通数据库。

3）智能手机

随着大数据分析技术的不断成熟和智能手机终端的不断普及，每一个个体就相当于一个出行样本，人们在日常生活和出行过程中都在不断地产生数据，通过综合提取并通过大数据分类处理便可以得到巨大的数据资源。美国 Alphabet 公司、我国高德地图和百度地图等均可以利用智能手机获得出行者的实时位置和出行数据，使用者使用导航软件或者定位软件时，软件便会自动将出行者的相关数据反馈给软件服务器。

4）车联网

车联网是指车辆上的车载设备通过无线通信技术，有效利用信息网络平台中的所有车辆动态信息，为车辆运行提供不同的功能服务。车联网的普及将大大提高交通驾驶环境的安全性和通行效率。车联网不但能够保障车与车之间的安全距离，降低车辆发生碰撞的概率，还可以提供实时高精度导航，并通过与其他车辆和网络系统的通信，提高交通运行的效率。与此同时，通过无线通信技术和卫星定位技术整合车辆和基础设施的车联网技术在获取车辆位置、速度、加速度等方面逐渐显示出优势。

5.2 试验设备介绍

基于上述新型数据采集方法,对数据采集设备进行介绍。

5.2.1 车速分布数据采集仪器

1) UMRR 链式开普勒雷达测速仪

UMRR 链式开普勒雷达测速仪(以下简称 UMRR)(图 5-1),可以在一定范围内通过雷达波的多普勒效应同时记录下多辆汽车在不同时刻的平面坐标和速度信息,并能够准确跟踪每辆车的位置、长度、速度。其工作原理为:通过发射和接收电波记录数据,精确地跟踪移动的车辆位置(X、Y 坐标)、长度及速度分量(V_X、V_Y),车辆的行驶速度为 $V = \sqrt{V_X^2 + V_Y^2}$,并每隔 50ms 实时反馈数据,雷达放置的位置记为坐标原点,通过 UMRR 自动生成的车辆编号(ID)来标定不同车辆。其检测区域是以雷达为中心的扇形区域,测试范围可达 800m,但有效范围一般为 400m 以内,雷达的定位角不超过 ±15°,更大的角度会缩短对象的跟踪时间。

图 5-1 UMRR 现场布置图

2) 测速枪

测速枪(图 5-2)用于补测和校正,将实测的少量运行速度样本数据与其他设备测得的大量数据进行对比,从而更好地寻找出 UMRR 的安装角度。

图 5-2 测速枪

3) SONY 高清摄像机

将摄像机架于路侧,调整摄像机角度,进行车辆分布位置数据采集,记录车辆位置等相关信息(图 5-3)。

图 5-3　SONY 高清摄像机

采用摄像机和 UMRR、测速枪相结合的方法来获取交通信息数据和车辆分布位置数据,可以得到更精确的车辆分布数据。

5.2.2　车头时距数据采集仪器

采用 AxleLight RLU-3 系列路旁单元(以下简称 RLU)(图 5-4)进行车头时距数据的采集。RLU 由两个激光传感器提供信号,一个锂电池组提供电源,在进行连续数据采集时,其工作时长至少可达 8h。此外,RLU 安装有 LED 状态指示灯,能够提供路旁单元当前的工作模式和传感器当前功能的反馈信息。

图 5-4　RLU 示意图

5.2.3　车辆轨迹数据采集仪器

采用大疆 DJI Air2s 无人机(图 5-5)采集互通式立交出入口与隧道口之间车辆行驶轨迹数据。从王烨对近年来交通数据采集技术发展的一系列分析可以确定,对驾驶人横向视点位置的采集,当前较好的一个办法便是利用无人机于公路正上空(离地面约 150~200m 的高度)航拍录像后,从视频分析软件中提取车辆的行驶轨迹数据。

图 5-5　大疆 DJI Air2s 无人机

5.2.4　明暗适应时间及视觉变化特征试验设备

试验按照双盲原则进行,尽量控制其他因素对驾驶行为的影响。

(1)试验车辆(图 5-6):试验车型为 5 座 suv,宝沃 BX7,驾驶人视野良好,车辆具有定速巡航系统,操控性能良好,车窗和挡风玻璃未设遮光贴膜,满足驾驶人佩戴眼动仪、获取因光线变化而引起瞳孔变化的客观环境要求。

(2)电源(图 5-7):采用 Laptop Power Bank 移动电源,为眼动仪、配套手机和电脑充电。

图 5-6　试验车辆　　　　　　　　　图 5-7　移动电源

(3)照度计:华谊仪器 MS6612 数字照度计(图 5-8),测量范围为 0～200000lx,测量准确度为 ±3%,采样速率为 2 次/s。

(4)SMI ETGTM 眼镜式眼动仪(图 5-9):针对动态眼动研究设计,基于眼动追踪的非侵入式视频,及时呈现测试实况,从而对测试过程进行控制,并采用实时数据传输,支持人眼动态兴趣区域的数据深入分析,常用于驾驶人视觉行为观察。双眼采样频率 120Hz,追踪范围水平 80°、垂直 46°,追踪分辨率 0.1,注视定位精度 0.5°。

图 5-8　照度计　　　　　　　　　图 5-9　眼动仪

(5)运行速度、照度数据采集设备：车内摆置手机及固定支架2套，分别记录照度计取值与车辆速度，其中车辆速度变化情况基于车辆仪速表盘进行记录（图5-10）。

图5-10　车速与照度数据记录情况

5.3 小净距路段车道运行特点及运行速度调查与分析

5.3.1 试验调查

1) 试验目的：采集不同限速路段不同车道的运行速度

运行速度为道路断面85%分位值的速度，其能够直观地反映驾驶人行驶在车道上的实际运行状况，是分析小净距路段重要的交通数据。在实际驾驶过程中，由于不同车道上的交通量不同，大车比例也各不相同，因此，车辆在不同车道上的实际运行速度也不同；即使设计速度相同的高速公路，由于限速方式不同，也会采用不同的限速值（图5-11）。此外，一些高速公路目前限速高于设计速度，因此，采用基于限速的运行速度作为依据更加合理。

图5-11　设计速度为120km/h的单向三车道高速公路两种限速值

2) 数据采集地点与时间

选取G65包茂高速公路西安至柞水路段、G5京昆高速公路西安至汉中路段和G40沪陕高速公路西安至商洛路段作为调查路段。在上述三条高速公路中，选择不同限速值情况下的隧道出入口路段,进行车辆运行速度的调查统计。此外,还选择了三种不同设计速度情况下的高速公路基本路段进行调查,得到不同车道不同车型在基本路段上的运行速度特点。

通过对数据采集路段 3 个工作日的调查,得到数据采集点的小时交通量,如图 5-12 所示。由图可知,交通流在 11:00~14:00 时间段内较稳定,为了避免交通量波动幅度大而产生的影响,因此选取 11:00~14:00 时间段进行调查。

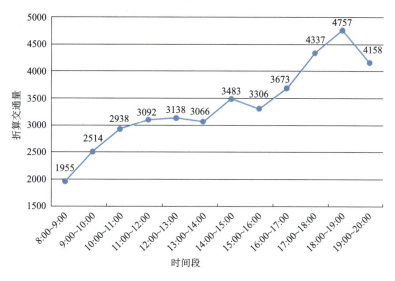

图 5-12　小时交通量统计

5.3.2　数据处理

1) 数据处理流程

根据收集的数据采用基于计算机辅助设计(CAD)二次开发的 Visual Basic(简称 VB)扩展程序、Origin、Matlab、Excel 等对数据进行筛选、剔除及分析,具体流程如图 5-13 所示。

图 5-13　数据分析流程图

2）车辆运行速度数据

通过 UMRR 得到车辆运行速度的数据，如图 5-14 所示。

MS	ID	X	Y	LEN	V_X	V_Y
255	153	76.42	8.58	3.2	25.9	0.8
255	152	90.18	6.34	8.6	21.1	2.6
305	153	77.76	8.9	3.2	25.9	0.6
305	152	91.2	6.78	8.6	21.1	2.6
355	153	79.04	9.22	3.2	25.9	0.5
355	152	92.29	7.23	8.6	21.1	2.8
405	153	80.32	9.28	3.2	25.9	0.4
405	152	93.76	7.81	8.6	21.1	3.1
455	153	81.6	9.41	3.2	25.9	0.3
455	152	94.21	8.38	8.6	21	3.2
505	153	82.94	9.47	3.2	25.9	0.2
505	152	95.3	8.77	8.6	21	3.2
555	152	96.38	9.15	8.6	21	3.2
605	152	97.41	9.47	8.6	21	3.1

图 5-14　通过 UMRR 得到的车辆运行速度数据

MS-UMRR 发射和接受雷达信号的时间间隔，为 50ms；ID-根据时间顺序 UMRR 自动生成的车辆编号；X-车辆距离雷达的纵向行驶距离（m）；Y-车辆距离雷达的横向行驶距离（m）；LEN-传感器检测出来的车辆长度（m），为对不同车型的速度分别进行处理，以车辆长度 6m 为界将车辆分为大车与小车；V_X-车辆距雷达的纵向行驶速度（km/h）；V_Y-车辆距雷达的横向行驶速度（km/h）

3）划分车道

数据处理首先应剔除错误数据，依据 CAD 二次开发的 VB 扩展程序绘制出车辆的交通流线。根据车辆的交通流线图可以看出在同一车道上，有些车辆的位置偏移原始车道较大，与实际情况不符，应将此范围内的数据予以剔除。UMRR 处理程序如图 5-15 所示，程序运行以后的交通流线如图 5-16 所示。

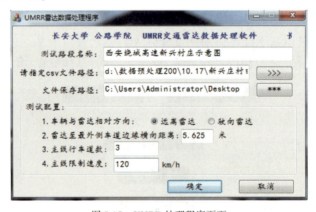

图 5-15　UMRR 处理程序页面

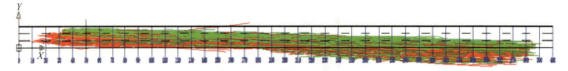

图 5-16　交通流线图

图中绿色轨迹线代表小客车的行驶轨迹,红色轨迹线代表大货车的行驶轨迹。X坐标代表纵向距离,Y坐标代表速度。根据交通流线图可以将不同车道上的车辆划分出来,从而进一步划分不同车道上的车型;从交通流线图中还可以得到交通量、车型比例等。

4) 划分车型

同一车道上某一断面的车型划分如图 5-17 所示。

小车车长	小车速度	大车车长	大车速度
4.4	104.76	17	122.4
5	111.96	8.6	72.72
6	126	8.4	115.56
4.4	106.92	8.6	84.24
5.4	91.44	8.6	70.2
3.2	109.44	8.4	76.68
5.4	98.28	8.6	74.16
5.6	81.36	8.6	96.12
4.4	98.28	7	108.36
4.4	76.68	7	83.16
4.4	74.16	8.6	72.36
5.6	89.64	7.4	113.04
4.4	124.56	8.6	81
5	1022.24	8.6	91.08
5.4	81.36	8.6	81.36

图 5-17 同一车道上某一断面的车型划分

5) 调查样本容量

调查选取路段上大车及小车的运行速度时,为保证数据精度要求,必须使最小样本量满足需求。根据式(5-1)确定最小样本量:

$$N = \left(\frac{s \cdot t_\alpha}{E}\right)^2 \left(1 + \frac{\gamma^2}{2}\right) \tag{5-1}$$

式中:N——最小样本量;

s——样本标准差(可采用样本标准差的估计值);

t_α——取决于置信水平和自由度的 t 分布统计量;

E——表示观测参数精度要求值;

γ——常数,85% 分位值速度取值为 1.04。

在显著水平 $\alpha = 5\%$ 的条件下,选取车辆运行速度标准差 $s = 10\text{km/h}$,车速精度要求值为 2km/h,经计算得到调查车辆运行速度时需要的各种车型的最小样本量为 106 辆。

6) 数据正态性检验

K-S 检验是比较频率分布和理论分布的检验方法,运用统计产品与服务解决方案(SPSS)软件对样本数据进行 K-S 检验。

对 UMRR 测量的数据处理后得到车辆的运行速度,样本数据检验结果为 0.992,大于 0.5;渐进显著性(双侧)为 0.255,大于 0.1,样本符合正态分布。用相同的方法对分车道、分车型得到的运行速度进行正态性检验,数据满足正态分布。

5.3.3 运行速度特点分析

1)隧道出入口运行速度规律分析

(1)隧道出口运行速度

①限制速度为 70km/h 的车辆运行速度 V_{85} 分布情况如图 5-18 所示。

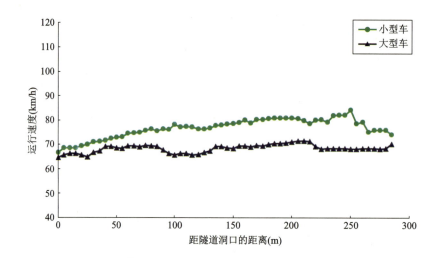

图 5-18 隧道出口限制速度为 70km/h 的运行速度

②限制速度为 80km/h 的车辆运行速度 V_{85} 分布情况如图 5-19 所示。

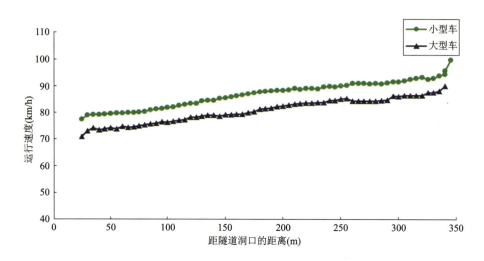

图 5-19 隧道出口限制速度为 80km/h 的运行速度

(2)隧道入口运行速度

①限制速度为 70km/h 的车辆运行速度 V_{85} 分布情况如图 5-20 所示。

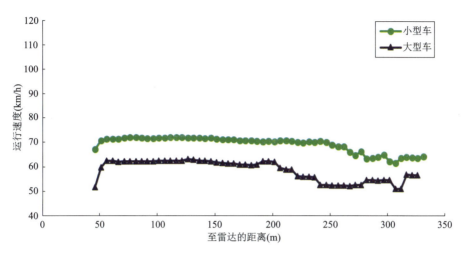

图 5-20　隧道入口限制速度为 70km/h 的运行速度

②限制速度为 80km/h 的车辆运行速度 V_{85} 分布情况如图 5-21 所示。

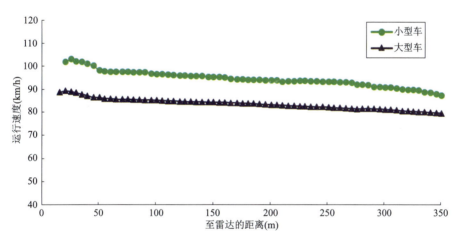

图 5-21　隧道入口限制速度为 80km/h 的运行速度

(3)隧道出入口运行速度规律分析

从图 5-18～图 5-21 可以看出,隧道出入口路段车辆运行速度具有如下特点:

①在隧道出口路段,距离隧道出口一定范围内,车辆的速度基本保持不变,之后车辆逐渐加速,这是驾驶人从隧道内压抑的环境急于过渡至主线开阔的环境而做出的反应。

②在隧道入口路段,随着距离隧道洞口越近,车辆的运行速度逐渐减小,这是为了满足隧道内交通环境与限速要求安全行驶的需要。

③小车与大车行驶速度有差异:在隧道出口及入口,大车比小车均慢 5～10km/h,且在隧道出入口路段,小车的运行速度与隧道限制速度几乎相同。

综上,建议基于限制速度的隧道出入口不同车型的运行速度见表 5-1。

基于限制速度的隧道出入口运行速度 表 5-1

设计速度(km/h)		120	100	80
隧道限制速度(km/h)		100 或 80	80	80 或 60
运行速度取值 (km/h)	小车	100 或 80	80	80 或 60
	大车	80 或 70	70	60 或 50

2) 不同车道上不同车型运行速度规律分析

为了更好地描述高速公路不同车道的运行速度,选取连霍高速公路单向四车道断面、绕城高速公路单向三车道断面、福银高速公路单向双车道断面来统计车辆的 V_{85},分别取每个断面的 V_{85} 作为该断面的运行速度。

(1) 福银高速公路不同车道不同车型的速度统计结果如图 5-22 所示。

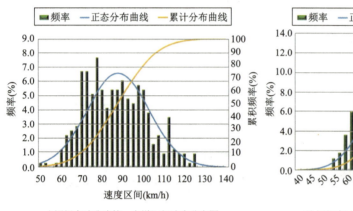
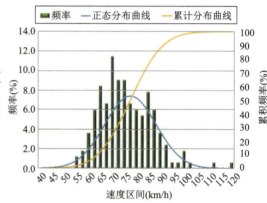

a) 福银高速公路第一车道运行速度分布图　　b) 福银高速公路第二车道运行速度分布图

图 5-22　福银高速公路不同车道不同车型的实际运行速度

(2) 绕城高速公路不同车道不同车型的速度统计结果如图 5-23 所示。

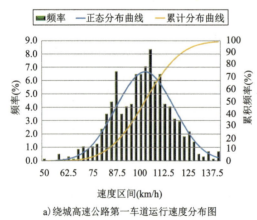
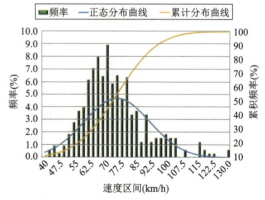

a) 绕城高速公路第一车道运行速度分布图　　b) 绕城高速公路第二车道大货车运行速度分布图

图　5-23

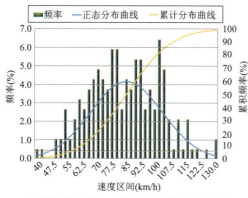
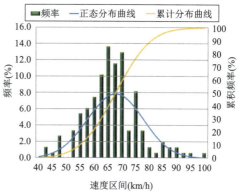

c) 绕城高速公路第二车道小客车运行速度分布图　　d) 绕城高速公路第三车道运行速度分布图

图 5-23　绕城高速公路不同车道不同车型的实际运行速度

（3）连霍高速公路不同车道不同车型的速度统计结果如图 5-24 所示。

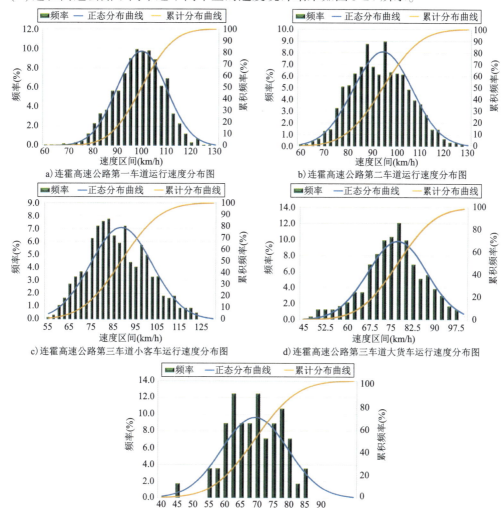

a) 连霍高速公路第一车道运行速度分布图　　b) 连霍高速公路第二车道运行速度分布图

c) 连霍高速公路第三车道小客车运行速度分布图　　d) 连霍高速公路第三车道大货车运行速度分布图

e) 连霍高速公路第四车道运行速度分布图

图 5-24　连霍高速公路不同车道不同车型的实际运行速度

从图 5-22～图 5-24 可以看出，调查路段车辆的运行速度具有如下特征：

①第一车道的运行速度由于不同测点的车流量不同而略有差异。

②单向双车道高速公路内侧车道的小车运行速度与外侧车道的大车运行速度相差约 15km/h。

③单向三车道高速公路相邻车道小车的运行速度大约差 10km/h；大车在同一车道上与小车和相邻车道的大车运行速度均相差约 15km/h。

④单向四车道高速公路相邻车道的小车运行速度相差约 5km/h；大车在同一车道上与小车和相邻车道的大车运行速度均相差约 15km/h。

5.3.4 基于限制速度的隧道出入口和附近基本路段运行速度建议值

经过上述统计分析，考虑驾驶最不利的情况，同时结合隧道限制速度和车道数，推荐隧道出入口和隧道附近基本路段车辆的运行速度值见表 5-2、表 5-3。

基于限制速度的隧道出入口运行速度建议值　　　　表 5-2

基本路段限制速度(km/h)		120			100			80		
隧道限制速度(km/h)		100	110	120	80	90	100	60	70	80
隧道出入口运行速度(km/h)	小车	100	110	120	80	90	100	60	70	80
	大车	80	90	—	70	80	90	60	65	70

隧道附近基本路段不同限制速度对应各车道的运行速度建议值(km/h)　　　　表 5-3

车道类型	设计速度(km/h)	限制速度(km/h)	第一车道(最内侧)		第二车道		第三车道		第四车道	
			小车	大车	小车	大车	小车	大车	小车	大车
单向四车道	120	120	120	—	115	—	110	90	100	85
	100	100	100	—	95	—	90	85	85	80
		110	110	—	105	—	100	90	90	80
		120	120	—	115	—	110	90	100	85
	80	80	80	—	80	—	80	70	80	70
		90	90	—	85	—	85	80	80	75
		100	100	—	95	—	90	85	85	80
		110	110	—	105	—	100	90	90	80
		120	120	—	115	—	110	90	100	85
单向三车道	120	120	120	—	110	90	100	85	—	—
	100	100	100	—	90	85	85	80	—	—
		110	110	—	100	90	90	80	—	—
		120	120	—	110	90	100	85	—	—
	80	80	80	—	80	70	80	70	—	—
		90	90	—	85	80	80	75	—	—
		100	100	—	90	85	85	80	—	—
		110	110	—	100	90	90	80	—	—
		120	120	—	110	90	100	85	—	—

续上表

车道类型	设计速度（km/h）	限制速度（km/h）	第一车道(最内侧)		第二车道		第三车道		第四车道	
			小车	大车	小车	大车	小车	大车	小车	大车
单向双车道	120	120	120	—	100	90	—	—	—	—
	100	100	100	85	85	80	—	—	—	—
		110	110	90	90	80	—	—	—	—
		120	120	—	100	85	—	—	—	—
	80	80	80	70	80	70	—	—	—	—
		90	90	80	85	75	—	—	—	—
		100	100	85	90	80	—	—	—	—
		110	110	90	95	85	—	—	—	—
		120	120	—	100	90	—	—	—	—

注：车道运行速度较为接近车道限制速度。

5.4 小净距路段隧道口前车头时距调查与分析

5.4.1 试验调查

1) 试验目的

车头时距是指同一车道上前后相邻两车的车头经过同一点的时间差。车头时距分布特征可用来表征车辆的自由行驶状态和跟驰状态，是交通特性的重要指标之一。将车道管理与车头时距相结合，可以用来说明不同车道速度分布的差异性。

2) 数据采集地点与时间

数据采集地点为包茂高速公路西安至安康方向上的 5 条隧道和福银高速公路西安至十堰方向上的 6 条隧道出入口附近，每条隧道观测 4 个点，分别为：隧道入口附近、隧道入口内 150m、隧道出口内 150m 与隧道出口附近。采集前对数据采集路段 3 个工作日的交通情况进行调查，计算每小时统计交通量的平均值。绘制 3 个工作日的平均小时交通量折线图，为保证采集数据的代表性和有效性，分别在早间、中午和晚间各选择一个小时交通量相对稳定的时段进行路侧车头时距采集。

3) 数据采集方法

采集数据所用仪器为 RLU。试验前先将 RLU 充电，现场采集车头时距时，依据实际情况将 RLU 放置于路侧硬路肩或路侧安全净区范围内，用数据线连接 RLU 和笔记本电脑。观察到 RLU 处于通信激活状态，然后依次点击管理软件 Nano-L 的各选项。

首先点击"通信连接"，当显示已检测到 RLU 的 ID 号码后即说明连接成功。然后点击"查看调查"，根据事先调查的车道整体结构宽度输入对边距离参数，同时，在观测界面中实时观测 RLU 测得的数据图谱,检查采集数据是否有效。如果数据无效,则应旋转 RLU 四个角的旋钮,调整仪器的放置角度,直至数据图谱显示为有效。设置了车道宽度,交通流正常之后,点击"调查设置",对设备的时间、站点信息进行设置。调查设置成功后,进入"设备状态"查看当前设备的状态,达到预先设定开始试验的时间后,设备状态显示为工作,此时设备开始采集数据。完成数据采集后,数据将自动储存,点击"数据下载",并将数据文件命名保存,完成采集工作。

5.4.2 数据处理

(1)将 RLU 采集到的数据导入 Nano-L 软件中,使用数据分析功能进行数据预处理。

(2)根据数据采集时记录的仪器距车道边线的距离、车道宽度等基本信息,对分析参数进行设置,通过单车数据分析功能得到数据采集期间内每辆车的通过时间、行驶方向、车道、位置(离设备距离)和速度等基本数据,数据内容如图 5-25 所示。

时间	行驶方向	车道	位置(离设备距离)	速度(km/h)	车型	车头时距(s)	时间间距(s)	轴数	轴组数	轴距(车长)	idx
2020/8/5 18:52	BA	1	2.5	78.2	4	15.41	15.29	2	2	2.63	1
2020/8/6 18:52	BA	1	3.5	83.01	4	1.65	1.49	2	2	2.55	2
2020/8/7 18:52	BA	1	1.6	68.57	4	66.97	66.82	2	2	2.69	3
2020/8/8 18:52	BA	1	2.6	65.14	4	13.9	13.71	2	2	2.54	4
2020/8/9 18:52	BA	1	1.8	80.59	4	3.84	3.65	2	2	2.61	5
2020/8/10 18:52	BA	2	5.1	63.16	4	158.92	158.76	2	2	2.62	6
2020/8/11 18:52	BA	2	5	74.43	7	3.05	2.85	2	2	2.75	7
2020/8/12 18:52	BA	2	4.9	50.49	4	38.17	38	2	2	2.62	8
2020/8/13 18:52	BA	1	1.6	70.96	4	112.62	112.47	2	2	2.7	9
2020/8/14 18:52	BA	1	1.8	59.64	4	46.28	46.1	2	2	2.65	10
2020/8/15 18:52	BA	1	1.5	60.3	4	1.58	1.37	2	2	2.65	11
2020/8/16 18:52	BA	1	1.4	87.14	7	36.23	36.01	2	2	2.77	12
2020/8/17 18:52	BA	1	1.6	80.12	7	47.33	47.18	2	2	3.01	13
2020/8/18 18:52	BA	1	1.9	65.65	4	89.13	88.95	2	2	2.75	14
2020/8/19 18:52	BA	1	2.2	76.76	4	5.88	5.68	2	2	2.79	15
2020/8/20 18:52	BA	1	2.4	76.49	4	24.24	24.07	2	2	2.69	16
2020/8/21 18:52	BA	1	1.7	76.06	4	46.32	46.15	2	2	2.75	17
2020/8/22 18:52	BA	1	3.8	52.68	7	45.87	45.69	2	2	2.96	18
2020/8/23 18:52	BA	2	5	49.72	10	360.06	359.8	6	3	13.58	19
2020/8/24 18:52	BA	2	5.2	53.1	7	6.96	5.91	2	2	3.26	20

图 5-25 数据列表

(3)对数据列表中的数据进行检查筛选,重点查看车辆的车头时距和时间间隔这两列数据。对车头时距和时间间隔为负值的数据进行逐个检查,并结合车轴图谱进行核实,筛除车辆超车和变道过程中采集的数据,确保车辆的车轴图谱如图 5-26 所示,避免出现类似图 5-27 所示的车轴图谱状况。

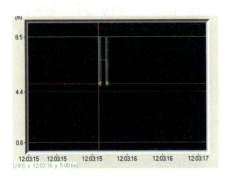 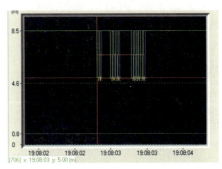

图 5-26 车辆的车轴图谱

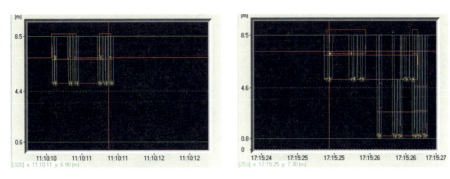

图 5-27　车轴图谱异常

（4）将筛选后的数据按车道进行分类，划分出内侧车道和外侧车道的数据。单独对内、外侧车道上车辆的轴距进行排序，将轴距大于 3.80m 的车辆定义为大车，轴距小于 3.80m 的车辆定义为小车。结合数据采集时记录仪器距车道边线的距离，计算出每辆车所对应的横向偏移值。

（5）为避免数据中含有未筛选出的车辆换道时测得的数据，需对计算出的车辆横向偏移值进行检查，确保小车的横向偏移值都在[-97.5cm,97.5cm]范围内，大车的横向偏移值都在[-62.5cm,62.5cm]范围内。

5.4.3　车头时距特点统计分析

（1）限制速度为 80km/h 时，隧道不同调查点处车头时距统计分布如图 5-28 所示。

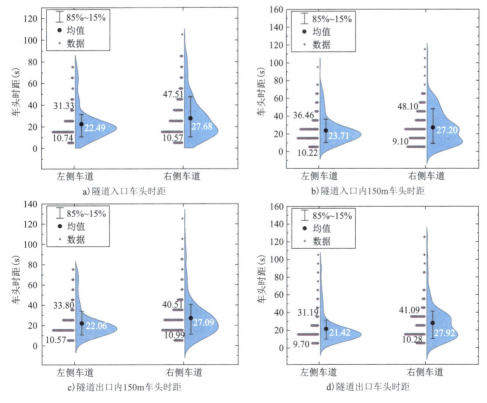

图 5-28　限制速度 80km/h 的隧道不同调查点处的车头时距

(2)限制速度为70km/h时,隧道不同调查点处车头时距统计分布如图5-29所示。

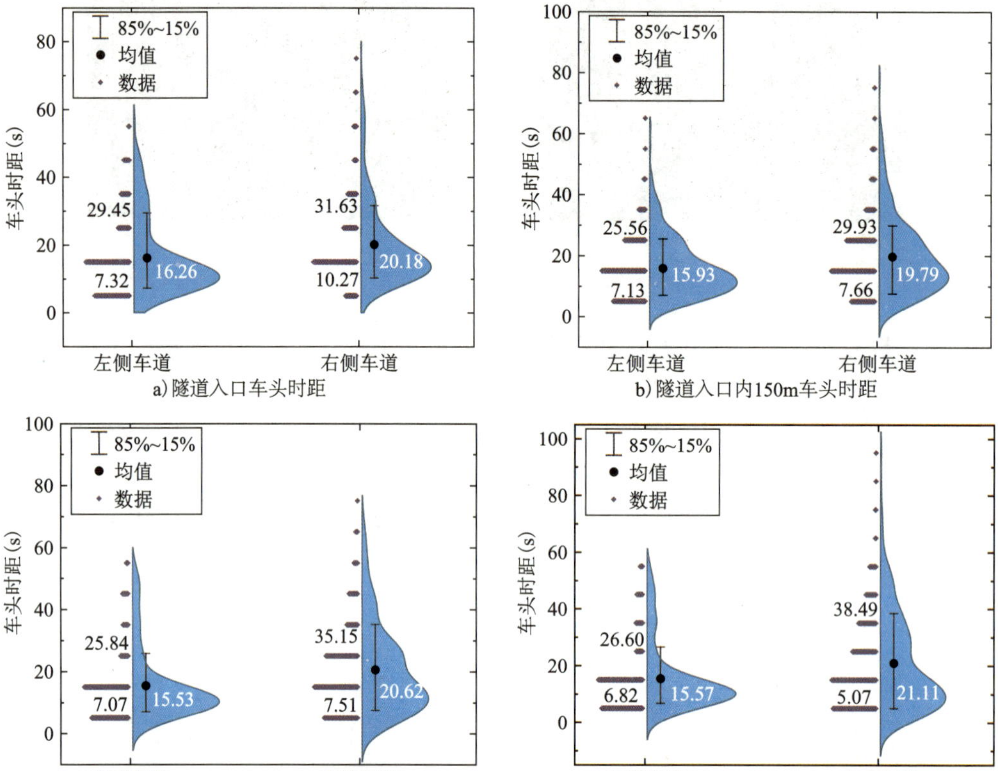

a)隧道入口车头时距　b)隧道入口内150m车头时距

c)隧道出口内150m车头时距　d)隧道出口车头时距

图5-29　限制速度70km/h的隧道不同调查点处的车头时距

从图5-28和图5-29可以得到以下结论:

(1)速度越大,车头时距越小。左侧车道的运行速度明显比右侧车道要大,左侧车道的车头时距总体小于右侧车道。

(2)左侧车道的车头时距总体小于右侧车道。右侧车道行驶的大车数量较多且速度较低,左侧车道行驶的大车较少,小车较多且速度较快。因此,在同一时间段内,右侧车道经过的车辆更少,车头时距更大。

(3)各调查点处右侧车道的车头时距分布都比左侧车道的车头时距分散,这说明右侧车道车辆自由度更高,车辆运行更为顺畅。

(4)车头时距越小,车道上同一时间段内行驶的车辆越多,反之,车头时距越大,车道上同一时间段内行驶的车辆越少。

5.4.4　车头时距分布模型的确定

1)常见车头时距分布模型的特点和适用条件分析

在相邻出入口净距分析中,车头时距主要影响车辆实施变道操作前等待目标车道出现可插入间隙的时间,即等待段的长度。车头时距的大小受主线交通密度及驾驶人驾驶水平的影响。交通工程理论中,车头时距均为连续型分布,目前主要包括负指数分布、移位负指数分布、韦布尔分布、爱尔朗分布等模型。选择准确的分布模型拟合主线最外侧车道车头时距至关重要。下面介绍上述四种主要分布模型的特点,为选择合适的车头时距分布模型做准备。

(1) 负指数分布模型

负指数分布模型中,车头时距大于或等于 t 的概率函数为式(5-2):

$$P(h \geq t) = e^{-\lambda t} \tag{5-2}$$

式中:h——车头时距(s)。

其概率密度函数见式(5-3):

$$f(t) = \frac{\mathrm{d}}{\mathrm{d}t}[1 - P(h < t)] = \lambda e^{-\lambda t} \tag{5-3}$$

式中:λ——单位时间车辆平均到达率,基于样本平均值 M 求得,见式(5-4):

$$\lambda = \frac{1}{M} \tag{5-4}$$

式中:M——样本平均值。

(2) 移位负指数分布模型

车头时距趋近于0,说明前后两辆车紧贴在一起,而此时负指数分布出现的频率越高,这显然不符合实际车辆的运行情况。为避免这一问题,可将负指数分布模型曲线从原点沿 t 轴向右移动一个 τ 值进行修正,进而提出移位负指数分布。移位负指数分布模型的函数见式(5-5):

$$P(h \geq t) = e^{-\lambda'(t-\tau)}, t \geq \tau \tag{5-5}$$

其概率密度函数见式(5-6):

$$f(t) = \begin{cases} \lambda' e^{-\lambda'(t-\tau)}, t \geq \tau \\ 0, t < \tau \end{cases} \tag{5-6}$$

式中:τ——车头时距最小值(s),根据式(5-7)、式(5-8)求得;

λ'——移位负指数的车辆平均到达率,根据式(5-7)、式(5-8)求得。

$$M = \frac{1}{\lambda' + \tau} \tag{5-7}$$

$$S^2 = \frac{1}{\lambda'^2} \tag{5-8}$$

式中:S^2——样本方差。

(3) 韦布尔分布模型

移位负指数分布模型的车头时距越大,出现的概率越小,且二者呈单调递减的关系,这不符合驾驶人的实际驾驶行为。从统计数据来看,大多数具有中等驾驶水平的驾驶人在安全驾驶的前提下,会倾向于保持适中的跟车距离,同时,存在少部分驾驶水平较高或反应较为迅速的驾驶人追求更小的跟车距离。因此,实际车头时距分布模型的概率密度曲线不应是单调递减,而是先增后减的。为了避免移位负指数分布模型的上述缺点,可采用更通用的韦布尔分布模型。韦布尔分布模型是负指数分布模型和移位负指数分布模型的更普遍的表达形式,应用范围较广,其函数见式(5-9):

$$P(h \geq t) = \exp\left[-\left(\frac{t-\gamma}{\beta-\gamma}\right)^\alpha\right], \gamma \leq t \leq \infty \tag{5-9}$$

其概率密度函数见式(5-10):

$$f(t) = \frac{1}{\beta - \gamma}\left(\frac{t-\gamma}{\beta-\gamma}\right)^{\alpha-1}\exp\left[-\left(\frac{t-\gamma}{\beta-\gamma}\right)^{\alpha}\right] \tag{5-10}$$

式中:γ——起点参数;
α——形状参数;
β——尺度参数。

γ、α、β均为正值,其值的选取与样本偏态系数C_s相关。偏态系数与车头时距的观测值t_i、样本均值M和标准差S有关,其计算方法见式(5-11):

$$C_s = \frac{\sum_{i=1}^{n}(t_i - M)^3}{(n-3)S^3} = \frac{\sum_{j=1}^{g}(t_j - M)^3 \cdot f_j}{(n-3)S^3} \tag{5-11}$$

式中:t_j——第j组车头时距的中间值(s);
f_j——第j组车头时距的频数;
n——样本量;
g——数据组数。

(4)爱尔朗分布模型

爱尔朗分布模型是较为通用的车头时距分布模型。根据爱尔朗分布模型函数中参数l的改变,即可适用于不同主线交通量下的车头时距分布。其分布函数见式(5-12):

$$P(h \geq t) = \sum_{i=0}^{l-1}(\gamma l t)^i \frac{e^{-\lambda l t}}{i!} \tag{5-12}$$

其概率密度函数见式(5-13):

$$f(t) = \lambda e^{-\lambda t}\frac{(\lambda t)^{l-1}}{(l-1)!}, l = 1、2、3\cdots\cdots \tag{5-13}$$

式中:l——爱尔朗分布的阶数,按式(5-14)计算:

$$l = \frac{M^2}{S^2} \tag{5-14}$$

三阶爱尔朗分布模型理论上会存在大量$0 \sim 2s$的车头时距,但实际上这些极小的车头时距出现的频率较低。这是由于考虑到驾驶的安全性,驾驶人在跟车时通常至少会与前车保持一个车身长度的安全间隔,车头时距过小则无法满足跟车距离的要求。为了修正传统三阶爱尔朗分布模型的这种不合理性,应将三阶爱尔朗分布模型的概率密度函数曲线沿横坐标轴向右偏移一个车头时距最小值τ,进而推导出移位三阶爱尔朗分布模型函数,见式(5-15):

$$P(h \geq t) = [4.5\lambda^2(t-\tau)^2 + 3\lambda(t-\tau) + 1]e^{-3\lambda(t-\tau)} \tag{5-15}$$

其概率密度函数见式(5-16):

$$f(t) = 13.5\lambda^3(t-\tau)e^{-3\lambda(t-\tau)} \tag{5-16}$$

项乔君基于对车辆紧急制动过程的研究与分析,提出了车头净距与车头时距相互转化的计算模型;基于行车速度与车身长度的影响,提出了同一方向行驶的相邻两辆车之间保持安全跟车距离情况下的最小车头时距计算模型,见式(5-17)。高速公路不同设计速度下的车头时距最小值见表5-4。

$$\tau = t_1 + t_2 + \frac{3.6l}{V_0} \tag{5-17}$$

式中：t_1——驾驶人跟车反应时间(s)，取1.0s；

t_2——协调制动时间(s)，主要是制动器制动力上升时间，取0.4s；

l——车身长度(m)，取《公路工程技术标准》(JTG B01—2014)中规定的小客车的标准长度6m；

V_0——主线设计速度(km/h)。

车头时距最小值 τ 表5-4

主线设计速度(km/h)	120	100	80
车头时距最小值(s)	1.580	1.616	1.670

2) 实测车头时距分布拟合

由于不同路段受到设计速度、交通量的影响，其车头时距分布也各不相同，因此，需分路段进行拟合。以灞桥互通式立交前后的基本路段为例，说明具体拟合过程。

(1)确定基本统计量

基于式(5-2)~式(5-17)求出不同分布模型的特征参数。拟合负指数分布模型，需确定λ；拟合移位负指数分布模型，需确定τ和λ'；拟合韦布尔分布模型，需确定C_s；拟合移位三阶爱尔朗分布模型，需确定λ和l。具体特征参数取值见表5-5。

灞桥互通式立交前后基本路段车头时距拟合特征参数 表5-5

车头时距特征参数	M	S^2	λ	λ'	τ	C_s	l
取值	4.51	13.09	0.2217	0.2763	0.89	1.51	2.66

由表5-5可知，偏态系数C_s为1.51，韦布尔分布偏模型偏斜严重，无法用来拟合车头时距。因此，可采用的负指数分布、移位负指数分布及移位三阶爱尔朗分布模型拟合灞桥互通式立交的实测车头时距。

取1s为划分组距，将实测车头时距划分为m段，第1段为$(0,1)$，第j段为$(j-1,j)$，……最后一段为$(m-1,m)$。

(2)负指数分布模型拟合

根据式(5-2)及表5-5，车头时距负指数分布函数见式(5-18)：

$$P(h \geq t_i) = e^{-0.2217t} \tag{5-18}$$

实测灞桥互通式立交前后基本路段的车头时距样本数为367，则分布模型的理论累计频数计算见式(5-19)：

$$\sum F_j = 397 \times P(h \geq t_j) \tag{5-19}$$

落在第j段的车头时距理论计算频数的计算见式(5-20)：

$$F_j = 397 \times [P(h \geq t_j) - P(h \geq t_{j-1})] \tag{5-20}$$

根据式(5-18)~式(5-20)，采用负指数分布模型拟合的灞桥互通式立交前后基本路段的车头时距数据见表5-6。

负指数分布模型拟合观测数据值 表5-6

序号	t_j范围	累计频数	f_j	$\sum F_j$	F_j	序号	t_j范围	累计频数	f_j	$\sum F_j$	F_j
1	0~1	367	24	367.00	72.98	13	12~13	17	4	25.66	5.10
2	1~2	343	42	294.02	58.47	14	13~14	13	2	20.56	4.09
3	2~3	301	70	235.56	46.84	15	14~15	11	2	16.47	3.28
4	3~4	231	49	188.72	37.53	16	15~16	9	5	13.20	2.62
5	4~5	182	39	151.19	30.06	17	16~17	4	0	10.57	2.10
6	5~6	143	37	121.13	24.09	18	17~18	4	1	8.47	1.68
7	6~7	106	29	97.04	19.30	19	18~19	3	2	6.79	1.35
8	7~8	77	20	77.75	15.46	20	19~20	1	0	5.44	1.08
9	8~9	57	13	62.29	12.39	21	20~21	1	0	4.36	0.87
10	9~10	44	17	49.90	9.92	22	21~22	1	0	3.49	0.69
11	10~11	27	9	39.98	7.95	23	22~23	1	1	2.80	0.56
12	11~12	18	1	32.03	6.37	24	23~24	0	0	2.24	2.24

注:f_j为落在第j段的车头时距实际观测频数。

(3)移位负指数分布模型拟合

根据式(5-5)及表5-5,车头时距移位负指数分布函数见式(5-21):

$$P(h \geq t) = e^{-0.2763(t-0.89)}, t \geq \tau \quad (5-21)$$

由式(5-5)、式(5-6)计算得到车头时距最小值τ为0.89s,因此,需剔除车头时距位于(0,0.89)范围内的数据。结合式(5-21),采用移位负指数分布拟合的车头时距数据见表5-7。

移位负指数分布模型拟合观测数据值 表5-7

序号	t_j范围	累计频数	f_j	$\sum F_j$	F_j	序号	t_j范围	累计频数	f_j	$\sum F_j$	F_j
1	0.89~1	344	1	344.00	10.30	13	12~13	17	4	15.97	3.86
2	1~2	343	42	333.70	80.56	14	13~14	13	2	12.12	2.93
3	2~3	301	70	253.14	61.11	15	14~15	11	2	9.19	2.22
4	3~4	231	49	192.03	46.36	16	15~16	9	5	6.97	1.68
5	4~5	182	39	145.67	35.17	17	16~17	4	0	5.29	1.28
6	5~6	143	37	110.50	26.68	18	17~18	4	1	4.01	0.97
7	6~7	106	29	83.83	20.24	19	18~19	3	2	3.04	0.73
8	7~8	77	20	63.59	15.35	20	19~20	1	0	2.31	0.56
9	8~9	57	13	48.24	11.65	21	20~21	1	0	1.75	0.42
10	9~10	44	17	36.59	8.83	22	21~22	1	0	1.33	0.32
11	10~11	27	9	27.76	6.70	23	22~23	1	1	1.01	0.24
12	11~12	18	1	32.03	6.37	24	23~24	0	0	2.24	2.24

(4)移位三阶爱尔朗分布模型拟合

根据式(5-15)及表5-5,车头时距移位三阶爱尔朗分布函数见式(5-22):

$$P(h \geq t) = [4.5\lambda^2(t-\tau)^2 + 3\lambda(t-\tau) + 1]e^{-3\lambda(t-\tau)} \quad (5-22)$$

灞桥互通式立交的主线设计速度为120km/h,对应车头时距最小值τ为1.58s,因此,需剔除车头时距位于(0,1.58)范围内的数据。结合式(5-22),采用移位三阶爱尔朗分布拟合的车头时距数据见表5-8。

移位三阶爱尔朗分布拟合观测数据值 表 5-8

序号	t_j范围	累计频数	f_j	$\sum F_j$	F_j	序号	t_j范围	累计频数	f_j	$\sum F_j$	F_j
1	1.58~2	343	42	333.70	80.56	13	13~14	13	2	12.12	2.93
2	2~3	301	70	253.14	61.11	14	14~15	11	2	9.19	2.22
3	3~4	231	49	192.03	46.36	15	15~16	9	5	6.97	1.68
4	4~5	182	39	145.67	35.17	16	16~17	4	0	5.29	1.28
5	5~6	143	37	110.50	26.68	17	17~18	4	1	4.01	0.97
6	6~7	106	29	83.83	20.24	18	18~19	3	2	3.04	0.73
7	7~8	77	20	63.59	15.35	19	19~20	1	0	2.31	0.56
8	8~9	57	13	48.24	11.65	20	20~21	1	0	1.75	0.42
9	9~10	44	17	36.59	8.83	21	21~22	1	0	1.33	0.32
10	10~11	27	9	27.76	6.70	22	22~23	1	1	1.01	0.24
11	11~12	18	1	32.03	6.37	23	23~24	0	0	2.24	2.24
12	12~13	17	4	15.97	3.86						

3) 拟合优度检验

为了确定现场实测的车头时距服从何种分布模型、分布模型的参数取值是否合理,需要进行拟合优度的检验。拟合优度检验是一种统计假设检验,用于验证调查值与根据假设或分布模型计算的理论值之间的对应关系,以确定调查值是否符合假设的分布模型。对于连续型分布模型,常用χ^2检验法进行检验,其原理和方法如下:

(1) 设立原假设

本书中,原假设 H_0 表示主线最外侧车道车头时距分布符合负指数分布模型,原假设 H_1 表示主线最外侧车道车头时距分布符合移位负指数分布模型,原假设 H_2 表示主线最外侧车道车头时距分布符合移位三阶爱尔朗分布模型。

(2) 选择适宜的统计量

根据概率和频率的关系可知,若 H_0 成立,则 f_j/n 与 $P(t_j)$ 相差不大,即 $(f_j/n - p_j)^2$ 较小。$(f_j/n - p_j)^2$ 与平衡因子 n/f_j 相乘,推导出 χ^2 统计量,见式(5-23):

$$\chi^2 = \sum_{j=1}^{g}\left(\frac{f_j}{n} - p_j\right)^2 \cdot \frac{n}{f_j} = \sum_{j=1}^{g}\frac{f_j^2}{F_j} - n \tag{5-23}$$

式中: p_j ——车头时距大于 t_j 的概率,与 $P(t_j)$ 含义相同;

f_j ——落在第 j 段的车头时距实际观测频数;

F_j ——落在第 j 段的车头时距理论计算频数,由式(5-20)求得;

n ——样本个数。

在 χ^2 检验中,一般规定分组数 m 大于 5,以保证 p_j 值较低,且要求任意一组的理论计算频数 F_j 宜大于 5。若某组的理论计算频数 F_j 小于 5,则应将相邻若干组合并,直至满足要求。经检验,表5-6~表5-8均不满足要求,将不满足要求的相邻组进行合并后,得到符合要求的拟合数据,见表5-9~表5-11。

负指数分布模型实测数据修正值 表5-9

序号	t_j范围	累计频数	f_j	$\sum F_j$	F_j	序号	t_j范围	累计频数	f_j	$\sum F_j$	F_j
1	0~1	367	24	367.00	72.98	8	7~8	77	20	77.75	15.46
2	1~2	343	42	294.02	58.47	9	8~9	57	13	62.29	12.39
3	2~3	301	70	235.56	46.84	10	9~10	44	17	49.90	9.92
4	3~4	231	49	188.72	37.53	11	10~11	27	9	39.98	7.95
5	4~5	182	39	151.19	30.06	12	11~12	18	1	32.03	6.37
6	5~6	143	37	121.13	24.09	13	12~13	17	4	25.66	5.10
7	6~7	106	29	97.04	19.30	14	13~24	13	13	20.56	20.56

移位负指数分布模型实测数据修正值 表5-10

序号	t_j范围	累计频数	f_j	$\sum F_j$	F_j	序号	t_j范围	累计频数	f_j	$\sum F_j$	F_j
1	0.89~1	344	1	344.00	10.30	8	7~8	77	20	63.59	15.35
2	1~2	343	42	333.70	80.56	9	8~9	57	13	48.24	11.65
3	2~3	301	70	253.14	61.11	10	9~10	44	17	36.59	8.83
4	3~4	231	49	192.03	46.36	11	10~11	27	9	27.76	6.70
5	4~5	182	39	145.67	35.17	12	11~12	18	1	32.03	6.37
6	5~6	143	37	110.50	26.68	13	12~24	17	17	15.97	15.97
7	6~7	106	29	83.83	20.24						

移位三阶爱尔朗分布模型实测数据修正值 表5-11

序号	t_j范围	累计频数	f_j	$\sum F_j$	F_j	序号	t_j范围	累计频数	f_j	$\sum F_j$	F_j
1	1.58~2	322	22	321.41	14.56	8	7~8	56	13	69.14	21.00
2	2~3	300	70	306.85	35.29	9	8~9	43	17	48.15	15.21
3	3~4	230	49	271.56	46.73	10	9~10	26	9	32.94	10.74
4	4~5	181	39	224.83	48.22	11	10~11	17	1	22.21	7.43
5	5~6	142	37	176.61	43.45	12	11~12	16	4	14.78	5.05
6	6~7	105	29	133.17	35.95	13	12~24	12	12	9.28	9.28
7	7~8	76	20	97.21	28.07						

（3）明确 χ^2 分布临界值

当样本个数 $n \to \infty$，且组数 $m \to \infty$ 时，式(5-23)趋向于 χ^2 分布，自由度为 $m-1$。在实际应用中，当 n 相当大时，即可由自由度查表得到分布的临界值 χ_α^2，进而判断原假设是否成立。当 χ^2 检验用以验证"某随机变量是否服从某形式的分布"时，由于只提前假设了分布类型，该分布的相关参数并未明确，需要基于采集的样本计算获得。此时，自由度 DF 由式(5-24)计算：

$$DF = m - q - 1 \tag{5-24}$$

式中：m——样本的组数；

q——约束数，即在概率分布中需要由样本估计的参数个数。验证车头时距是否为爱尔朗分布时，由于阶数 l 是由均值 M 及方差 S^2 两个样本参数确定，因此 q 取 2。

在交通工程相关研究中，显著水平 α 通常取 0.05。综合显著水平 α 和自由度 DF，可查表5-12得到临界值 χ_α^2。

χ^2 检验表 表 5-12

DF	α		
	0.10	0.05	0.01
3	6.251	7.815	11.345
4	7.779	9.488	13.277
5	9.236	11.070	15.086
6	10.645	12.592	16.812
7	12.017	14.067	18.475
8	13.362	15.507	20.090
9	14.684	16.919	21.666
10	15.987	18.307	23.209
11	17.275	19.675	24.725

(4) 判断统计检验结果

比较 χ^2 的计算值和临界值 χ_α^2，若 $\chi_\alpha^2 \geq \chi^2$，则接受原假设 H_0，即认为负指数分布模型可以作为实测车头时距的分布；若 $\chi^2 > \chi_\alpha^2$，则拒绝原假设 H_0，进而验证假设 H_1 和 H_2。

采用上述 χ^2 检验法，检验实测车头时距样本的不同拟合分布类型是否接受，检验结果见表 5-13。

拟合优度检验结果 表 5-13

分布模型类型	χ^2	g	DF	χ_α^2	结论
负指数	81.02	14	11	19.68	拒绝
移位负指数	49.75	13	10	18.31	拒绝
移位三阶爱尔朗	16.69	13	10	18.31	接受

由表 5-13 可知，由于负指数分布模型及移位负指数分布模型的 $\chi_\alpha^2 < \chi^2$，因此，拒绝原假设 H_0 及 H_1；移位三阶爱尔朗分布模型的 $\chi_\alpha^2 < \chi^2$，因此接受原假设 H_2，即确定移位三阶爱尔朗分布为灞桥互通式立交前后基本路段主线车道的实测车头时距分布模型。

4) 车头时距分布模型的选择

运用上述原理和方法，对其他调查的三处互通式立交前后路段的车头时距分别进行分布拟合，分析三者是否与灞桥互通式立交具有相同的车头时距分布规律。其余三处互通的实测车头时距运用 χ^2 检验法对车头时距进行拟合优度检验，检验结果见表 5-14。

车头时距分布拟合情况 表 5-14

路段名称	分布模型类型	分布函数	DF	χ^2	χ_α^2	结论
营盘互通式立交	负指数	$P(h \geq t_i) = e^{-0.191t}$	21	76.660	32.671	拒绝
	移位负指数	$P(h \geq t_i) = e^{-0.308(t-1.982)}$	17	27.587	13.739	拒绝
	移位三阶爱尔朗	$P(h \geq t_i) = [0.165(t-1.58)^2 + 0.574(t-1.58) + 1]e^{-0.574(t-1.58)}$	17	24.56	30.26	接受

续上表

路段名称	分布模型类型	分布函数	DF	χ^2	χ^2_α	结论
镇安互通式立交	负指数	$P(h \geq t_i) = e^{-0.117t}$	26	35.739	38.885	拒绝
	移位负指数	$P(h \geq t_i) = e^{-0.189(t-3.277)}$	23	33.385	35.172	接受
	移位三阶爱尔朗	$P(h \geq t_i) = [0.061(t-1.58)^2 + 0.35(t-1.58)+1]e^{-0.35(t-1.58)}$	23	30.26	38.69	接受
田王互通式立交	负指数	$P(h \geq t_i) = e^{-0.104t}$	26	28.183	41.337	拒绝
	移位负指数	$P(h \geq t_i) = e^{-0.172(t-3.859)}$	23	41.337	23.703	拒绝
	移位三阶爱尔朗	$P(h \geq t_i) = [0.048(t-1.616)^2 + 0.31(t-1.616)+1]e^{-0.31(t-1.616)}$	23	25.35	30.35	接受

从表 5-14 可知,灞桥互通式立交、营盘互通式立交与田王互通式立交前后路段的实测车头时距均服从移位三阶爱尔朗分布,而镇安互通式立交的实测车头时距同时服从移位三阶爱尔朗分布与移位负指数分布。综上所述,χ^2 检验比较三种分布的拟合优度结果表明,移位三阶爱尔朗分布的拟合情况优于其他车头时距分布模型,因此采用移位三阶爱尔朗分布模型作为互通式立交区主线车道车头时距分布模型,用以分析变道时等待可插入间隙时间更合适。

5.5 小净距路段车辆换道轨迹调查与分析

5.5.1 试验调查

1) 试验目的

合理的换道行为能够改善车辆驾驶环境,提高车辆运行速度,有利于提升高速公路的通行效率。但是不当的换道行为或换道距离不足,均可能引起局部的交通震荡,对周围正常行驶车辆造成不利影响,甚至会造成严重的交通事故。这种情况在小净距路段更为严重,原因是车辆换道距离往往很短,且机会较少,驾驶人必须在一定时间内对交通标志认读并做出反应,然后进行换道操作。鉴于目前国内采用的换道轨迹模型较多,因此,有必要对高速公路上车辆的换道轨迹进行调查分析,并提出更符合车辆换道轨迹特点要求的换道轨迹模型。

2) 数据采集地点和时间

选取西安绕城和包茂高速公路上两处立交出口路段、两处立交入口路段、两处正常路段和隧道出口附近路段作为数据采集地点。没有采集小净距路段隧道出入口与互通式立交出入口路段的数据,原因是这些路段的换道存在强制行为,对正常的驾驶行为有较大的干扰,且难以满足基本的舒适性要求。与前述试验相同,采集前应对数据采集路段 3 个工作日进行调查,计算得到数据采集点的平均小时交通量,绘制平均小时交通量折线图,为了避免交通量波动幅度大产生的影响,选择交通量较稳定的时段作为数据采集时段。

3) 数据采集方法

使用智能手机连接控制器,操作无人机在调查时段内飞至 150~200m 的高空悬停进行航拍录像。视频拍摄过程中应注意观测智能手机上显示的无人机影像,确保录制的路段范围满足要求,拍摄角度良好,便于后期的观测与处理。观测时段应满足数据采集时间的要求。

UMRR架设在路侧,应保证与高速公路车道有足够的安全距离,同时,测量人员身着反光安全服,仪器周围可设置警示墩以保障试验人员与设备的安全。使用 UMRR 测量前,先根据测量路段实际情况,用软件设置测量路段的车道数、车道宽度和测量范围等参数,并将信息发送至传感器。UMRR 架设方向尽可能与高速公路行车方向平行,支架应尽可能伸长,UMRR 架设高度宜高于 2m,这样可以减少干扰,提高测量数据的准确性。

5.5.2 数据处理

1) 无人机视频处理

无人机拍摄的视频,需要结合有效可靠的检测和跟踪方法来识别和提取无人机视频数据,将所拍摄的换道轨迹视频导入计算机中,以 avi 格式储存。车辆检测和跟踪识别工作流程如图 5-30 所示。

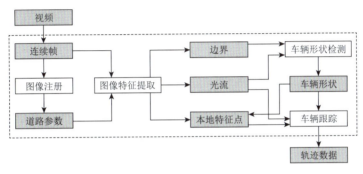

图 5-30 车辆检测和跟踪识别工作流程

(1)图像注册:通过视频图片之间的模型转换、坐标标定、匹配点选择,实现视频图片与真实环境之间的一致性。

(2)图像特征提取:提取视频图片中车辆边界、光流和特征点。

(3)车辆形状、位置识别与检测:在检测区域内,通过光流和车辆边界对车辆形状进行检测和识别,并确定车辆的位置坐标。

(4)车辆轨迹识别:通过视频连续帧图片中检测和识别确定的位置坐标进行连续识别,得到特征点的位置、速度、加速度等数据(图 5-31)。

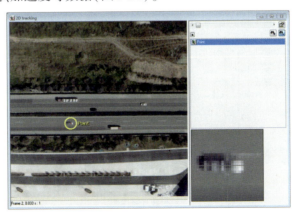

图 5-31 车辆跟踪界面

2) UMRR 数据处理

数据处理首先需要剔除错误及不连续数据,根据数据格式,采用 VBA 编程进行 CAD 二次开发,利用 CAD 的绘图功能还原车辆行驶轨迹,同时,将车辆的速度特性赋在轨迹线的高程值上面,轨迹上不同位置高程值代表车辆在该断面位置处的运行速度。通过对数据的统计分析,可以得到车辆换道范围内交通量、车型比例、车速分布等数据。

3) 数据清洗

从仪器中得到的原始数据中存在一些错误信息,即缺失值、异常值和错误值等,数据清洗的目的就是将含有错误信息的数据文件通过合理的方法进行处理,识别并纠正数据文件中的错误,有利于后续数据分析得到更可靠的结论。

以样本一为例,图 5-32 为样本一换道轨迹横向数据变化。

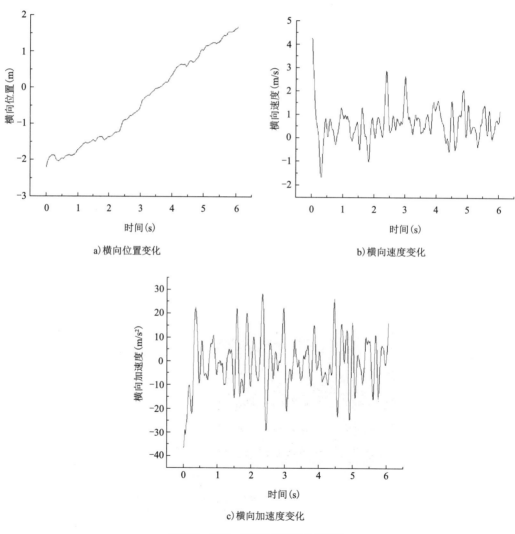

a) 横向位置变化

b) 横向速度变化

c) 横向加速度变化

图 5-32　样本一换道轨迹横向数据变化

从图 5-32 可知,车辆位置信息的微小波动会引起速度和加速度的急剧波动。因此,为保证车辆轨迹数据的可靠性,对 Simi-Motion 软件提取的轨迹数据进行平滑处理显得至关重要,确保微观层面车辆换道轨迹的结论准确可靠。

由于 Simi-Motion 软件提取视频数据的频率为 60Hz,即每秒可提取 60 个状态下的车辆位置信息。样本一中,软件共记载了 364 个状态的车辆位置、速度和加速度信息,对原始数据直接进行卡尔曼滤波分析得到的结果如图 5-33 所示。

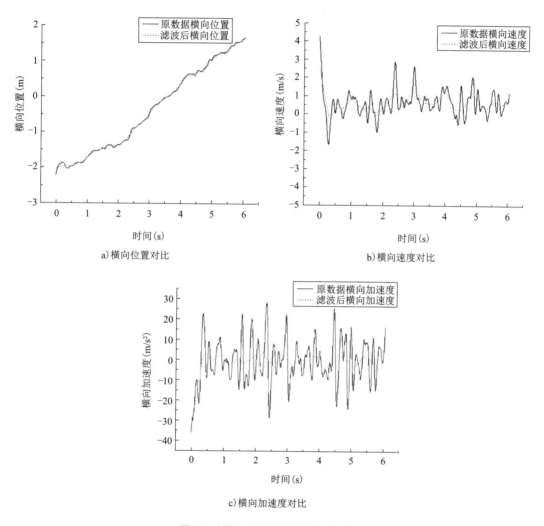

图 5-33 样本一换道数据清洗结果对比

从图 5-33 可知,对高频原始数据进行卡尔曼滤波,数据波动性变小,且滤波后的数据曲线更加平滑,但数据仍然存在较大的波动,不能满足实际处理要求。

根据上述分析,拟采用卡尔曼滤波方法对数据进行清洗,并结合 MATLAB 软件中的卡尔曼滤波工具箱对试验采集到的车辆位置、速度和加速度等原始数据进行处理,样本一车辆换道数据的滤波结果如图 5-34 所示。

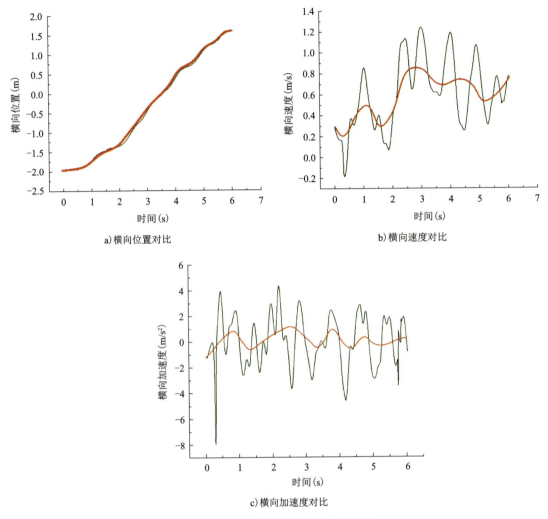

图 5-34 样本一换道数据降频滤波前后对比

图 5-34 表明，卡尔曼滤波处理减小了 Simi-Motion 软件在视频数据提取过程中的误差。相比于原始数据，经滤波处理后的数据更加符合换道过程的实际情况，数据波动性更小，且滤波后的数据曲线更加平滑。

5.5.3 车辆换道轨迹分析

对得到的 166 组样本数据按照上述方法进行处理，根据换道方向将数据分为 94 组左换道和 72 组右换道，车辆横向位置随时间的变化情况如图 5-35 所示。图 5-35 中车辆横向位置是换道车辆相对于原车道和目标车道之间车道线的横向距离，左换道车辆起点处横向位置为负，终点处为正，右换道与之相反。将所有样本开始换道的时刻作为零时刻，166 组样本换道时间最长为 8s，因此，数据处理过程中所有样本数据的时间长度均取 8s，样本换道持续时间不足 8s 的车辆，认为其换道终点后车辆横向位置保持不变，使数据表现得更加直观统一。

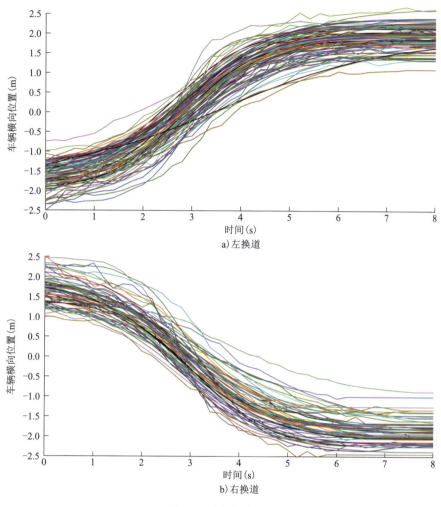

图 5-35 车辆换道轨迹

基于本次试验,对现有换道轨迹模型和车辆换道轨迹数据做的初步分析发现:

(1)由于直线型和圆弧型换道轨迹模型对换道过程的描述过于简单,导致轨迹数据与轨迹模型的匹配性较差,难以通过模型准确描述换道轨迹。

(2)梯型横向加速度轨迹模型对于车辆换道过程中横向加速度的描述过于理想化,对比图 5-32c)可知,车辆换道过程中横向加速度存在不规则的波动,且不同样本之间存在着较大的差异性。

(3)缓和曲线型换道模型则需要将轨迹数据分别匹配四段缓和曲线和两段圆曲线,缓和曲线计算过程较为复杂,难以快速高效地完成对换道轨迹的描述。

(4)样条曲线轨迹模型、五次多项式轨迹模型和正弦函数轨迹模型对车辆轨迹拟合精度较高,但通过样条曲线轨迹模型、五次多项式轨迹模型和正弦函数轨迹模型分析不同换道样本的换道轨迹难以表达不同车型、不同换道类型和不同场景下换道行为的规律性,即通过样本得到的轨迹函数表达式参数不具有实际意义,如五次多项式轨迹模型仅仅是利用样本数据得到与该样本数据相匹配的五次多项式和参数,且参数较多,难以为探索换道样本间的规律性提供帮助。

5.5.4 基于双曲正切函数的车辆换道轨迹模型确定

为建立一个拟合精度高、表达简单且适配于不同车型、不同换道类型和不同场景下换道行为的换道轨迹模型,探索换道行为规律,本节将在国内外相关换道轨迹模型研究的基础上,提出新的换道轨迹模型,并将其应用在小净距路段的计算分析中。

目前,国内外学者建立了不同车辆行驶条件的换道轨迹模型:直线型换道轨迹模型、圆弧型换道轨迹模型、缓和曲线型换道轨迹模型、余弦曲线型换道轨迹模型、样条插值换道轨迹模型、梯形横向加速度换道轨迹模型、等速偏移和正弦曲线叠加函数换道轨迹模型、多项式插值换道轨迹模型等。换道轨迹模型应满足两条规则:①车辆在换道过程中要保证曲率连续且不发生突变;②车辆换道的实际行驶轨迹起、终点的曲率最小为零。以上模型均存在曲率不连续或发生突变、行驶轨迹起、终点曲率不为零的情况,本书采用一种表达简单、实用性强、与车辆实际行驶轨迹贴合,适用于不同车型不同换道类型和不同场景下的换道轨迹模型。

本书采用双曲正切换道轨迹模型来确定换道距离。该模型采用双曲正切函数来描述车辆的实际行驶轨迹。模型中的 τ 用来表征驾驶人换道时的紧急程度,能够更好地匹配不同换道情境下的车辆行驶轨迹。其表达式见式(5-25)~式(5-27):

$$y(t) = \frac{\gamma}{2}\tanh\left[\frac{\tau}{L_{4b}/V_d} \cdot \left(t - \frac{L_{4b}}{2V_d}\right)\right] + \delta \qquad (5\text{-}25)$$

$$\gamma = \begin{cases} |y_0| + |y_T| & (\text{LLC}) \\ -|y_0| + |y_T| & (\text{RLC}) \end{cases} \qquad (5\text{-}26)$$

$$\delta = \frac{y_0 + y_T}{2} \qquad (5\text{-}27)$$

式中:$y(t)$——换道段车辆任意时刻 t 横向行驶的宽度(m),即目标车道距离原车道的相对横向距离;

y_0, y_T——车辆换道轨迹起点和终点处车辆相对于车道线的横向位置(m);

γ——换道宽度(m),分为向左换道和向右换道两种情况,换道宽度等于车道宽度,仅与设计速度有关,根据《路线规范》,车道宽度可根据设计速度取值(表5-15);同时,根据《新理念公路设计指南》(2005版),驾驶人距离车道左侧边缘线保持1.5m,因此,车辆换道一次的宽度为(3.75 − 1.5) + 1.5 = 3.75m;

τ——紧急系数,本模型中用来表征换道紧急情况的参数;

L_{4b}——车辆完成换道所需距离(m);

V_d——表示换道过程中车辆实际行驶速度(m/s),取车辆在原车道上行驶的实际运行速度,根据表5-3取值;

δ——表示换道轨迹中心位置相对于车道线位置的实际横向偏差(m)。

不同设计速度下单车道的宽度值   表5-15

设计速度(km/h)	120	100	80
车道宽度(m)	3.75	3.75	3.75

对 166 组样本数据进行拟合,结果发现用双曲正切函数拟合精度特别高,图 5-35 为拟合的曲线,拟合得到的参数值见表 5-16。

双曲正切换道轨迹模型中各个参数取值　　　　　表 5-16

车辆类型	换道方向	δ	τ	γ	L_{4b}/V_d
小客车	左换道	[-0.34,0.63]	[3.2,7.1]	[3.22,3.82]	[4.5,6.8]
	右换道	[-0.42,0.67]	[3.1,7.6]	[-4.03,-3.37]	[4.8,7.1]
大货车	左换道	[-0.29,0.43]	[2.2,6.1]	[3.84,4.06]	[5.1,7.5]
	右换道	[-0.36,0.55]	[2.7,6.7]	[-4.14,-3.57]	[5.2,7.9]

参数 τ 可描述驾驶人在不同换道情况下的紧急情况特征,研究表明,车辆在不同位置换道的紧急程度不同,分流路段换道的紧急程度一般高于合流路段换道的紧急程度,而车辆在一般路段上产生的换道行为可以认为是通过主观意识进行,因此,换道的紧急程度最小。通过统计 64 组样本数据,得到不同位置换道的 τ 值(表 5-17)。

不同位置换道的紧急程度 τ 的取值　　　　　表 5-17

换道位置	分流路段	合流路段	一般路段
τ	[3.1,7.6]	[3.2,7.1]	[2.2,5.7]

对式(5-25)进行二阶求导,得到横向加速度。为保证驾驶人行驶的舒适性,横向加速度(二阶导数)需满足式(5-28)、式(5-29)的约束条件:

$$a = \frac{d^2 y}{dt^2} = \gamma \left(\frac{\tau \cdot V_d}{L_{4b}}\right)^2 \left[\tanh^3\left(\frac{\tau \cdot V_d}{L_{4b}}t - \frac{\tau}{2}\right) - \tanh\left(\frac{\tau \cdot V_d}{L_{4b}}t - \frac{\tau}{2}\right)\right] \quad (5-28)$$

$$a = \frac{d^2 y}{dt^2} \leq \gamma \left(\frac{\tau \cdot V_d}{L_{4b}}\right)^2 \leq a_{max} \quad (5-29)$$

从而可以计算出车辆换道所需的最小长度,见式(5-30):

$$L_{4b} \geq L_{4bmin} = \tau_{min} \cdot V_d \sqrt{\frac{\gamma}{a_{max}}} \quad (5-30)$$

式中:τ_{min}——紧急系数的最小值。不同车型换道的紧急程度也有较大差异,大车的行驶速度较慢,换道所需时间更长,其换道过程比小车更加平稳。综合表 5-16、表 5-17 可得不同车型在出入口路段的 τ_{min} 建议值(表 5-18)。

a_{max}——车辆在运行过程中横向加速度的最大值,根据刘斌的研究,车辆行驶时的最大横向加速度取值见表 5-19。

出入口路段不同车型的 τ_{min} 建议值　　　　　表 5-18

路段	车型	换道方向	τ_{min}
出口路段	小车	右换道	3.1
	大车	右换道	2.7
入口路段	小车	左换道	3.2

车辆行驶时最大横向加速度取值（m/s²）　　　　　　　　　　　表5-19

主线速度（km/h）	120	115	110	105	100	95	90
a_{max}	0.65	0.70	0.75	0.80	0.85	0.85	0.90
主线速度（km/h）	85	80	75	70	65	60	—
a_{max}	0.90	0.95	1.00	1.00	1.05	1.05	—

5.6 隧道出入口驾驶人明暗适应特性及适应时间的调查分析

5.6.1 明暗适应时间及视觉变化特征试验方案

1) 试验目的及任务

基于采集的隧道出入口车辆运行速度、照度、驾驶人眼动参数数据，分析隧道出入口照度变化规律。在此基础上探究运行速度、照度与眼动参数之间的关系，以确定驾驶人进洞对应的暗适应时间和出洞对应的明适应时间。

2) 试验测点要素

(1) 试验路段

试验考虑到交通量、外界环境等因素，选取福银高速公路陕西境内段（蓝关收费站至葛牌收费站路段），高速公路限制速度为120km/h、100km/h，隧道路段限制速度为80km/h、60km/h。试验路段隧道的相关情况见表5-20。

试验路段隧道相关情况　　　　　　　　　　　　　　　表5-20

隧道名称	辋川			山底村		白家坪		董家岩		李家河（遮阳棚连接）	
	1	2	3	1	2	1	2	1	2	1	2、3
长度（m）	610	485	260	400	600	180	220	60	900	4300	
是否有照明	是	是	是	是	是	是	是	否	是	是	

隧道名称	黄沙沟	庙边子	草坪	周家院				景家湾	铁索桥
				1	2	3	4		
长度（m）	305	445	290	80	280	175	180	150	80
是否有照明	是	是	是	否	是	是	是	是	否

(2) 试验人员

确定试验人员样本量，基于样本均数与总体均数的比较，样本含量采用式(5-31)计算：

$$n = \frac{[(t_\alpha + t_\beta)s]^2}{\delta} \tag{5-31}$$

式中：n——样本含量（个）；

t_α——取1.96，α为检验水准，本试验取$\alpha=0.05$；

t_β——取0.674，β为犯第二类错误的概率，检验效能$(1-\beta)$，一般要求把握度不能低于

0.75，本试验取 $\beta = 0.25$，采用双侧检验；

s——总体标准差的估计值，根据数据分析结果取 0.6；

δ——容许误差(s)，$\delta = \mu_1 - \mu_0$，μ_1 为试验结果总体平均值(s)，μ_0 为总体平均值(s)，根据心理学常用最小刺激时间，取 δ 为 0.2s。

根据式(5-31)计算得 $n = 12.488$，因此，安排试验人员为 13 人。要求所有试验人员驾龄大于或等于 3 年，驾驶技艺娴熟，视觉机能正常，矫正视力达到 4.8 及以上。近视的试验人员，要求在测试过程中佩戴隐形眼镜，以避免眼动仪佩戴于眼镜外侧引起的滑动，导致数据采集出现较大误差。

(3) 隧道照明参数

表征照明质量的常用量化指标为照度、亮度。照度定义为光通量与被照明表面积之比，即单位面积光通量，记作 E，计量单位勒克斯(lx)。照度取值与被照物体无关，而不同材质的物体由于反射系数不同，在人眼中呈现的亮度却不同。由于人对亮度的视觉感受受色温影响较大，光通量一致时，人觉得色温较高的亮度较高，是一种虚假的亮；若考虑人眼中隧道亮度情况，不同物体在不同人眼中所占比例存在差异，导致沿人眼方向的光强不一致，因而亮度测量步骤烦琐，产生误差的影响因素较多，故本书中隧道照明选用照度作为采集参数。

(4) 眼动参数

瞳孔是人眼重要的构成元素，其主要功能是调节人眼通光量，类似于相机的光圈。环境光照度增加，瞳孔面积缩小，在单位时间内的通光量减少；环境光照度减小，瞳孔面积增大，在单位时间内的通光量增大。在非常明亮时，瞳孔直径在 2mm 左右；在黑暗中，瞳孔直径在 8mm 左右，直径扩大近 3 倍。在通过隧道时，驾驶人会经历光环境的突变，驾驶人瞳孔受自主神经系统控制虹膜肌调控大小；然而瞳孔面积变化速率是受限制的，当超过限制时，瞳孔将难以聚焦，导致视网膜成像不清，影响驾驶人视觉。故选取瞳孔面积表征驾驶人眼动参数，量化分析明暗适应时间。

3) 试验流程

(1) 选取晴天进行户外试验，在试验车辆内部固定记录车速与照度数据的手机，并准备相关设备。

(2) 在收费站附近停车，并试佩戴眼动仪，启动设备并进行 3 点校准。进行校准时要调出眼睛捕捉图像，并确保 LED 灯的状态如图 5-36 所示。点击开始，进行数据记录，驾驶人进入试验路段行驶(图 5-37)。

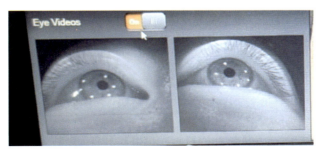

图 5-36 眼动仪校准眼睛捕捉图像

图 5-37　试验过程

（3）告知试验人员根据自己的驾驶习惯驾驶，在进入李家河隧道群时根据副驾驶提示速度打开定速巡航系统，操作中应避免触碰眼动仪。

（4）在进入隧道洞口前方 500m 前，根据手机导航提示，副驾驶打开照度计开关，出隧道洞口约 1min 关闭照度计。两部手机全程保持视频录制状态。

（5）时刻注意眼动仪与计算机之间数据连接是否稳定，一旦连接断开，寻找最近的服务区或至紧急停车带停车调整，从步骤（2）开始补充单次试验。

（6）在到达下一处收费站后，单次试验结束，停止数据记录并拆卸眼动仪，更换试验人员，从步骤（2）开始重复步骤（3）~（5）。

（7）下午 5 点左右完成试验，以确保隧道出入口存在较为明显的照度变化。

4）试验误差分析与处理

（1）仪器误差

①眼动仪误差：在车辆行驶过程中难免会出现颠簸现象，或眼动仪松动现象，环境光线太暗或太亮也可能导致眼动数据无法被记录。

②照度计误差：照度计有温度依赖性，且会受到测定方向的影响。

（2）外界环境误差

①在黑暗光源中突然出现其他光线的影响。

②洞口处植被或山体遮挡也会对照度有所影响。

（3）处理误差

①试验开始时，尽量保持车内安静，以减少对试验人员的影响。

②严格按照相关规定校准眼动仪。

③试验期间若出现异常状况要及时采取补救措施。

5.6.2　数据处理与分析

1）数据分析软件

本书采用的数据分析软件为 SPSS、Data Viewer、Excel、Origin、Adobe Premiere Pro CC 2018 和 KM player。

（1）Data Viewer：SMI ETGTM 眼动仪自带数据分析软件，用于导出所需数据。

（2）Adobe Premiere Pro CC 2018：画面编辑软件，提供了采集、剪辑、调色、美化音频、字幕添加、输出、DVD 刻录等一系列功能。

（3）KM player：来自韩国的影音全能播放器，支持几乎全部音视频格式，可实现控制不同音效、调节音速快慢等多种功能。

2）数据预处理

首先用眼动仪自带的分析软件将数据导出，以 avi 视频、wav 音频、txt 文本文件保存在笔记本电脑中，其次用 Adobe Premiere Pro CC 2018 将照度视频、速度视频、眼动视频、音频与对应时间保持一致性。由于数据量大，在 Excel 中将数据进行初步整理，用 KM player 将照度、速度、瞳孔面积的对应数值记录到相应的表格（图 5-38）。

图 5-38　数据预处理

5.6.3　明暗适应时间变化规律

1）基于瞳孔震荡的明暗适应时间界定

在隧道入口附近，由于光强变暗，瞳孔面积变大（图 5-39）；在隧道出口附近，光照强度恢复洞外自然光，瞳孔面积变小。瞳孔面积因光照强度的改变而发生的变化属于自然现象，并不一定会导致驾驶人在行驶过程中出现视觉信息获取障碍。以瞳孔面积变化趋势定义的明暗适应时间普遍过长。只有当明暗过渡剧烈，才会引起瞳孔面积瞬时变化过快，当变化范围超出驾驶人适应阈值，将导致瞳孔难以聚焦，阻碍视网膜清晰成像，导致出现强烈的视觉不适与信息获取障碍。

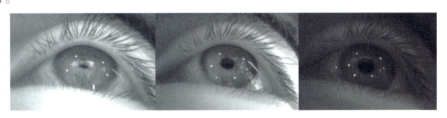

图 5-39　进洞时瞳孔面积逐渐变大

本书提出以瞳孔震荡作为界定指标，用来量化分析隧道出入口范围内明暗适应时间。瞳孔震荡定义及对应时间：①起始时间：瞳孔面积扩张到前一相邻时刻的 50% 及以上；②结束时间：瞳孔面积缩小到前一相邻时刻的50%及以下(图5-40)。此现象类似于医学上的心率震荡。

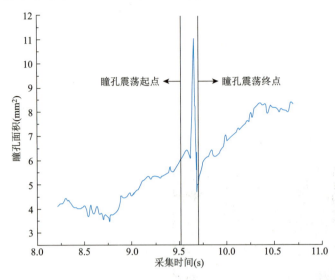

图5-40 瞳孔震荡案例

以瞳孔震荡评价隧道出入口附近视觉负荷,进而量化明暗适应时间。视觉负荷与刺激的强度、刺激时间呈正向相关,故采用瞳孔瞬时震荡幅度 μ 衡量视觉负荷强度[式(5-32)],得到瞳孔换算震荡时间 T 的计算式(5-33)。

$$\mu = \int_{t_0}^{t_0+t_v} \frac{S(t)-S(t_1)}{\Delta S t_v} dt \tag{5-32}$$

$$T = f(\mu) t_v \tag{5-33}$$

式中:μ——瞳孔瞬时震荡幅度;

t_v——瞳孔瞬时震荡时间(s);

t_0——瞳孔瞬时震荡起点时间(s);

$S(t)$——t 时刻对应瞳孔面积(mm^2);

$S(t_1)$——t_1 时刻对应瞳孔面积,t_1 为 t_v 内瞳孔面积最小值对应的时间(mm^2);

ΔS——瞳孔面积变化正常区域范围差值(mm^2),瞳孔直径正常变化区域为 2~5mm,故取 16.5mm^2;

T——瞳孔换算震荡时间(s);

$f(\mu)$——瞳孔震荡幅度函数,当 $\mu \leq 1$ 时,$f(\mu)=1$,当 $1.1>\mu>1$ 时,$f(\mu)=\mu$,当 $\mu \geq 1.1$ 时,$f(\mu)=1.1$。

研究表明,人眼无法感知小于0.1s的视觉刺激,心理学常用最小刺激时间为0.2s。对于相邻瞬时瞳孔震荡时间差小于0.1s的数据,应视为一次瞬时瞳孔震荡发生。在后续分析数据过程中,发现对于长隧道存在二次震荡现象,即在出现一次时间大于0.2s的瞬时震荡后,又出现了第二次大于0.2s的瞬时震荡,此时应分别计算单次强度得到换算时间,各自时间加上中间间隔时间为换算瞳孔震荡持续时间。相关文献提出基于驾驶人主观感受的行车舒适性评价标准见表5-21。

基于驾驶人主观感受的隧道洞口行车舒适性评价尺度　　　　　表5-21

视觉震荡累计时间(s)	≤0.1	0.1~0.2	0.2~1.0	1.0~1.5	>1.5
驾驶人主观感受	舒适	轻度不适	不适	重度不适	极其不适

2)数据处理

通过眼动仪采集得到瞳孔直径原始数据(图5-41),发现存在部分瞳孔直径为0的数据,即未采集到该对应时刻瞳孔变化情况。造成数据采集误差的主要原因如下:①车辆行驶中出现较大幅度颠簸,眼动仪未能捕捉瞳孔。②瞳孔晶状体落在焦点外。③眨眼:不自知的眨眼;因光线太强,出于自我保护的眨眼行为。

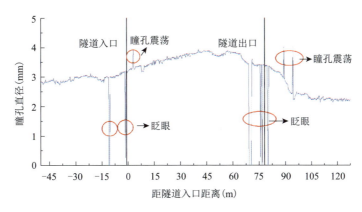

图5-41　瞳孔直径变化原始数据分布案例

左右眼瞳孔直径差的绝对值应不大于0.25mm,当左右眼有一处存在为0的数据,且上一相邻时刻左右眼直径满足差值要求时,为0的数值采用另一只眼的数值代替,分析过程中取左右眼均值。通过瞳孔直径,基于圆面积计算公式求取瞳孔面积。当空白数据占据分析数据区间的20%及以上时,界定数据为无效数据。

3)洞口明暗适应时间

试验车速区间变化范围在50~102km/h,隧道出入口有效样本数量为127次。根据式(5-32)与式(5-33)计算,得到基于驾驶人行车舒适性的隧道洞口瞳孔换算震荡时间分布情况(表5-22)。其中,隧道入口有72.44%的样本存在视觉震荡,隧道出口有69.29%的样本发生。

基于驾驶人行车舒适性的隧道洞口瞳孔换算震荡时间分布　　　　表5-22

	瞳孔换算震荡时间 $T(s)$	≤0.1	0.1~0.2	0.2~1	1~1.5	>1.5
隧道入口	样本量	29	7	42	11	3
	百分比(%)	31.52	7.6	45.65	11.96	3.26
	瞳孔换算震荡时间 $T(s)$ 均值	0.478±0.445				
隧道出口	样本量	52	5	27	3	1
	百分比	59.09	5.68	30.68	3.41	1.11
	瞳孔换算震荡时间 $T(s)$ 均值	0.267±0.354				

通过表 5-22 看出，在发生瞳孔震荡的样本中，隧道出入口瞳孔换算震荡时间集中分布于 0.2~1s 之间，比较隧道出入口瞳孔震荡时间 T 的均值，从行车舒适性角度考虑，隧道出口优于隧道入口。采用配对 t 假设检验，分析 13 名试验人员在隧道出入口产生轻微不适及以上情况的瞳孔换算震荡时间均值是否存在显著差异，表 5-23 为不同被试隧道出入口瞳孔换算震荡时间均值，配对 t 检验结果（图 5-42）。根据假设检验结果，隧道出入口瞳孔换算震荡时间存在显著差异。根据数据趋势，可以认为进洞瞳孔换算震荡时间长于出洞。

不同被试隧道出入口瞳孔换算震荡时间均值　　　　表 5-23

被试	1	2	3	4	5	6	7	8	9	10	11	12	13
进洞	0.366	0.734	0.881	0.332	0.873	0.751	0.757	0.732	0.455	0.699	0.824	0.399	0.532
出洞	0.285	0.473	0.673	0.183	0.365	0.774	0.555	0.608	0.591	0.620	0.562	0.266	0.374

------- 统计描述 -------

对子数 (N) = 13

对子差值均数 ($\bar{d}$) = 0.1543

对子差值均数标准差 (S_d) = 0.1531

正态检验 (P_1) = 0.5069 > 0.1，正态

------- 配对 t 检验 -------

统计量 (t) = 3.6331

P = 0.0034 < 0.05　X_1、X_2 统计学有差异

统计推断：可认为 $X_1 > X_2$（d = 0.1543 > 0）

图 5-42　配对 t 检验结果

探究车速与产生轻微不适及以上的瞳孔换算震荡时间关系，绘制隧道洞口运行速度与瞳孔换算震荡时间关系，如图 5-43 所示。由于数据分布不满足正态分布要求，采用 Spearman 相关系数进行分析，分析结果见表 5-24。

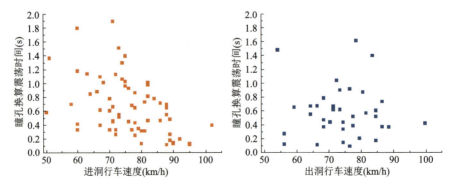

图 5-43　隧道洞口行车速度与瞳孔换算震荡时间关系

第5章 小净距路段的交通运行数据调查与特点分析

行车速度与瞳孔换算震荡时间相关性分析　　　　　　　　　表5-24

速度分布位置	分析方法	速度(km/h)	瞳孔换算震荡时间(s)
进洞速度	Spearman 相关	1	-0.464
	P 值	—	0.0001
出洞速度	Spearman 相关	1	-0.052
	P 值	—	0.765

注：采用双尾显著检验，显著水平0.05。

分析结果表明，在隧道入口，瞳孔换算震荡时间 T 与运行速度呈中等强度的负相关，而在隧道出口车辆运行速度与瞳孔换算震荡时间 T 之间未表现出相关性。

以明适应过程瞳孔换算震荡时间85%分位值作为视觉不适临界值，由于出洞时瞳孔换算震荡时间与行驶速度未表现出显著相关，故直接取隧道出口瞳孔换算震荡持续时间85%分位临界值为0.898s。对暗适应过程，瞳孔换算震荡时间与行驶速度表现为中等强度的负相关，考虑试验隧道限速情况，分别对50～70km/h、71～102km/h两组速度分布区间取隧道内的瞳孔换算震荡持续时间的85%分位临界值1.181s、1.064s。

进一步统计分析发生轻度不适及以上状况时瞳孔换算震荡发生的位置，得到对应空间分布情况，见表5-25。

隧道洞口瞳孔换算震荡起点空间分布　　　　　　　　　表5-25

距洞口距离(m)		-40 以下	-40～-30	-30～-20	-20～-10	-10～0	0～10	10～20	20～30	30～40	40 以上
进洞	样本量	0	1	1	11	13	19	11	7	2	0
	百分比	0	1.54%	1.54%	16.92%	20.00%	29.23%	16.92%	10.77%	3.08%	0
出洞	样本量	0	0	1	2	19	14	12	4	2	0
	百分比	0	0	1.85%	3.70%	35.19%	25.93%	22.22%	7.41%	3.70%	0

注：表中与洞口距离0为洞口位置，正值均为洞外距洞口位置，负值均为洞内距洞口位置。

根据表5-25中分布结果，并进一步按行车速度50～70km/h、71～102km将空间分布结果分为两组。

从瞳孔换算震荡起点位置分布来看，大多数集中于洞口附近20m内的位置。从试验结果来看，瞳孔换算震荡的起点位置随驾驶人、外部环境及其他偶发因素的差异，在洞内与洞外均有分布。从驾驶人经历瞳孔换算震荡的最不利情况考虑，为满足绝大多数驾驶人的明暗适应过程需求，将明暗适应过程分为洞内、洞外部分进行分别考虑。对暗适应瞳孔震荡过程的洞外部分，将其考虑为瞳孔换算震荡洞外起点分布85%分位值位置至隧道洞口的一段距离，此时即可满足大多数驾驶人暗适应瞳孔震荡需求；对洞内部分，将瞳孔换算震荡起点位置考虑为洞内位置分布85%分位值，即大多数驾驶人在此之前开始经历瞳孔换算震荡，故洞内暗适应距离包含洞口至瞳孔换算震荡洞内起点分布85%分位值位置距离、瞳孔换算震荡时间85%分位值内车辆行驶距离两部分，如图5-44所示。

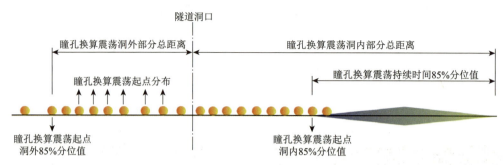

图 5-44 隧道出入口明暗适应过程瞳孔换算震荡总距离示意图

同理,将明适应过程洞内部分的瞳孔换算震荡距离考虑为瞳孔换算震荡洞内起点分布 85% 分位值位置至洞口的距离;对洞外部分,同样将瞳孔换算震荡总距离考虑为两部分,即洞口至瞳孔换算震荡洞外起点分布 85% 分位值位置的距离与瞳孔换算震荡时间 85% 分位值内行驶的距离。

试验结果中隧道出入口瞳孔换算震荡洞内外起点位置 85% 分位值分布见表 5-26。

隧道洞口明暗适应发生起点位置 表 5-26

隧道限速值(km/h)		60	80 及以上
速度分布区间(km/h)		50 ~ 70	71 ~ 102
暗适应起点距洞口距离(m)	洞外 85% 分位值	22	26
	洞内 85% 分位值	-16	-17
明适应起点距洞口距离(m)	洞外 85% 分位值	17	22
	洞内 85% 分位值	-6	-9

注:表中与洞口距离 0 为洞口位置,正值均为洞外距洞口位置,负值均为洞内距洞口位置。

从互通式立交出入口与隧道洞口之间的最小净距论述结果可知,由于进洞时应考虑车辆在开始暗适应过程前完成一系列相应操作,出洞时应考虑车辆在开始明适应过程中完成一系列相应操作。故对暗适应过程,只需考虑其洞外部分,即暗适应距离只需考虑暗适应过程起点至洞口部分;而对明适应距离,则需考虑瞳孔换算震荡时间内行驶距离与明适应起点至洞口距离两部分。隧道出入口明暗适应过程如图 5-45 所示。

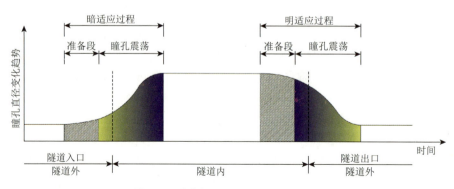

图 5-45 隧道出入口明暗适应过程示意图

结合实际驾驶行为与需求,驾驶人在驶出隧道时,处于光环境过渡程度较大的场景中,如在"白洞"效应下,驾驶人在瞳孔震荡前实际上已无法看清隧道外部的路况与环境,如图5-46a)所示。因此,明适应过程还需考虑驾驶人在经历瞳孔震荡前对洞外空间方向迷失的反应时间(准备时间)。同样,驶入隧道时,如在"黑洞"效应下,驾驶人在瞳孔震荡前实际已无法看清隧道内的路况环境,如图5-46b)所示。因此,暗适应过程同样需考虑驾驶人在经历瞳孔震荡前迷失空间方向的反应时间(准备时间)。

a)"白洞"效应

b)"黑洞"效应

图5-46 驾驶人出入隧道洞口时的"白洞"与"黑洞"效应

目前,国内外大量研究结论中,对驾驶人反应时间的建议取值集中于0.5~1.5s。结合上述实际驾驶需求,从安全的角度出发,对暗适应时间洞外部分与明适应时间洞内部分,在试验所得瞳孔换算震荡时间的基础上,给予0.5~1.5s反应时间,最终将洞外暗适应时间与洞内明适应时间统一取值为2s,洞内暗适应时间与洞外明适应时间取值则按试验值进行取整。

同时,考虑到现行《隧道规范》对隧道内行车道左侧侧向宽度的规定较原规范有所提高,使得隧道内的限制速度具备了采用设计速度水平的安全条件。从将来可能的限速考虑,将隧道路段限速上限值取为120km/h,最终提出隧道洞口明暗适应时间建议值,见表5-27。

隧道洞口明暗适应时间　　　　　表5-27

隧道路段不同车道运行速度或限速值（km/h）		120	110	100	90	80	70	60
洞外暗适应时间(s)	试验值	0.84	0.91	1.01	0.96	1.08	1.13	1.32
	建议值	2.0	2.0	2.0	2.0	2.0	2.0	2.0
洞内暗适应时间(s)	试验值	1.57	1.62	1.68	1.74	1.83	2.00	2.14
	建议值	1.6	1.6	1.7	1.7	1.8	2.0	2.1
洞外明适应时间(s)	试验值	1.62	1.68	1.76	1.70	1.79	1.77	1.92
	建议值	1.6	1.7	1.7	1.7	1.8	1.8	1.9
洞内明适应时间(s)	试验值	0.27	0.29	0.32	0.32	0.36	0.31	0.36
	建议值	2.0	2.0	2.0	2.0	2.0	2.0	2.0

5.7 出口识别视距驾驶人注视点位置(识别目标点)调查分析

为探究出口识别视距终点的合理位置,采用实车驾驶人视野分析、模拟驾驶舱内驾驶人注视点分析与问卷调查三者相结合的方式,分析识别视距终点的位置。

5.7.1 基于问卷调查的驾驶人注视点分析及范围界定

为更准确地定义互通式立交出口识别视距终点位置,探究驾驶人在出口处注视点的位置,首先对部分驾驶人进行了高速公路分流区路段出口识别视距注视点问卷调查,调查结果如图5-47所示。

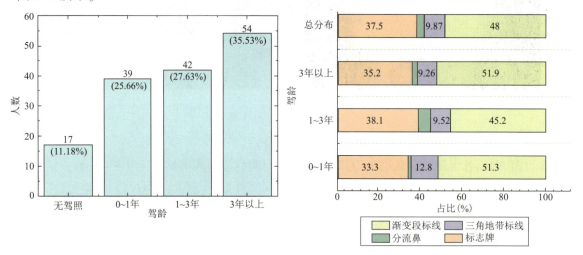

图 5-47 各驾龄对应人数与注视区域分析图

通过对调查问卷结果的筛选分析,可以发现多数驾驶人选择以识别渐变段标线为注视点,其次为出口标志牌,选择分流鼻与三角地带标线的人数较少。

5.7.2 基于实际视野的驾驶人注视点分析

为保证识别视距注视点位置的准确性,采用百度地图实景驾驶资料搜集了陕西省西安市内若干实车驾驶时的视野,如图5-48所示。

通过观察分析发现,驾驶人识别分流鼻与三角地带标线非常困难,而三角渐变起点的交通标线则相对较为明显。所以,驾驶人在识别互通式立交出口时,通过分流鼻端与三角地带标线进行判断的可能性很小,对出口标志牌与减速车道渐变段标线起点的识别是可能的。实际调查结果与问卷调查结果相吻合。

5.7.3 基于驾驶模拟的驾驶人注视点分析

在进行问卷调查和实际视野分析的同时,为探究识别视距终点位置,采用基于UC-WIN/ROAD软件与Forum驾驶模拟仿真平台(图5-49)对出口路段的实际道路交通环境进行仿真建模，招募若干驾驶人进行出口路段的仿真驾驶试验，通过 SMI ETGTM 眼镜式眼动仪与 BeGaze 分析软件（图 5-49）搜集驾驶人在出口处的注视区域，探索驾驶人的注视点位置。

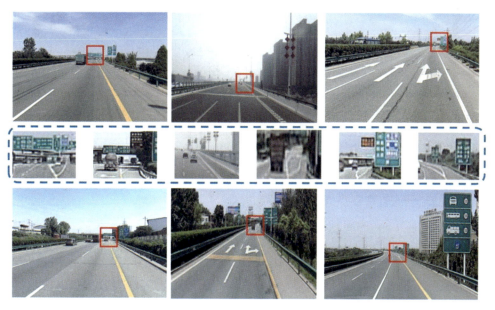

图 5-48　互通式立交出口实车驾驶人识别道路环境情况

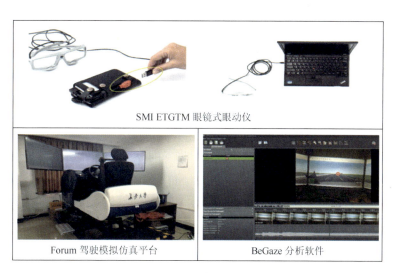

图 5-49　试验仪器和设备

通过 BeGaze 分析软件对试验数据的处理，分别对驾驶人在直接式与平行式变速车道出口开始换道时的视野情况进行提取，以分析驾驶人在出口处的识别视距的注视点位置。为看清注视点位置，利用 BeGaze 的 Semantic Gaze Mapping 功能确定注视点位置并放大（图 5-50）。图 5-50a）中小圈为驾驶人的注视点位置，图 5-50b）中圆圈为驾驶人注视点区域的放大，十字标为注视点中心位置。

a) 驾驶人注视点位置　　　　　　　　b) 注视点区域放大图

图 5-50　驾驶人注视点位置和注视点区域放大图

根据注视区域位置点的统计划分,可以发现总体上驾驶人在平行式减速车道出口与直接式减速车道出口的注视点位置差异不大,其中大约50%的驾驶人习惯将注视点置于渐变段标线,35%左右的驾驶人将注视点置于出口标志牌处。

5.7.4　驾驶人注视点分析结论

综上所述,问卷调查、实际调查与模拟仿真驾驶试验在结果上表现为基本一致,表明三项调查试验具有一致性。考虑《立交细则》中规定识别视距的识别对象为路面标线,结合试验调查分析结果中超过半数的驾驶人将识别视距的注视点置于渐变段防撞护栏或标线这一规律,因此,将识别视距的注视点(识别视距终点)确定为渐变段起点处(图 5-51)。

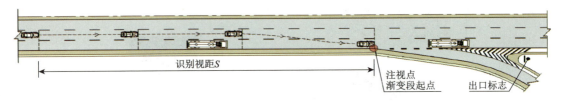

图 5-51　互通式立交出口识别视距注视点位置

根据以上分析,视认对象为减速车道渐变段起点处的出口标志牌或路面标线,互通式立交出口识别视距采用的视高为1.2m,物高取值原则上应为0m,若渐变段起点的护栏板采用特殊颜色,则物高可以考虑护栏高度,约为0.6m。

第 6 章

不同组合类型小净距路段最小净距

6.1 最小净距计算模型的影响因素分析

6.1.1 互通式立交出入口的形式

互通式立交出入口形式分为没有设置辅助车道及设置辅助车道两种情况(图 6-1、图 6-2)。不同情况的车辆换道过程是一样的,换道距离计算结果也相同,但车辆换道终点位置不同,因此,互通式立交出入口的形式对净距计算模型影响不大。

当互通式立交出口设置辅助车道时[图 6-1b)],由于车辆换道可以在辅助车道长度范围内进行,因此,应该取换道距离与辅助车道长度(含渐变段长度)两者的较大值。

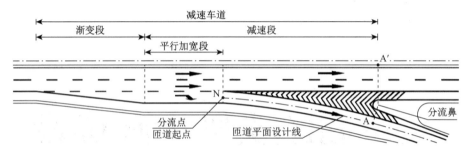

a) 没有辅助车道时

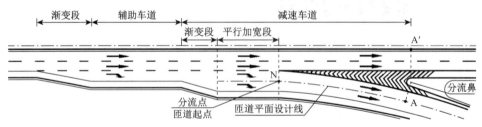

b) 有辅助车道时

图 6-1 互通式立交出口形式

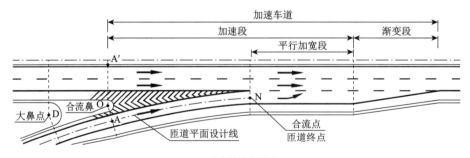

a) 没有辅助车道时

图 6-2

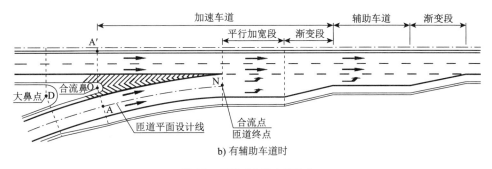

b) 有辅助车道时

图 6-2 互通式立交入口形式

6.1.2 主线车道数

对最小净距影响最大的是主线的车道数。随着车道数的增加，最内侧车道内的车辆需要多次换道才能横移至最外侧车道；最外侧车道内的车辆也要多次换道才能横移至最内侧车道。不同车道上的车辆换道到最外侧车道或者最内侧车道需要的换道次数不同，单次换道距离和换道中次数对最小净距有较大的影响。为使驾驶人安全顺利完成换道操作，最小净距应大于换道需求；若采取交通管理和诱导措施，提前让驶出车辆换道至最外侧车道（或者内侧车道），则可不考虑换道距离需求。

1) 互通式立交出口车辆换道最不利情况

主线车道数对车辆换道的距离影响较大，驶出车辆如果位于最内侧车道，则需要多次变换车道才能横移至最外侧车道，然后安全驶出。

（1）主线单向双车道：车辆换道最不利情况为主线内侧的小车换道1次至最外侧车道。

（2）主线单向三车道：车辆换道最不利情况是最内侧车道的小车换道2次至最外侧车道，或中间车道的大车换道1次至最外侧车道。

（3）主线单向四车道：车辆换道的最不利情况是最内侧的小车换道3次至最外侧车道，或次外侧车道的大车换道1次至最外侧车道。

2) 互通式立交入口车辆换道最不利情况

（1）主线单向双车道：当车辆从匝道末端驶入后，车辆换道的最不利情况为小车从主线最外侧车道换道1次至内侧车道。

（2）主线单向三车道：当车辆从匝道末端驶入后，车辆换道的最不利情况为小车从主线最外侧车道换道1次至中间车道，甚至连续换道（2次）至主线最内侧车道。

（3）主线单向四车道：当车辆从匝道末端驶入后，车辆换道的最不利情况为小车从主线最外侧车道换道1次至中间车道，甚至连续换道（3次）至主线最内侧车道。

6.1.3 基本路段车辆运行速度或限速值

车辆运行速度对行驶过程中标志视认距离、判断决策距离、车辆换道距离都有较大的影响，因此，运行速度是影响净距的重要参数。在以往最小净距的研究中，多数学者采用设计速度直接计算净距。而在实际运行中，在同一设计速度下，有些路段限速可能高于设计速度；同时主线不同车道限速不同,不同车道的运行速度也不同;此外,高速公路限速对运行速度的影响非常大,考虑到《公路限速标志设计规范》(JTG/T 3381-02—2020)中所提出的基本限速值可能高于设计速度而提速的要求,因此,主线车辆运行速度应基于不同基本限速值情况分别考虑。当最小净距满足正常换道距离要求时,小净距路段的四种组合(隧出+互出、隧出+互入、互入+隧入、互出+隧入)最小净距的计算模型中的运行速度宜采用基本路段不同车道的运行速度或限速值。

6.1.4 隧道路段运行速度或限速值

基本路段与隧道路段限速值不同,对最小净距的计算影响也较大。在隧道出入口路段,考虑到隧道限速一般低于基本路段且管控更严等因素,驾驶人一般都会遵守隧道限速的规定,因此,在隧道口附近,计算最小净距时采用的速度应为车辆在隧道路段的实际运行速度。小净距路段的三种组合(隧出+互出、隧出+互入、互入+隧入)最小净距的计算模型中,运行速度应采用隧道路段不同车道的运行速度或限速值比较符合实际;互通式立交出口与隧道入口组合(互入+隧入)最小净距计算模型中,运行速度采用基本路段不同车道的运行速度或限速值更合理。

6.1.5 车辆类型

不同车辆类型其动力性能和本身的轮廓尺寸均不相同,导致运行速度存在较大差异。再者,我国对于不同车道的行驶车型管理方式也有所差异,此外,不同车型在考虑换道时驾驶人的心理紧张程度也不相同,因此,不同车辆类型对最小净距的影响较大。但考虑大车主要靠最外侧车道行驶,行驶速度也较小车低,因此,本书中计算最小净距时以小车为主导车型。

6.1.6 明暗适应

进出隧道时,当隧道洞内与洞外的照度差非常大时,驾驶人因需调整眼睛而在进洞时会出现短暂的"黑洞"现象,在出洞时会出现短暂的"白洞"现象,这种明暗适应过程将影响驾驶人对道路及标志的视认,进而影响最小净距。

如果隧道出口与前方互通式立交出口的距离过近,驾驶人在调整眼睛的不适后将来不及对读取、处理前方道路信息并进行相应操作,容易错过出口,进而导致在出口处强行换道、紧急减速,甚至进行停车、倒车等违规行为,极易引发交通事故。同样,如果互通式立交入口与前方隧道洞口之间的距离过近,驾驶人来不及在暗适应过程前完成相应操作,也会因操作紧张而增加事故风险。在分析隧道出口至前方互通式立交出口的距离时,需要考虑明适应的过程;同样,在分析互通式立交入口至前方隧道洞口的距离时,也需要考虑暗适应的过程。

6.1.7 辅助车道的影响

互通式立交出入口存在需要设置辅助车道的情况[图6-1b)],由于车辆换道可以在辅助车道长度范围内进行,因此,应取净距值与辅助车道长度(含渐变段长度)的较大值。互通式立交出入口设置辅助车道的长度及渐变段长度可按照《立交细则》中的规定进行取值(表6-1)。

互通式立交出入口辅助车道长度及渐变段长度　　　　表 6-1

设计速度(km/h)	辅助车道长度(m)	渐变段长度(m)	总长(m)
120	300	90	390
100	250	80	330
80	200	70	270

注：限速值或运行速度为110km/h、90km/h时可采用线性内插的方法计算。

6.2 基于心理、生理和交通特征的小净距路段关键参数计算模型

6.2.1 明暗适应距离

明暗适应距离应满足人眼在一定的时间经过一定的距离能够恢复到正常视力的状态，从而给后续驾驶人进出隧道后做出加速、认读标志等一系列操作留出时间；暗适应洞外距离则应考虑保证驾驶人在暗适应过程前完成进入隧道前的相应准备操作。

车辆处于明暗适应阶段时为匀速行驶。隧道出口处驾驶人的明暗适应距离计算公式见式(6-1)：

$$L_1 = \frac{V_x}{3.6} t_1 \tag{6-1}$$

式中：L_1——明暗适应距离(m)；

V_x——隧道出口路段的运行速度(km/h)，根据表 6-2 进行取值；

t_1——明暗适应时间(s)。

基于限速值的隧道出入口运行速度建议值　　　　表 6-2

不同车道限速值(km/h)		基本路段	120			100			80		
		隧道路段	100	110	120	80	90	100	60	70	80
不同车型运行速度(km/h)		小车	100	110	120	80	90	100	60	70	80
		大车	80	90	—	70	80	90	60	65	70

注：1. 表中运行速度可作为车道限速依据。
　　2. 最小限速值为最外侧车道的限速值，采用表中大车运行速度；对应小车运行速度一般可作为多车道高速公路次外侧车道的限速值。
　　3. 最大限速值为最内侧车道的限速值，采用表中小车的运行速度。

根据 5.6.3 节对明暗适应时间的研究，相应运行速度或限速值下，根据式(6-1)可计算出隧道明暗适应距离，见表 6-3。

隧道明暗适应时间与距离 　　　　　　　表6-3

隧道路段不同车道运行速度或限速值(km/h)		120	110	100	90	80	70	60
洞外	暗适应时间(s)	2.0	2.0	2.0	2.0	2.0	2.0	2.0
	暗适应距离(m)	67	61	56	50	44	39	33
洞内	暗适应时间(s)	1.6	1.6	1.7	1.7	1.8	2.0	2.1
	暗适应距离(m)	53	48	47	43	40	39	35
洞外	明适应时间(s)	1.6	1.7	1.7	1.7	1.8	1.8	1.9
	明适应距离(m)	53	52	47	43	40	35	32
洞内	明适应时间(s)	2.0	2.0	2.0	2.0	2.0	2.0	2.0
	明适应距离(m)	67	61	56	50	44	39	33

注：明适应距离用隧道路段运行速度或限速值计算；暗适应距离用基本路段运行速度计算。

6.2.2 标志视认距离

驾驶人从主线驶向隧道路段时，在进入隧道前看到隧道信息标志；在互通式立交出口前看到出口预告标志、出口标志等标志信息。在此过程中，驾驶人首先认读标志信息，其间车辆继续前行，然后决策判断，为后续其他操作做准备。

标志视认距离是指驾驶人驶入隧道或驶出互通式立交出口前，发现前方标志信息并进行读取的距离，计算公式见式(6-2)：

$$L_{3a} = \frac{V_{85}}{3.6} t_{3a} + \sqrt{\frac{H^2 + \left(\frac{B}{2}\right)}{\tan\left(\frac{\theta}{2}\right)}} \tag{6-2}$$

式中：L_{3a}——标志视认距离(m)；

V_{85}——车辆在主线基本路段的实际运行速度(km/h)，参照表5-3取值；

t_{3a}——驾驶人视认反应时间(s)，即驾驶人阅读完标志上内容所需要的时间，该时间取决于标志牌上的语言种类和字数，计算公式见式(6-3)：

$$t_{3a} = t'_{3a} \omega_1 \omega_2 \tag{6-3}$$

t'_{3a}——驾驶人阅读完一定的拉丁文所需要的时间(s)，取值见表6-4，一般情况下地名不超过10个字，因此取1.5s；

ω_1——语言种类修正系数，参照表6-5，取2；

ω_2——汉字复杂性修正系数，取值见表6-6，多数汉字笔画在10~15内，取1.1；

H——标志牌与车辆的视线高差(m)，小客车视线高度取1.2m，大货车视线高度取2m，标志牌的高度取7.5m；

θ——驾驶人视野界限(°)，根据潘兵宏的研究，驾驶人在认读标志时人眼视线移动的理想角度为5°，因此取5°；

B——驾驶人视点至单臂指路标志中间的距离(m)，取10.5m。

驾驶人阅读完一定的拉丁文所需的时间　　　　　　　　　　　　　　　　　表 6-4

字数(个)	5	10	15	20	25
$t'_{3a}(s)$	1.3	1.5	1.9	2.5	3.2

语言种类修正系数　　　　　　　　　　　　　　　　　　　　　　　　　　表 6-5

文字种类	汉字(9画)	平假名	片假名	拉丁字母
ω_1	2	1.3	1.2	1.0

汉字复杂性修正系数　　　　　　　　　　　　　　　　　　　　　　　　表 6-6

汉字笔画	10 画以下	10~15 画	15 画以上
ω_1	1.0	1.1	1.2

根据式(6-2),代入参数值计算,并取相应限速条件下各车型、车道中的最大值,分别可得隧道入口前、隧道出口后的标志视认距离(表 6-7、表 6-8)。

隧道入口前的标志视认距离　　　　　　　　　　　　　　　　　　　　表 6-7

基本路段限速值(km/h)	120	110	100	90	80
标志视认距离(m)	149	140	131	122	113

注:以基本路段的运行速度或限速值为计算依据。

隧道出口后的标志视认距离　　　　　　　　　　　　　　　　　　　　表 6-8

不同车道限速值(km/h)	基本路段	120			100			80		
	隧道路段	100	110	120	80	90	100	60	70	80
标志视认距离(m)		131	140	149	113	122	131	94	103	113

注:以隧道路段的运行速度或限速值为计算依据。

6.2.3　判断决策距离

驾驶人在获取标志牌中的信息之后,需要对前方路况进行判断,并对下一步驾驶操作进行决策,此阶段的时间为车辆判断决策时间,车辆行驶的距离为判断决策距离。根据国外相关研究结果,驾驶人对前方道路信息是否有预期,决定了驾驶人反应判断时间的长短,并建立了如图 6-3 所示的决策信息容量与反应时间之间的关系曲线。在认读标志时,驾驶人对前方道路信息已有预期,因此,根据国外研究结果得出判断决策所需要的时间按式(6-4)计算:

$$t_{3b} = 1.237554 e^{0.258913x} \quad (6-4)$$

式中:t_{3b}——对前方道路有预期时驾驶人判断决策时间(s);

　　　x——信息容量(bit),1bit 表示从 2 个相同概率的信息中选择 1 个信息的处理量。

根据式(6-4)计算得到驾驶人在对前方路况有预期时所需的反应时间(表 6-9)。

有预期的情况下信息容量与反应时间关系　　　　　　　　　　　　　表 6-9

信息容量(bit)	1.0	1.5	2.0	3.0	4.0
反应时间(s)	1.603	1.825	2.077	2.691	3.489

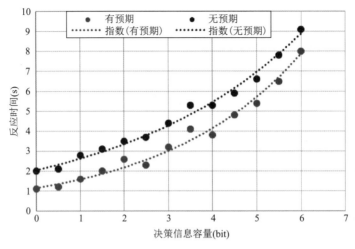

图6-3 反应时间模型

(1)分析隧道出口至互通式立交出口(隧出+互出)净距时,因看到出口标志时继续前行的驾驶人只需要对是否换道和是否驶出进行决策,信息容量为1bit,所以反应决策时间取为1.6s。

(2)分析隧道出口至互通式立交入口(隧出+互入)净距时,看到匝道上合流车辆需要继续前行的驾驶人只需要对选择减速或换道进行决策,信息容量为1bit,所以反应决策时间也取为1.6s。

(3)分析互通式立交出口至隧道入口(互出+隧入)净距时,此时判断决策距离是指驾驶人驶过分流区后,在主线上看到前方隧道限速标志、隧道内开灯标志等信息后,对前方路况进一步判断确认,并做出是否减速、开车灯操作的决策距离。计算驾驶人判断决策距离时的信息量宜取3bit,反应时间为2.7s。

(4)分析互通式立交入口至隧道入口(互入+隧入)时,如果净距较小,驾驶人能直接看到隧道洞口,对隧道洞口位置的视认要处理的信息比较简单,取信息量为1bit时的反应时间,即1.6s;如果净距较大,满足换道距离要求,驾驶人不能直接看到隧道洞口,需视认标志等,信息量宜取3bit,反应时间为2.7s。

驾驶人判断决策距离计算公式见式(6-5):

$$L_{3b} = \frac{V_{85}}{3.6} t_{3b} \tag{6-5}$$

式中:L_{3b}——判断决策距离(m)。

根据式(6-5)可计算出驾驶人判断决策距离(表6-10、表6-11)。

隧道出口后的判断决策距离　　　　表6-10

不同车道限速值(km/h)	基本路段	120			100			80		
	隧道路段	100	110	120	80	90	100	60	70	80
判断决策距离(m)		44	49	53	36	40	44	27	31	36

注:以隧道路段的运行速度或限速值为计算依据。

隧道入口前的判断决策距离 表6-11

不同车道限速值 (km/h)	基本路段	120			100			80		
	隧道路段	100	110	120	80	90	100	60	70	80
判断决策距离 (m)	满足换道要求(2.7s)	75	83	90	60	68	75	45	53	60
	不满足换道要求(1.6s)	44	49	53	36	40	44	27	31	36

注:满足换道要求时,运行速度应以基本路段次外侧车道限速为准;不满足换道要求时,运行速度应以隧道最外侧车道限速为准。

6.2.4 车辆减速距离

1) 隧道出口后车辆减速距离

隧道出口后车辆需要减速的情形主要是隧道出口与主线侧入口的组合情况,此时最外侧车道的部分驾驶人受左侧车道车辆行驶限制,无法变换车道,而前方有入口汇入的低速车辆,因而需要适当减速直行,避免与汇入车辆追尾。主线车辆与匝道汇入车辆不发生碰撞的条件为:主线上的车辆要在匝道车辆汇入之前将速度减小至匝道车辆的汇入速度。根据研究表明,匝道在汇流鼻端后30m内强行汇入车辆的比例高达14%,主线上的车辆在汇流鼻端后30m范围内的速度要小于或等于汇入车辆的速度,匝道车辆经过短暂加速后,汇入速度高于匝道设计速度。因此,从安全角度,宜取匝道车辆的汇入速度为匝道入口速度。根据包括制动力上升阶段的汽车制动模型分析,此过程的减速行驶时间为踩下踏板时产生的制动力上升时间,由踩下制动踏板的速度决定,一般取0.2s。减速过程中车辆行驶的距离按式(6-6)计算:

$$L_4 = \frac{V_{85}}{3.6}t + \frac{V_{85}^2 - V_z^2}{25.92a} \tag{6-6}$$

式中:L_4——隧道出口后车辆减速距离(m);

V_{85}——隧道出口车辆运行速度或限速值(km/h),根据表6-2取值;

V_z——匝道入口的速度(km/h),为最不利情况;

t——制动力上升时间(s),取0.2s;

a——制动减速度(m/s²)。

为避免与汇入车辆碰撞,所以减速度一般可以取得大一些。美国相关研究在对45名驾驶人3000次制动试验中得到,90%的驾驶人在潮湿路面上选择最快制动时,产生的减速度一般为3.4m/s²甚至更大,而该减速度值约为小车最大减速度的50%。

因外侧车道大车速度较低,宜取小车的速度进行计算,根据式(6-6)计算得到车辆驶出隧道口后的减速距离(表6-12)。

隧道出口后车辆减速距离(m) 表6-12

不同车道限速值 (km/h)	基本路段	120			100			80		
	隧道路段	100	110	120	80	90	100	60	70	80
匝道设计速度 (km/h)	80	46	71	97	4	24	46	0	0	4
	70	63	88	114	21	41	63	0	4	21
	60	78	103	129	36	56	78	3	19	36

续上表

不同车道限速值 (km/h)	基本路段	120			100			80		
	隧道路段	100	110	120	80	90	100	60	70	80
匝道设计速度 (km/h)	50	91	115	142	49	69	91	16	31	49
	40	101	125	152	59	79	101	26	41	59
	30	109	133	160	67	87	109	34	49	67

注:以隧道路段的运行速度或限速值为计算依据。

2) 隧道入口前车辆减速距离

在隧道入口前,车辆需要减速的情况主要为互通式立交入口或互通式立交出口与隧道入口组合,此时驾驶人在看到前方隧道及隧道内限速的标志之后,因隧道内的限速值一般比路段速度低,车辆需要适当减速至隧道限速,这段距离称为隧道入口前车辆减速距离。根据姚晶的研究,此时的减速度应考虑行驶舒适性要求,减速度一般较小。隧道入口前小车的减速度为 1.0m/s^2,大车的减速度为 0.5m/s^2,车辆的减速距离计算公式见式(6-7):

$$L_2 = \frac{V_x^2 - V_{85}^2}{25.92a} \tag{6-7}$$

式中:L_2——隧道入口前车辆减速距离(m);

V_x——基本路段运行速度或限速值(km/h),根据表5-3取值;

V_{85}——隧道路段运行速度或限速值(km/h),取隧道入口的实际运行速度;

a——车辆的减速度(m/s^2),大车取 0.5m/s^2,小车取 1.0m/s^2。

对于互通式立交入口至隧道入口路段,其减速过程主要考虑允许小车向内侧换道时,车辆完成换道后,减速至隧道限速值的过程,所以车辆运行速度应取次外侧车道上车辆运行速度;对于互通式立交出口至隧道入口路段,按不利情况应考虑最内侧车道上车辆的减速距离。根据式(6-7),代入相关参数值计算,并取相应限速条件下各车型、车道中所需减速距离最大值,可得到隧道入口前车辆的减速距离(表6-13)。

隧道入口前车辆减速距离 表6-13

次外侧车道运行速度或限速值(km/h)	基本路段	120			100			80		
	隧道路段	100	110	120	80	90	100	60	70	80
车辆减速距离(m)		170	89	0	139	73	0	108	58	0

注:以基本路段的运行速度或限速值为计算依据。

6.2.5 车辆换道总距离

1) 车辆换道距离计算模型

车辆在换道过程中,驾驶人首先应等待可插入间隙,当出现可插入间隙后,实施车辆换道的操作。鉴于驾驶人在等待可插入间隙同时,便已在有意识地对间隙的可插入性进行判断,且车速与车头位置的微调操作在后续的换道过程中也可同时进行。因此,等待段总时长可不考虑判断可插入间隙时间及调整车速及车位所需时间。

因此，将车辆实施换道总的行驶距离（图6-4）分为等待可插入间隙的距离 L_{4a}（简称等待距离）、实施车辆换道的距离 L_{4b}（简称换道距离）。

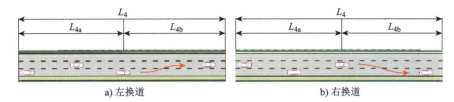

图6-4 车辆换道总距离

L_{4a}-等待距离(m)；L_{4b}-换道距离(m)；L_4-车辆换道总距离(m)

2）车辆换道等待时间

当车辆准备进行换道时，一般情况下会在原车道上维持原车道的速度，并等待目标车道上出现可插入间隙。根据第5章的结论，采用三阶移位爱尔朗分布模型来描述车头时距分布情况，主线车头时距在设计服务水平情况下，服从三阶移位爱尔朗分布，其概率密度见式(6-8)：

$$f(t) = 13.5\lambda^3(t-\tau)^2 e^{-3\lambda(t-\tau)} \tag{6-8}$$

式中：t——时间(s)；

τ——目标车道上车头时距的最小值(s)，$\tau = t_s + t_r + (3.6l/V_0)$，其中 t_s 为车辆协调制动的时间，取0.4s；t_r 为反应时间，取1.0s；l 为车身长度，小车取值为6m；

λ——邻近车道单位时间车辆平均达到率(pcu/s)；$\lambda = Q/3600$，Q 为相应服务水平下主线单车道最大服务交通量[pcu/(h·ln)]。

因此，车辆等待出现一个可插入间隙的概率见式(6-9)：

$$P(H \geq t_c) = [4.5\lambda^2(t_c-\tau)^2 + 3\lambda(t_c-\tau) + 1]e^{-3\lambda(t_c-\tau)} \tag{6-9}$$

式中：H——车头时距(s)；

t_c——车辆可插入的临界最小时距(s)，按照车辆的横移率为1.0m/s取值。

车辆在等到1个可插入间隙之前，必然需要拒绝 n 个不可插入间隙，根据概率统计理论，车辆等待邻近车道的可插入间隙时间按式(6-10)确定：

$$\begin{aligned} t_w &= \frac{\int_\tau^{t_c} tf(t)\mathrm{d}t}{1-P(H \geq t_c)} \frac{1-P(H \geq t_c)}{P(H \geq t_c)} \\ &= \frac{2(1+\tau\lambda) - e^{-3\lambda(t_c-\tau)}[9t_c^3\lambda^3 + 9(1-2\tau\lambda)t_c^2\lambda^2 + 3(3\tau^2\lambda^2 - 4\tau\lambda + 2)t_c\lambda + 3\tau^2\lambda^2 - 4\tau\lambda + 2]}{2\lambda[4.5\lambda^2(t_c-\tau)^2 + 3\lambda(t_c-\tau) + 1]e^{-3\lambda(t_c-\tau)}} \end{aligned}$$

(6-10)

式中：t_w——等待可插入间隙时间(s)。

根据式(6-10)及各个参数的取值，计算不同服务水平下等待可插入间隙时间，结果见表6-14。

模型参数值及等待时间计算表 表6-14

行驶速度(km/h)		120	115	110	105	100	95	90	85	80	75	70	65	60
一级服务水平	$Q[\text{pcu}/(h\cdot\text{ln})]$	750	745	740	735	730	722.5	715	707.5	700	690	680	670	660
	$\lambda(\text{pcu/s})$	0.208	0.207	0.206	0.204	0.203	0.201	0.199	0.197	0.194	0.192	0.189	0.186	0.183
	$t_c(s)$	3.75	3.75	3.75	3.75	3.75	3.75	3.75	3.75	3.75	3.75	3.75	3.50	3.50
	$t_w(s)$	1.580	1.588	1.596	1.606	1.616	1.627	1.640	1.654	1.670	1.688	1.709	1.732	1.760
二级服务水平	$Q[\text{pcu}/(h\cdot\text{ln})]$	1200	1188	1175	1163	1150	1138	1125	1113	1100	1088	1075	1063	1050
	$\lambda(\text{pcu/s})$	0.333	0.330	0.326	0.323	0.319	0.316	0.313	0.309	0.306	0.302	0.299	0.295	0.292
	$t_c(s)$	3.75	3.75	3.75	3.75	3.75	3.75	3.75	3.75	3.75	3.75	3.75	3.50	3.50
	$t_w(s)$	1.756	1.699	1.642	1.606	1.616	1.627	1.640	1.654	1.670	1.688	1.709	1.732	1.760
三级服务水平	$Q[\text{pcu}/(h\cdot\text{ln})]$	1650	1638	1625	1613	1600	1575	1550	1525	1500	1463	1425	1388	1350
	$\lambda(\text{pcu/s})$	0.458	0.455	0.451	0.448	0.444	0.438	0.431	0.424	0.417	0.406	0.396	0.385	0.375
	$t_c(s)$	3.75	3.75	3.75	3.75	3.75	3.75	3.75	3.75	3.75	3.75	3.75	3.50	3.50
	$t_w(s)$	3.906	3.797	3.687	3.578	3.467	3.289	3.114	2.942	2.773	2.552	2.339	1.732	1.760
四级服务水平	$Q[\text{pcu}/(h\cdot\text{ln})]$	1980	1948	1915	1883	1850	1838	1825	1813	1800	1775	1750	1725	1650
	$\lambda(\text{pcu/s})$	0.550	0.541	0.532	0.523	0.514	0.510	0.507	0.503	0.500	0.490	0.479	0.469	0.458
	$t_c(s)$	3.75	3.75	3.75	3.75	3.75	3.75	3.75	3.75	3.75	3.75	3.75	3.50	3.50
	$t_w(s)$	6.434	6.082	5.743	5.417	5.102	4.943	4.783	4.619	4.451	4.122	3.803	2.365	2.157

3) 车辆换道等待距离

根据以上分析,在等待一个可插入间隙时,车辆所行驶的距离按式(6-11)计算:

$$L_{4a} = \frac{V_0}{3.6} \times t_w \qquad (6-11)$$

式中:V_0——等待可插入间隙时运行速度(km/h),取原车道运行速度;

L_{4a}——等待可插入间隙时所行驶的距离(m)。

(1) 隧道出口后车辆单次换道等待距离

将参数代入式(6-11),可求解出不同服务水平下隧道出口后车辆单次换道等待距离,解算结果见表6-15。

隧道出口后的等待距离(m) 表6-15

不同车道限速 (km/h)	基本路段	120			100			80		
	隧道路段	100	110	120	80	90	100	60	70	80
二级服务水平	小车	45	50	59	37	41	45	29	33	37
	大车	37	41	—	33	37	41	29	31	33
三级服务水平	小车	96	113	130	62	78	96	29	45	62
	大车	62	78	—	45	62	78	29	31	45
四级服务水平	小车	142	175	214	99	120	142	36	74	99
	大车	99	120	—	74	99	120	36	43	74

注:以隧道路段的运行速度或限速值为计算依据。

(2) 隧道入口前车辆单次换道等待距离

将参数代入式(6-11),可求解出不同服务水平下隧道入口前车辆单次换道等待距离,计算结果见表6-16。

隧道入口前的等待距离(m) 表6-16

不同车道运行速度(或限速)(km/h)	120	110	100	90	80
二级服务水平	59	50	45	41	37
三级服务水平	130	113	96	78	62
四级服务水平	214	175	142	120	99

4)车辆换道行驶距离计算模型

(1)双曲正切函数换道(舒适性换道)

根据换道模型的研究结果,采用双曲正切函数换道轨迹模型来计算换道距离。高拟合度的符合内侧车道向最外侧车道以舒适性换道条件下的车辆行驶轨迹,其表达式见式(6-12):

$$y(t) = \frac{\gamma}{2}\tanh\left[\frac{\tau}{L_{4b}/V_d} \cdot \left(t - \frac{L_{4b}}{2V_d}\right)\right] + \delta \quad (6\text{-}12)$$

$$\gamma = \begin{cases} |y_0| + |y_T| & (\text{LLC}) \\ -|y_0| + |y_T| & (\text{RLC}) \end{cases} \quad (6\text{-}13)$$

$$\delta = \frac{y_0 + y_T}{2} \quad (6\text{-}14)$$

式中:$y(t)$——换道段车辆任意时刻 t 横向行驶的宽度(m),即目标车道距离原车道的相对横向距离;

y_0, y_T——车辆换道轨迹起、终点车辆相对于车道线横向位置(m);

γ——换道宽度(m),分为向左换道(LLC)和向右换道(RLC)两种情况,换道宽度等于车道宽度,仅与设计速度有关,根据《路线规范》,车道宽度可根据设计速度取值(表5-15);

τ——紧急系数,本模型中用来表征换道紧急情况的参数,根据表5-18取值;

L_{4b}——车辆完成换道所需距离(m);

V_d——换道过程中车辆实际行驶速度(m/s),取车辆在原车道上行驶的实际运行速度,根据表5-2、表5-3取值;

δ——换道轨迹中心位置相对于车道线位置的实际横向偏差。

车辆换道所需最小长度用式(6-15)计算:

$$L_{4b} \geq L_{4b\min} = \tau_{\min} \cdot V_d \sqrt{\frac{\gamma}{a_{\max}}} \quad (6\text{-}15)$$

式中:$a_{\max}$——车辆最大横向加速度,根据表5-19取值。

(2) 车辆横移换道(出入口换道)

车辆换道距离按式(6-16)计算：

$$L_{4b} = \frac{V}{3.6} \times t \tag{6-16}$$

式中：L_{4b}——车辆换道距离(m)；

V——车辆运行速度(km/h)；

t——换道时间(s)，取车辆横移速度1m/s，即车道变道时间为3.75s。

5) 车辆换道行驶距离

(1) 双曲正切函数换道行驶距离

①隧道出口后内侧车道车辆向外侧车道单次换道距离

互通式立交出口前车辆换道情形主要为隧道出口至主线侧出口之间，内侧车道上有分流驶出需求的车辆需要向外侧车道换道。将相关参数代入式(6-15)，可求解出互通式立交出口前车辆单次换道距离，计算结果见表6-17。

隧道出口后车辆换道行驶距离　　　　　表6-17

不同车道限速值(km/h)	基本路段	120			100			80		
	隧道路段	100	110	120	80	90	100	60	70	80
单次换道行驶距离(m)		181	212	248	137	158	181	98	117	137

注：以隧道路段的运行速度或限速值为计算依据。

②隧道入口前外侧车道车辆向内侧车道单次换道行驶距离

隧道入口前车辆换道的情形主要为互通式立交入口至隧道入口之间，匝道驶入主线的车辆中，大车一般维持在最外侧车道行驶进入隧道；在换道允许时，小车一般考虑换道到内侧车道，当隧道内不允许换道时，汇流小车辆更需要向内侧车道换道。根据式(6-15)及各个参数的取值可计算得到不同情形下隧道入口前车辆的单次换道距离，计算结果见表6-18。

隧道入口前车辆换道行驶距离　　　　　表6-18

最外侧车道限速值(km/h)	120	110	100	90	80
单次换道行驶距离(m)	256	219	187	163	141

注：以基本路段的运行速度或限速值为计算依据。

(2) 车辆横移换道行驶距离

出入口车道车辆换道行驶距离计算结果见表6-19。

车辆变换一个车道的换道行驶距离　　　　　表6-19

车道运行速度(km/h)	120	110	100	90	80	70	60
换道距离(m)	125	115	104	94	83	73	63

6) 车辆变换一个车道的换道总距离

(1) 隧道出口后内侧车道车辆向外侧车道变换一个车道的换道总距离

在隧道出口至互通式立交出口之间，主线内侧车道上有分流驶出需求的车辆需要向外侧换道,车道数不同,需要的换道距离不同。隧道出口后车辆向右侧换道,单次换道总距离应由车辆等待距离与换道距离构成,计算结果见表6-20。

互通式立交出口前车辆向外侧车道变换一个车道换道总距离　　　表6-20

换道开始速度(km/h)		120	110	100	90	80	70	60
双曲正切函数换道距离(舒适性驾驶状态)								
变换一个车道换道距离(m)	二级服务水平	307	262	226	199	174	150	127
	三级服务水平	378	325	277	236	198	162	127
	四级服务水平	462	387	323	278	236	191	134
车辆横移换道距离(出入口驾驶状态)								
变换一个车道换道距离(m)	二级服务水平	184	165	149	135	120	106	92
	三级服务水平	255	228	200	172	145	118	92
	四级服务水平	339	290	246	214	182	147	99

注:换道开始速度取基本路段的运行速度或限速值。

(2)隧道入口前外侧车道车辆向内侧车道变换一个车道的换道总距离

在互通式立交入口至隧道入口之间,外侧车道上汇入主线的小车可能有向内侧换至快车道的需求。隧道入口前车辆向左侧换道(次内侧车道),换道总距离应由车辆等待距离与换道距离构成,计算结果见表6-21。

互通式立交入口后车辆向内侧车道变换一个车道换道总距离　　　表6-21

换道开始速度(km/h)		120	110	100	90	80
双曲正切函数换道距离(舒适性驾驶状态)						
单次换道距离(m)	二级服务水平	315	269	232	204	178
	三级服务水平	386	331	283	241	203
	四级服务水平	471	394	328	283	240
车辆横移换道距离(出入口驾驶状态)						
单次换道距离(m)	二级服务水平	184	165	149	135	120
	三级服务水平	255	228	200	172	145
	四级服务水平	339	290	246	214	182

注:换道开始速度取基本路段的运行速度或限速值。

6.3 小净距路段最小净距需满足的基本条件

互通式立交出入口与隧道洞口小净距的四种组合类型,根据相应路段车辆的驾驶行为、交通组织管理方式,提出小净距路段四种组合类型的最小净距需满足的基本条件见表6-22,最小净距的理想值应满足出入口预告标志的设置、换道距离或减速距离的要求。

小净距路段不同组合类型的最小净距需满足的基本条件　　　表 6-22

间距组合类型(简称)	车辆所在车道	所需要的区间距离	最小净距基本条件(选项)				主要考虑因素
			理想值	一般值	最小值	极限值	
隧出+互出	主线不同车道	明适应距离	☑	☑		☑	最外侧车道不需要换道,保障内侧车道换道至最外侧车道是交通组织管理的关键因素
		标志视认距离		☑	☐	☐	
		判断决策距离	满足相应的 2km、1km 和 500m 出口预告标志设置的要求	☑	☑		
		满足最内侧车道		☑			
		满足次外侧车道		☑	☑		
		满足最外侧车道			☐	☑	
互入+隧入	主线最外侧车道	暗适应距离	☑	☑		☑	主要考虑从匝道驶入主线的小车是否需要向次外侧车道换道的问题
		标志视认距离	满足最外侧车道换道至内侧车道的要求	☑	☑	☐	
		判断决策距离		☑	☑		
		车辆换道距离		☑			
		车辆减速距离		☑	☑		
隧出+互入	主线最外侧车道	明适应距离	☑				主要考虑最外侧车道车辆与匝道驶入车辆避免追尾情况
		标志视认距离	满足最外侧车道换道至内侧车道的要求	☑			
		判断决策距离		☑			
		车辆换道距离		☐			
		车辆减速距离		☑			
互出+隧入	主线不同车道	暗适应距离	☑				各车道车辆与正常路段的驾驶行为基本一致
		标志视认距离	满足车辆减速平稳进入隧道的要求	☑			
		判断决策距离		☑			
		减速距离		☑			

6.4 互通式立交出入口与隧道口小净距路段最小净距

6.4.1 隧道出口至互通式立交出口(隧出+互出)最小净距

1) 隧出+互出路段车辆行驶特征分析

(1) 当隧道出口与互通式立交出口最小净距大于 1km 时

最小净距满足设置 1km 和 500m 出口预告标志时的车辆行驶特征:驾驶人通过 2km 出口预告标志的视认对出口大致位置有了预期,车辆在驶出隧道洞口时,驾驶人需经历一段明适应过程,使视力恢复正常,随后车辆会根据主线线形,在不超速情况下(隧道限速较低时),加速至正常路段限制速度。

当位于内侧车道或次外侧车道上的车辆驾驶人观察到1km出口预告标志后,通过标志视认、判断决策、导航提示,开始择机换道到次外侧车道或最外侧车道;当观察到500m出口预告标志后,在次外侧车道以内的车辆驾驶人通过标志视认、判断决策、导航提示,立即择机换道到最外侧车道;对于一直保持在最外侧车道上的驶出车辆,驾驶人观察到出口预告标志后将继续正常行驶;在次外侧车道上的车辆,驾驶人观察到出口标志或减速车道渐变段位置时,开始换道驶出。同时,出口识别视距还应满足换道距离要求;如果出口识别视距不满足换道距离要求,待次外侧车道上的车辆驾驶人观察到出口标志或减速车道渐变段位置时才开始换道驶出,容易发生碰撞、追尾等交通事故。在最外侧车道上的车辆,驾驶人观察到出口标志或减速车道渐变段位置时,开始驶出主线,进入减速车道。

(2)当隧道出口与互通式立交出口最小净距为500m～1km时

隧道出口至互通式立交出口最小净距小于1km时,根据《路线规范》规定,应在隧道入口前或隧道内设置2km、1km预告标志,此时车辆行驶特征:隧道内不允许换道时,车辆原则上应在隧道入口前提前换道到最外侧车道;隧道内允许换道时,当驾驶人在隧道内观察到2km、1km出口预告标志时,通过标志视认、判断决策、导航提示,在内侧车道或次外侧车道上的车辆,开始择机换道到次外侧车道或最外侧车道。车辆在驶出隧道洞口时,驾驶人的视觉要经历明适应过程,视力恢复正常状态并观察到500m出口预告标志后,在次外侧车道上的车辆驾驶人通过标志视认、判断决策、导航提示,立即择机换道到最外侧车道;对一直在最外侧车道上的车辆,驾驶人观察到出口预告标志后将继续正常行驶。当观察到出口标志或减速车道渐变段位置时,开始驶出主线,进入减速车道。如果隧道洞口与互通式立交出口最小净距不满足换道距离要求,在内侧车道或次外侧车道上的车辆在换道到最外侧车道的过程中,将存在交通安全隐患。

(3)当隧道出口与互通式立交出口最小净距小于500m时

隧道出口至互通式立交出口最小净距小于500m时,根据《路线规范》规定,应在隧道入口前或隧道内设置2km、1km、500m预告标志,此时车辆行驶特征:隧道内不允许换道时,车辆应在隧道入口前提前换道到最外侧车道;隧道内允许换道时,当驾驶人在隧道内观察到2km、1km出口预告标志时,通过标志视认、判断决策、导航提示,在内侧车道或次外侧车道上的车辆,开始择机换道到次外侧车道或最外侧车道;当驾驶人在观察到500m出口预告标志后,通过标志视认、判断决策、导航提示,在次外侧车道上的车辆,立即择机换道到最外侧车道;一直在最外侧车道上的车辆,驾驶人观察到500m出口预告标志后,将继续正常行驶。车辆在驶出隧道洞口时,驾驶人的视觉经历明适应,视力恢复正常状态后,在次外侧车道上的部分车辆,立即择机换道到最外侧车道;在最外侧车道上的车辆,驾驶人观察到出口标志或减速车道渐变段位置时,开始驶出主线,进入减速车道。

2)隧出+互出路段最小净距计算模型

隧道出口与互通式立交出口路段最小净距:当减速车道为单车道时,隧道出口至互通式立交出口的小净距路段是指隧道洞口至减速车道渐变段起点之间的距离;当减速车道为双车道时,小净距路段是指隧道洞口至减速车道分流点之间的距离。当小净距路段满足设置出口预告标志时,最小净距一般值的计算模型应考虑洞外明适应距离、标志视认距离、判断决策距离和换道距离;当小净距路段不满足设置相应的出口预告标志时,根据规范规定,需在隧道内设置,标志视认与信息读取在隧道内已完成,因此,最小净距最小值的计算模型仅考虑洞外明适应距离、判断决策距离和车辆换道距离(图6-5);最外侧车道一般值仅考虑明适应距离;车辆换道距离包括等待插入距离和换道行驶距离两部分,其中次外侧车道换道至最外侧车道的换道行驶距离采用车辆横移换道距离,内侧车道换道至次外侧车道的换道行驶距离采用双曲正切函数换道(舒适性换道)距离。设置辅助车道时,还应考虑辅助车道的影响,即取换道距离与辅助车道长度两者的较大值。

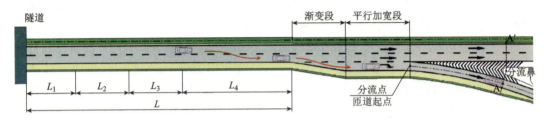

图6-5 隧出+互出最小净距计算模型示意图

L_1-明适应距离(m);L_2-标志视认距离(m);L_3-判断决策距离(m);L_4-车辆换道距离(m);L-隧道出口至主线侧出口净距(m)

如果需要驶离主线的车辆在隧道出口前已换道到最外侧车道,即进入隧道前已换道到最外侧车道或隧道内允许换道,由于不需要换道,明适应距离又较减速车道渐变段长度短,因此,在车辆已换道至最外侧车道的前提下,即使最小净距为0,也不影响车辆安全驶离主线车道,进入减速车道,并驶入匝道。

3)隧出+互出路段最小净距计算值和建议值

根据最小净距计算模型和主要考虑因素,不同换道次数(不同车道)的最小净距计算结果见表6-23。

隧出+互出最小净距计算值　　　　　表6-23

基本路段最高限速值(km/h)	隧道路段不同车道限速值(km/h)	最小净距考虑因素及距离(m)						最小净距计算值(m)		
		明适应距离	标志视认距离	判断决策距离	换道等待距离	换道行驶距离		车辆换道次数(次)		
						舒适换道	出口换道	3	2	1
二级服务水平										
120	120	53	149	53	59	248	125	1053	746	439
	110	52	140	49	50	212	115	930	668	406
	100	47	131	44	45	181	104	823	597	371
100	90	43	122	40	41	158	94	738	539	339
	80	40	113	36	37	137	83	656	482	308
80	70	35	103	31	33	117	73	575	425	275
	60	32	94	27	29	98	63	499	372	245

续上表

基本路段最高限速值(km/h)	隧道路段不同车道限速值(km/h)	最小净距考虑因素及距离(m)						最小净距计算值(m)		
		明适应距离	标志视认距离	判断决策距离	换道等待距离	换道行驶距离		车辆换道次数(次)		
						舒适换道	出口换道	3	2	1
三级服务水平										
120	120	53	149	53	130	248	125	1268	890	511
	110	52	140	49	113	212	115	1117	793	468
	100	47	131	44	97	181	104	979	701	423
100	90	43	122	40	78	158	94	848	612	376
	80	40	113	36	62	137	83	730	531	333
80	70	35	103	31	45	117	73	612	450	288
	60	32	94	27	29	98	63	499	372	245
四级服务水平										
120	120	53	149	53	214	248	125	1521	1058	596
	110	52	140	49	175	212	115	1306	918	531
	100	47	131	44	142	181	104	1113	791	468
100	90	43	122	40	120	158	94	974	696	418
	80	40	113	36	99	137	83	841	606	370
80	70	35	103	31	74	117	73	698	507	316
	60	32	94	27	36	98	63	518	385	251

注:不同车道的最小净距计算时,运行速度宜以隧道路段不同车道的限速值作为依据。

对以上计算结果整理后取整(按5m取整),并取设计服务水平为三级服务水平的情况作为小净距路段隧道出口至互通式立交出口最小净距建议值,见表6-24。

隧出+互出最小净距一般值和最小值的建议值(三级服务水平) 表6-24

不同车道的设计速度或限速值(km/h)		120	110	100	90	80	70	60
最内侧车道(第4车道)(八车道高速公路)	一般值	1270	1120	980	850	730	610	500
	最小值	1120	980	845	725	620	510	405
次内侧车道(第3车道)(六车道高速公路)	一般值	890	795	700	610	530	450	370
	最小值	740	655	570	490	420	350	280
次外侧车道(第2车道)(四车道高速公路)	一般值	510	470	425	375	335	290	245
	最小值	360	330	290	255	220	185	150
最外侧车道(第1车道)	一般值	55	50	50	45	40	35	30
	最小值	0	0	0	0	0	0	0
《路线规范》推荐值为1000m								
《立交细则》推荐值(m)								

续上表

设计速度(km/h)	单向四车道	单向三车道	单向双车道
120	1000	700	500
100	800	600	400
80	600	450	300

注:一般值为明适应距离、标志视认距离、判断决策距离和换道距离之和;标志视认已在隧道内完成,最小净距仅考虑明适应距离、判断决策距离和换道距离;最外侧车道一般值为明适应距离。

6.4.2 互通式立交入口至隧道入口(互入+隧入)最小净距

1)互入+隧入路段车辆行驶特征分析

目前,在隧道内行驶的车辆原则上禁止变道,因此,有条件时,互通式立交入口至隧道口之间的净距应满足驶入主线的小客车在进入隧道前向内侧车道换道行驶的要求。本书从小净距路段交通安全考虑,允许换道1次至主线的次外侧车道。

由于互通式立交入口至隧道口之间净距往往较难满足驶入主线的小客车向最内侧车道换道行驶的要求,故在互通式立交入口至隧道口净距分析中,将净距分为满足换道要求与不满足换道要求两种情况分别讨论。

(1)净距不满足换道要求时

难以满足换道要求的小净距路段应禁止车辆向内侧车道换道。一般情况下,因驾驶人在驶入主线的直行车道前的加速车道上就能看见隧道,不会提速太多或不提速,无须考虑进入隧道前的减速距离。故此类情况下互通式立交入口至隧道入口的净距只满足最外侧车道的判断决策距离与暗适应距离(洞外部分)即可;特殊情况下,受限制严格时,在不允许换道情况下互通式立交入口与隧道入口之间的净距极限值可为0。

(2)净距满足换道要求时

因距离较远,此时驾驶人在驶入主线主车道前的加速车道上不会看见隧道口及隧道口的限速和开灯标志,或即使看到了也不会影响正常的驾驶行为,故互通式立交入口至隧道口的净距除了考虑驶入主线的车辆向次外侧车道换道的换道距离外,还需考虑标志视认距离、判断决策距离、车辆减速距离与暗适应距离(洞外部分)。最小净距计算时,车辆减速过程可考虑为贯穿于换道操作全过程中,即条件受限时也可不予考虑。

2)互入+隧入路段最小净距计算模型

(1)满足向内侧车道换道要求的计算模型

有条件时,主线侧入口至隧道口之间净距应满足驶入主线的小客车向内侧车道换道行驶要求。理想值包含标志视认距离、判断决策距离、车辆换道距离、车辆减速距离和洞外暗适应距离(图6-6),运行速度应以基本路段次外侧车道的限速值为基本依据。最小净距计算时,车辆减速过程按贯穿于换道全过程中考虑,即图6-6中的L_4为0。

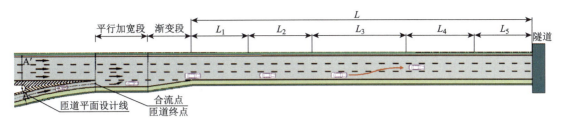

图6-6 互通式立交入口至隧道入口小净距路段最小净距示意图(隧道入口前允许换道)

L_1-标志视认距离(m);L_2-判断决策距离(m);L_3-车辆换道距离(m);L_4-车辆减速距离(m);L_5-暗适应距离(洞外部分)(m);L-主线侧入口至隧道入口净距(允许换道)(m)

(2)不满足向内侧车道换道要求的计算模型

由于互通式立交入口至隧道口之间净距往往较难满足驶入主线的小客车向内侧车道换道行驶的要求,从交通安全考虑,此类情况下应禁止车辆在进入隧道前向内侧车道换道。此时最小净距仅考虑判断决策距离和暗适应距离,运行速度以隧道路段最外侧车道的限速值为依据,如图6-7所示。

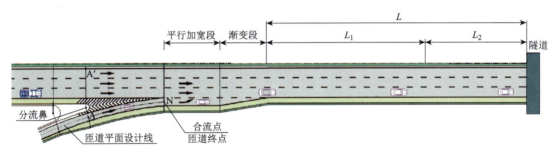

图6-7 互通式立交入口至隧道入口小净距路段最小净距示意图(隧道入口前不允许换道)

L_1-判断决策距离(m);L_2-暗适应距离(洞外部分)(m);L-主线侧入口至隧道入口净距(不允许换道)(m)

3)互入+隧入路段最小净距计算值和建议值

(1)满足向内侧车道换道要求

根据最小净距计算模型和主要考虑因素,互通式立交入口与隧道入口区间的小净距路段最小净距不宜按理想值控制,车辆进入主线时能看到隧道洞口,标志视认距离可不考虑,即最小净距应考虑判断决策距离、车辆换道等待距离、换道行驶距离和暗适应距离(洞外部分),计算结果见表6-25。

满足向内侧车道换道要求的互入+隧入最小净距计算表 表6-25

满足小客车向内侧车道换道要求的最小净距							
运行速度或限速值(km/h)	120	110	100	90	80	70	60
判断决策距离(m)	90	83	75	68	60	53	45
换道等待距离(m)	二级服务水平	59	50	45	41	37	33	29
	三级服务水平	130	113	96	78	62	45	29
	四级服务水平	214	175	142	120	99	74	36
换道行驶距离(m)	125	115	104	94	83	73	63

续上表

洞外暗适应距离(m)		满足小客车向内侧车道换道要求的最小净距						
		67	61	56	50	44	39	33
最小净距(m)	二级服务水平	341	309	280	253	224	198	170
	三级服务水平	412	372	331	290	249	210	170
	四级服务水平	496	434	377	332	286	239	177

注：最小值为判断决策距离、换道等待距离、换道行驶距离和暗适应距离之和。

(2) 不满足向内侧车道换道要求

条件受限，难以满足车辆换道要求时，最小净距主要考虑判断决策距离和洞外暗适应距离。地形特别困难、严格受限时，应禁止车辆在进入隧道前向内侧车道换道，这时最小净距可为0，计算结果见表6-26。

不满足向内侧车道换道要求的互入+隧入最小净距计算表　　表6-26

不满足小客车向内侧车道换道要求的最小净距								
最外侧车道运行速度或限速值(km/h)		120	110	100	90	80	70	60
判断决策距离(m)		53	49	44	40	36	31	27
洞外暗适应距离(m)		67	61	56	50	44	39	33
最小净距(m)	一般值	120	110	100	90	80	70	60
	最小值	0	0	0	0	0	0	0

(3) 最小净距建议值

互通式立交入口至隧道入口(互入+隧入)最小净距建议值推荐采用高速公路三级服务水平时的计算值，见表6-27(取为整10m)。表中允许向内侧(次外侧)车道换道的车道限速值宜以基本路段限速为准；不允许向内侧(次外侧)车道换道的车辆运行速度或限速值宜以隧道限速为准；由于加速车道渐变段长度大于隧道洞外暗适应长度，条件受限时最小净距可为0；原则上小客车向内侧(次外侧)车道换道仅考虑1次；允许向内侧(次外侧)车道换道时，除了隧道洞口前后暗适应距离范围应设置禁止变道的标线外，其他路段应设置车道导向箭头标线等措施引导小车向内侧车道换道。

互入+隧入最小净距建议值　　表6-27

最外侧车道运行速度或限速值(km/h)		120	110	100	90	80	70	60
满足向内侧车道换道要求的最小净距								
最小净距(m)		410	370	330	290	250	210	170
不满足向内侧车道换道要求的最小净距								
最小净距(m)	一般值	120	110	100	90	80	70	60
	极限值	0	0	0	0	0	0	0

6.4.3　隧道出口至互通式立交入口(隧出+互入)最小净距

1) 隧出+互入路段车辆行驶特征分析

隧道出口至互通式立交入口的净距为隧道出口洞门与前方主线加速车道合流鼻之间的距

离(图6-8)。驾驶人从隧道内驶出后,先经历一段明适应的距离;待驾驶人视觉恢复到正常状态之后,驾驶人会看到合流车辆并进行减速或换道行驶的决策。

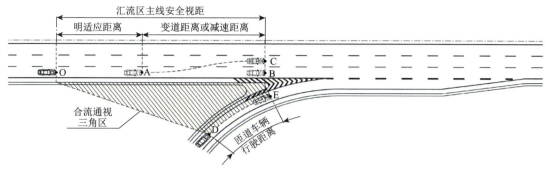

图6-8 主线与匝道入口三角通视区驾驶人操作行为示意图

在互通式立交入口前(图6-8)主线最外侧车道的车辆,由于受到匝道车辆的汇入而产生以下行为:

(1)若驾驶人对该车道的满意度下降,则会在 A 点做出换道的驾驶行为,寻求向内侧车道寻找合适的插入间隙,之后完成整个换道行为,到达 C 点,AC 段距离即向左变换车道的行车距离,记为换道距离。

(2)若驾驶人未选择换道,而采取减速措施,在 A 点需要适当减速,在 B 点减速至与匝道汇入车辆相同速度,避免与汇入车辆追尾。AB 段则为车辆减速距离。

互通式合流区主线最外侧车道与匝道之间应满足三角区通视条件的要求(图6-8)。从满足多数车辆安全行驶的距离考虑,隧道口至入口之间净距,在有条件时宜既满足换道要求,也满足车辆减速要求,以便驾驶人自由选择换道或进行减速行驶,避让匝道入口行驶速度较低的车辆;由于车辆采用减速驾驶行为所需要的减速距离较采用换道行为所需要的换道距离小,最小净距可从驾驶人更容易完成操作的角度出发,并选取所需要距离更短的车辆减速距离作为匝道合流区主线安全视距的最小值。

2)隧出+互入路段最小净距计算模型

在地形条件困难的情况下,尤其是在山区,隧道出口与互通式立交入口的净距往往难以满足要求。由于小净距路段最外侧车道一般能直接看到互通式立交入口位置,可不考虑车辆加速距离和标志视认距离,即隧道出口至互通式立交入口的净距值只需考虑明适应距离、判断决策距离、车辆换道距离或减速距离(图6-9)。

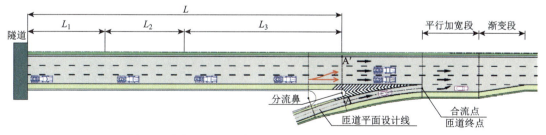

图6-9 隧道出口至互通式立交入口小净距路段最小净距示意图

L_1-明适应距离(洞外部分)(m);L_2-判断决策距离(m);L_3-车辆减速距离或换道距离(m);L-隧道出口与主线侧入口净距(m)

3) 隧出 + 互入路段最小净距计算值和建议值

根据最小净距计算模型和主要考虑因素，隧道出口与互通式立交入口的最小净距需要考虑明适应距离、判断决策距离与车辆换道行驶距离或车辆减速距离。由于避让前方车辆时可采用换道避让，也可采用减速避让，故车辆换道距离不考虑换道等待距离；从高速公路最低限速考虑，车辆减速距离以匝道入口速度40km/h的最不利情况考虑。最小净距建议值采用车辆换道避让或减速避让中较大者，结果见表6-28，表中建议值最终结果取整10m。

隧出 + 互入最小净距计算表和建议值　　表 6-28

最外侧车道运行速度或限速值(km/h)			120	110	100	90	80	70	60
洞外明适应距离(m)			53	52	47	43	40	35	32
判断决策距离(m)			53	49	45	40	36	31	27
换道行驶距离(m)			125	115	104	94	83	73	63
匝道入口速度(km/h)	80	主线车辆减速距离(m)	97	71	46	24	4	0	0
	70		114	88	63	41	21	4	0
	60		129	103	78	56	36	19	3
	50		142	115	91	69	49	31	16
	40		152	125	101	79	59	41	26
主线最外侧车道车辆换道避让前方入口车辆需要的最小净距									
最小净距计算值(m)			231	216	196	177	159	139	122
主线最外侧车道车辆减速避让前方入口车辆需要的最小净距									
匝道入口速度(km/h)	80	最小净距计算值(m)	203	172	138	107	80	66	59
	70		220	189	155	124	97	70	59
	60		235	204	170	139	112	85	62
	50		248	216	183	152	125	97	75
	40		258	226	193	162	135	107	85
最小净距建议值(m)			260	230	200	180	160	140	120

《路线规范》《立交细则》规定通视三角区应满足车辆相互通视的要求，如右图，没有考虑主线设计速度的影响(不含隧道出口的明适应距离)

注：最外侧车道的运行速度或限速值宜采用隧道路段。

6.4.4 互通式立交出口至隧道入口(互出 + 隧入)最小净距

1) 互出 + 隧入距路段车辆行驶特征分析

互通式立交出口至隧道入口(互出 + 隧入)之间的净距为出口分流鼻至隧道洞口之间的距离。在主线最外侧车道上正常直行的车辆，在行驶时会受到互通式立交出口流出车辆影响，但影响较小；主线内侧车道基本没有影响。主线最外侧车辆在互通式立交出口分流鼻之后将进入正常行驶状态,驾驶人在读取隧道洞口位置、隧道长度、限速等信息后,做出减速、开灯等操作决策,在隧道口前,驾驶人眼睛在适应亮度变化前完成减速、开灯操作。由于主线最外侧车道上的车辆在小净距路段通行时与其他正常路段的隧道洞口前的行驶状态和驾驶行为完全一样,所以《路线规范》对该路段的距离没有规定。

2)互出+隧入路段最小净距计算模型

因隧道处于互通式立交出口下游,最小净距计算主要考虑最外侧车道从主线分流驶出少部分车辆之后,还在主线最外侧车道上的车辆,首先会对前方的相关标志进行读取(隧道信息标志、隧道限速标志),其次根据隧道的限速值做出减速、开灯决策,然后进隧道。最小净距为标志视认距离、判断决策距离、车辆减速距离和暗适应距离之和(图6-10)。

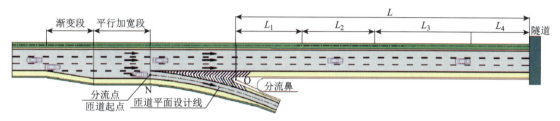

图6-10 互通式立交出口至隧道入口小净距路段最小净距示意图

L_1-标志视认距离(m),小净距路段驾驶人第一眼看到的是隧道洞口,可取0m;L_2-判断决策距离(m);L_3-车辆减速距离(m);L_4-暗适应距离(洞外部分)(m);L-主线侧出口至隧道入口净距(m)

3)互出+隧入路段最小净距计算值和建议值

根据最小净距计算模型和主要考虑因素,互通式立交出口至隧道入口最小净距一般值应考虑判断决策距离、进隧道前减速距离和暗适应距离(洞外部分),结果见表6-29,该最小净距基本都能满足要求。

互出+隧入最小净距计算值和建议值　　　　　表6-29

不同车道限速值 (km/h)	基本路段	120			100			80		
	隧道路段	100	110	120	80	90	100	60	70	80
判断决策距离(m)		53	53	53	45	45	45	36	36	36
车辆减速距离(m)		170	89	0	139	73	0	108	58	0
洞外暗适应距离(m)		56	61	67	44	50	56	33	39	44
最小净距 (m)	计算值	279	203	120	228	168	101	177	133	80
	建议值	280	200	120	230	170	100	180	130	80
《路线规范》规定值		没有规定								
《立交细则》规定值		没有规定								

第 7 章

小净距路段交通安全保障方案

7.1 小净距路段交通安全保障技术总体目标

基于车道行车安全诱导主动管控系统的小净距路段交通安全综合保障技术主要包括四个方面的内容(图7-1),具体如下:

(1)小净距路段关键技术指标与安全保障措施(对标准规范的重要补充)。
①小净距路段最小净距与换道启动区间关键技术(原创性成果);
②互通式立交出入口变速车道形式的采用(总结性成果);
③基于横向行驶稳定性要求的分流区安全保障建议措施(总结性成果)。
(2)基于数字化交通组织管理的车道行车安全诱导主动管控系统(原创性成果)。
(3)基于车道行车安全诱导主动管控系统的交通安全保障措施(总结性成果)。
(4)提升交通安全保障的建议措施(总结性成果)。

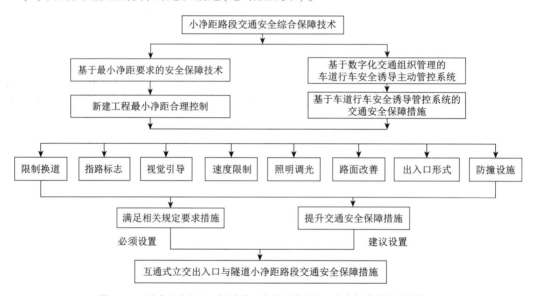

图7-1 互通式立交出入口与隧道口小净距路段交通安全保障技术综合体系

7.2 小净距路段交通运行状态与行车安全性分析

7.2.1 互通式立交分合流区基本概念

1)互通式立交分流区基本概念

高速公路最内侧车道的车辆换道至最外侧车道所需要的距离称为换道区间最小净距;在互通式立交出口前的换道区间可称为互通式立交出口分流区(简称"分流区")。以四车道高速公路为例,正常路段互通式立交出口前分流区最小净距(换道区间)计算模型如图 7-2a)所示,由标志视认距离 L_2、判断决策距离 L_3、换道等待距离 L_4、换道行驶距离 L_5 和安全富裕距离 L_6 组成。隧道出口至互通式立交出口之间小净距路段分流区最小净距还需考虑隧道出口洞外明适应距离 L_1,如图 7-2b)所示,其他同正常路段互通式立交出口分流区最小净距计算模型。

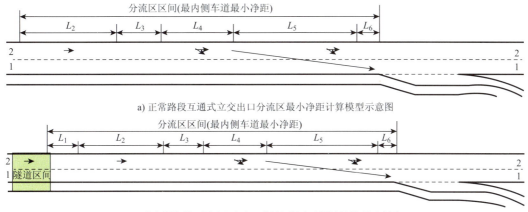

a) 正常路段互通式立交出口分流区最小净距计算模型示意图

b) 小净距路段互通式立交出口分流区最小净距计算模型示意图

图 7-2　互通式立交出口分流区计算模型

2) 互通式立交合流区前区或合流区后区基本概念

高速公路加速车道及三角段区间为匝道入口与主线合流区间,该区间可称为匝道入口合流区;在匝道入口合流区前主线最外侧车道发现并看清匝道入口位置及车辆时,为了避让因速度差造成碰撞事故,小客车一般采取向内侧车道换道行驶方式,货车一般采取减速方式,匝道入口合流区前为了避让匝道入口车辆所需要的避让区间可称为匝道入口合流区前区(简称"合流区前区");在匝道入口合流区之后,从匝道进入主线的小客车需要换道至内侧车道,换道过程对内侧车道交通安全有影响,换道过程所需要的区间距离可称为匝道入口合流区后区(简称"合流区后区")。正常路段互通式立交合流区前区或合流区后区最小净距计算模型如图 7-3a)所示,由标志视认距离 L_2、判断决策距离 L_3、换道等待距离 L_4、换道行驶距离 L_5 组成。隧道出口至互通式立交出口之间或互通式立交入口至隧道入口之间的小净距路段最小净距分别还需考虑隧道出口洞外明适应距离 L_1 或隧道入口洞外暗适应距离 L_{10},考虑到标志视认距离在隧道内完成或能直接看到隧道洞口的特殊性,应减去标志视认距离,如图 7-3b)所示,其他同正常路段互通式立交合流区前区或合流区后区最小净距计算模型。

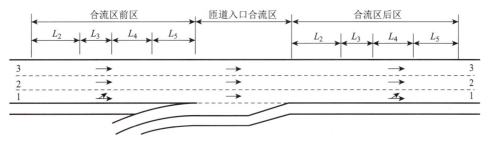

a) 正常路段互通式立交匝道入口合流区组成及计算模型

图　7-3

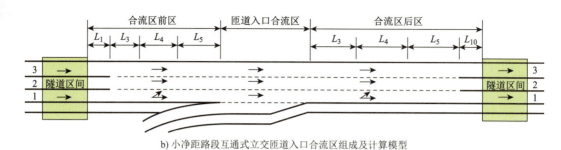

b) 小净距路段互通式立交匝道入口合流区组成及计算模型

图 7-3　互通式立交匝道入口合流区组成及计算模型

7.2.2　互通式立交分合流区交通运行状态与行车安全性分析

1) 互通式立交出口分流区路段

根据统计，互通式立交出口分流区是互通式立交区交通事故占比最多的区间路段，而且发生过重大交通事故。互通式立交出口前分流区交通运行状态与行车安全性分析如下：

(1) 外侧车道直行车辆受内侧车道分流车辆在分流区变换车道的影响，出口路段的交通组织、交通流运行状态较正常路段复杂；存在直行与向外侧车道换道之间的车辆相互影响，使互通式立交分流区交通出现交叉，形成交通系统中的冲突"瓶颈"区域，容易造成交通拥挤运行状态，甚至发生交通事故。

(2) 有些驾驶人在看清 2km 出口预告标志后开始向外侧车道换道，有些驾驶人在看清 1km 出口预告标志后开始向外侧车道换道，有些驾驶人在看清 500m 出口预告标志后开始向外侧车道换道；在 2km 分流区路段中不断有车辆从内侧车道向外侧车道变道行驶，随着减速换道的车辆不断增加，与直行车辆发生冲突的概率也增大，迫使较多直行车辆减速行驶，造成车辆之间的行驶速度差增大，容易出现拥堵，甚至发生交通事故。

(3) 有些驾驶人在看清出口位置后开始向外侧车道换道，可能距离出口已过近，少数驾驶人会强行变道，强行变道是分流区路段交通事故多发的主要诱因。

(4) 如果出口识别视距存在不足的情况，容易使驾驶人难以准确识别出口位置，影响判断决策，导致做出强行换道或紧急减速等不当操作行为，诱发交通事故。

2) 互通式立交入口前后合流区路段

互通式立交入口合流区交通事故相对出口分流区要少得多，且多为剐蹭、追尾等轻微事故，但随着交通量的增加和服务水平的降低，合流区交通拥堵现象较为多见。互通式立交入口合流区及前后交通运行状态与行车安全性分析如下：

(1) 匝道车辆进入加速车道后，对主线最外侧车辆行车安全性影响较大，需防备少数车辆突然从加速车道低速变道进入主线，以免发生碰撞事故。

(2) 在合流区前区小客车应换道至内侧车道，避免与汇入主线最外侧车道的车辆因速度差过大发生碰撞事故。

(3) 主线直行车辆的驾驶人在高速行驶过程中对互通式立交入口位置识别不清，未能及时发现即将驶入的车辆，直到接近合流鼻端，若此时车辆减速不及时，容易与汇入车辆相互碰撞。

(4)主线直行车辆在避让汇入车辆的过程中,若采取紧急变道措施,易与左后方来不及做出反应的内侧车道车辆发生追尾或碰撞等事故。同样的,从匝道汇入主线的车辆,汇入后,小客车一般会进一步换道至次内侧车道,若采取紧急变道措施,易与左后方来不及做出反应的内侧车道车辆发生追尾或碰撞等事故。

(5)主线交通流处于较饱满状态时,在与匝道车辆合流过程中较容易发生剐蹭事故,引起路段交通拥堵。

7.2.3 小净距路段交通运行状态与行车安全性分析

1)隧道洞口明适应对交通运行状态与行车安全性的影响

隧道洞口内外总是存在光线明暗的差异,对交通运行状态与行车安全性有影响。从隧道洞口内外光线反差及"黑洞""白洞"现象分析,进入隧道口后交通环境发生突变,隧道内的环境更差,容易在隧道入口内的附近路段发生交通事故;出隧道洞口后由于交通环境明显优于隧道内,故在隧道出口附近发生交通事故的概率较低。明暗适应影响程度取决于隧道口内的照明设计效果和运营期照明控制,隧道内及隧道洞口照明效果符合相关规范规定时,原则上隧道段可不降低限制速度。

2)小净距路段最小净距对区间交通运行状态与行车安全性影响分析

如果隧道与互通式立交出入口距离过近,驾驶人受到明暗适应现象的影响,造成驾驶人做出标志识别、出入口位置识别、判断、决策等行为的时间紧迫,易使驾驶人在互通式立交出入口前来不及减速,或在互通式立交出入口前错过最佳的换道时机而强行换道,干扰互通式立交出入口交通流的正常运行状态,严重时发生碰撞、追尾等事故。

7.2.4 小净距路段交通安全管理设施对交通运行状态与行车安全性的影响

1)互通式立交出口分流区路段

(1)交通标志标线:出口标志设置不够醒目,出口位置识别难度大;车道导向箭头和限制变道标线设置不合理或缺少,导航提示不及时或过早,都会影响驾驶人对出口位置的判断和驾驶行为的决策。

(2)车道限速管理:分流区路段车道限速管理直接影响车辆行驶速度的控制,车道限速不合理影响车辆减速、变道过程的安全。

(3)车道客货分离管理:不同车型的车辆行驶速度差异大,货车行驶速度明显低于小型客车,多车道高速公路应分车道分车型管理,减小同车道车辆运行速度差过大,提升交通安全。

(4)出口识别视距:现行规范对分流区及识别视距缺乏定义,识别视距中识别目标概念较为模糊,分流区缺少技术指标的规定,分流区识别视距不足时将影响对出口位置的识别判断,不利于交通安全。

(5)出口预告标志:出口预告标志对内侧车道适时换道影响大,现行规范不分设计标准(不同设计速度、不同车道数),统一规定设置2km、1km、500m三种出口预告标志(简称"出口远距预告标志"),过于单一,在出口基准点前的最后10s关键行程中缺少出口指路标志,影响流出车辆的判断与决策。2017年11月17日发布实施的《国家公路网交通标志调整工作技指南》提出"在距互通式立交的前基准点 300m、200m、100m 处可根据实际需要设置出口 300m、200m、100m 出口预告标志",结合本书结论,认为此规定非常有必要,在出口前连续设置 3 处短距离出口预告标志(简称"出口近距预告标志"),将起到重要的重复效应,有利于提升互通式立交出口交通安全。

2) 互通式立交入口合流区路段

(1)交通标志:入口标志应避免设置过多而影响驾驶人信息阅读、判断,影响驾驶人的正常驾驶操作;往往缺少限制换道至内侧车道的提示标志,容易出现随意变道。

(2)交通标线:缺少车道导向箭头和限制变道的标线,或设置位置不合理,影响驾驶行为。

(3)合流区视距:合流区主线入口识别视距不良,将影响主线直行车辆的驾驶人观测汇入车辆的状况。

3) 隧道出口附近路段

(1)隧道内标志:隧道内应设置必要的标志;采用反光标志往往效果较好。

(2)隧道洞口前后标线:隧道洞口前后明适应距离范围应设置禁止变道的实线标线。

(3)隧道洞口照明:洞口照明能有效减短明适应距离,减轻驾驶人心理紧张程度。

(4)隧道洞口遮阳:洞口被太阳直射时间较长的方向宜考虑,避免出现"白洞效应",但造价较高。

4) 隧道入口附近路段

(1)隧道内标志:隧道入口附近应尽量减少标志。

(2)隧道洞口前后标线:隧道洞口前后暗适应距离范围应设置禁止变道的实线标线。

(3)隧道洞口照明:洞口照明能有效减短暗适应距离,减轻驾驶人心理紧张程度。

7.2.5 车道与车型限速管理

1) 车道车型分类管理

(1)单向四车道:原则上内侧两个车道为小车车道(专用道),次外车道为混合交通,外侧车道以大型货车为主(专用道)。

(2)单向三车道:原则上最内侧车道为小车车道(专用道),中间车道为混合交通,外侧车道以大型货车为主(专用道)。

(3)单向双车道:原则上内侧车道以小车为主,外侧车道以大型货车为主。

2) 车道限速管理

单向四车道高速公路设计速度一般为 120km/h;单向三车道高速公路设计速度一般为 120km/h 或 100km/h;单向双车道高速公路设计速度一般为 100km/h 或 80km/h。车道限速管理方案如下:

(1)单向四车道:各车道限速值从最内侧车道向外分别为 120km/h、120/110km/h、100/90km/h 或 80km/h(货车),最外侧车道为 80km/h(货车)。净距大于最小净距要求时,运行速度以基本路段的限速值或运行速度为基准,否则以隧道路段的限速值或运行速度为基准。

(2) 单向三车道：各车道限速值从最内侧车道向外分别为 120/100km/h、100km/h 或 80km/h（货车），最外侧车道为 80/60km/h（货车）；净距大于最小净距要求时，运行速度以基本路段的限速值或运行速度为基准。

(3) 单向双车道：内侧车道限速值为 100/80km/h，最外侧车道为 80/60km/h（货车）；净距大于最小净距要求时，运行速度以基本路段的限速值或运行速度为基准。

7.2.6　互通式立交分合流区交通组织、管理与运行安全保障措施相关规定

在互通式立交出口之前（分流区），如果驶离高速公路的车辆在减速车道渐变段起点前未能换道至最外侧车道而强行变换车道，对交通安全影响较大。为了保障内侧车道车辆在互通式立交出口前平稳、安全地换道至最外侧车道，在互通式立交出口前的分流区路段需要设置完善的交通组织管理设施，如出口预告标志、流出导向标线、禁止变道标线、导航系统等。在互通式立交入口前后（合流区），主线最外侧车道上的车辆在避让驶入主线的车辆时，如果换道过急或紧急减速，或驶入主线的车辆在换道进入内侧车道过程中出现强行变道等情况，对交通安全影响较大。为了保障主线最外侧车道车辆交通安全，保障进入高速公路的小型客车在互通式立交入口平稳、安全进入主线车道并换道至内侧车道上，在互通式立交入口前后（合流区）路段需要设置完善的交通组织管理设施，如入口标志、向内侧车道换道的导向标线等；互通式立交出入口与隧道口之间的小净距路段，受隧道长度、隧道洞口明暗适应等因素的影响，交通环境更加复杂，分合流区路段设置完善的交通组织管理设施尤为重要。

对小净距路段，《路线规范》《立交细则》均明确规定"应提出完善的交通组织、管理和运行安全保障措施"；但缺少可操作性的规定，难以指导实际工程的设计。互通式立交分流区设置 2km、1km、500m 出口远距预告标志的规定，过于单一，难以适应不同标准（不同设计速度、不同车道数）的高速公路互通式立交分流区交通组织管理"精准、高效、可控"的需求。

互通式立交出入口交通事故多发的原因较多，但少数车辆在减速车道渐变段起点前未能平稳的换道至最外侧车道或驶入主线的小客车未能及时换道至内侧车道而强行变道是主要原因之一，因此，小净距路段除了应分析隧道不利环境对交通安全的影响，更应分析互通式立交分合流区车道交通组织管理对行车安全的影响，并提出提升交通安全的对策。

7.3　基于数字化交通组织管理的车道行车安全诱导主动管控系统

7.3.1　分流区车道行车安全诱导主动管控系统总体设计

1）互通式立交分流区交通组织存在的不足及对行车安全的影响

互通式立交分流区交通组织管理存在的不足如下：

(1) 现行相关规范缺少对互通式立交出口前分流区的定义，缺少分流区技术要求，缺少针对分流区的专项交通组织管控设计，缺少分流区交通组织规范化的专项规定或技术要求。

(2) 根据相关规范规定，互通式立交出口前设置 2km、1km、500m 出口远距预告标志，但出

口远距预告标志设置位置与内侧车道的车辆换道所需距离缺少关联;不同的设计速度或运行速度预告距离采用固定值,从车辆到达出口位置的行程时间相差较大分析,存在时效性、可控性不足等问题,缺少最后10s行程的关键出口预告标志。

(3)分流区缺少路面车道导向箭头标线,包括必要的限制变道的实线标线;部分项目设置时缺乏设置位置及区间的理论支持。

(4)导航提示系统设置缺乏规范化的规定,缺少车道数字化场景数据的支持,与车辆换道合理起始位置相关性差。

从互通式立交出口附近交通事故多发诱因调查分析(图7-4),多数事故是因为车辆没有及时换道至最外侧车道,在互通式立交出口附近强行变道或紧急制动、停滞等造成的。少数车辆未能提前换道至最外侧车道,与分流区交通组织管理的时效性、准确性、可控性存在不足有较大关系。因此,本书提出基于数字化交通组织管理的车道行车安全诱导管控系统,旨在提升车道行车安全诱导管控时效性、准确性、可控性。

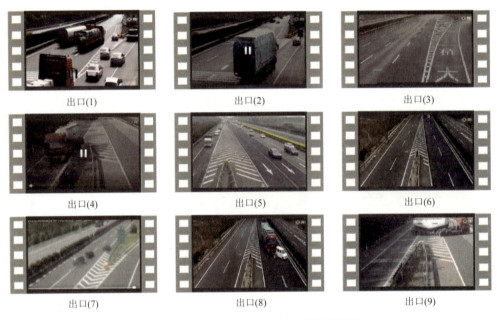

图7-4 互通式立交出口交通事故网络视频截图

2)小净距路段分流区车道行车安全诱导管控系统基本框架

小净距路段指互通式立交出入口与隧道口之间的净距小于1km的路段,当净距大于最小净距规定值时可称为小净距路段的正常路段(以下简称"正常路段"),正常路段满足最内侧车道换道至最外侧车道的换道距离要求,但不满足2km、1km出口远距预告标志的设置。因此,为了保障小净距路段交通安全,也应建立基于数字化交通组织管理的分流区车道行车安全诱导主动管控系统。以六车道高速公路为例,正常路段总体方案如图7-5所示;管控系统基本框架由导航启动区间、换道启动区间、导向箭头标志、限制变道标志,以及2km、1km、500m出口远距预告标志与300m、200m、100m出口近距预告标志等组成,主要设计思路及管控措施如下:

（1）互通式立交出口前分流区交通组织应与内侧车道的车辆换道过程基本相符。

（2）需要在换道启动区间设置路面车道导向箭头标线，在②位置（图7-5）还应增设与导航启动区间相呼应的分流区起始点出口预告标志，即导航提示启动时，车辆驾驶人同时能看到出口预告标志；②位置的出口预告距离见表7-1。

（3）互通式立交出口前，在①位置（图7-5）增设出口标志（规范规定在鼻端设置），作为出口识别视距的识别目标点，为驶离高速公路的车辆及时提供明显的出口标识。

（4）在导航启动区间开启导航提示功能，充分发挥导航系统精准、高效、可控的作用。

（5）对导航提示内容进行规范化规定。

（6）原则上应设置2km、1km、500m出口远距预告标志，如果分流区起始点出口预告标志设置位置与2km或1km或500m出口远距预告标志相近，应以2km或1km或500m出口远距预告标志为准。

（7）在出口识别视距范围开始设置300m、200m、100m出口近距预告标志，强化出口位置的识别。

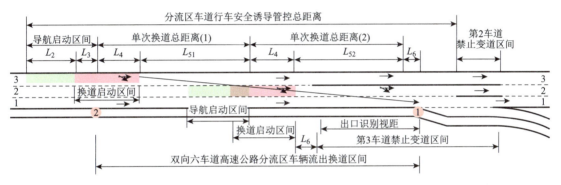

图7-5　小净距路段分流区车道行车安全诱导管控系统总体设计示意图

分流区导航启动区间与换道启动区间及行程时间建议值(m)　　表7-1

	不同车道的设计速度或限速值(km/h)		120	100	80
第4车道	最小净距(m) 分流区起点出口标志	一般值	1270	980	730
		最小值	1120	845	620
	导航启动区间(m)	一般值	1217~1015	933~758	690~541
		最小值	1120~1015	845~758	620~541
	换道启动区间(m)		1068~885	802~661	577~479
	换道行驶时间(s)		32.0~26.5	28.9~23.4	26.0~21.6
第3车道	最小净距(m) 分流区起点出口标志	一般值	890	700	530
		最小值	740	570	420
	导航启动区间(m)	一般值	784~635	653~478	490~341
		最小值	740~635	570~478	420~341
	换道启动区间(m)		688~505	522~381	377~279
	换道行驶时间(s)		20.6~15.2	18.8~13.7	17.0~12.6

续上表

	不同车道的设计速度或限速值(km/h)		120	100	80
第2车道	最小净距(m) 分流区起点出口标志	一般值	510	425	335
		最小值	360	290	220
	导航启动区间(m)	一般值	457~255	378~203	295~146
		最小值	360~255	290~203	220~146
	换道启动区间(m)		308~125	247~106	182~84
	换道行驶时间(s)		9.2~3.8	8.9~3.8	8.2~3.8

注：表中建议值服务水平为三级；分流区区间最小净距含明适应距离。

3) 小净距路段分流区车道行车安全诱导主动管控系统总体规划设计

隧道出口至互通式立交出口(隧出+互出)小净距路段，以正常路段互通式立交分流区车道行车安全诱导主动管控系统基本框架为基础(表7-2)，通过与正常路段进行比较，提出了符合不同车道最小净距要求的车道行车安全诱导主动管控系统总体设计方案。与正常路段相比，其主要差别见表7-2。

(1) 分流区出口预告标志规划设计

根据相关规范规定，一般互通式立交出口在基准点前需设置2km、1km、500m出口远距预告标志。根据小净距路段分流区车道行车安全诱导主动管控总体设计，小净距路段分流区应在规范规定的基础上在②位置和在隧道内④位置(需要时)各增设1处出口预告标志(图7-6)，增设的出口预告标志如果与出口远距预告标志出现相近情况，应采用2km或1km或500m出口预告标志。六车道以上高速公路，分流区起始点出口预告标志宜采用门架式。

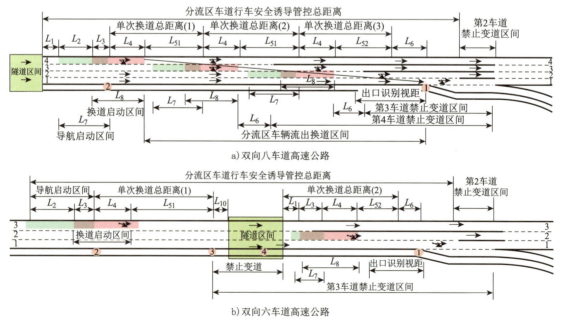

图7-6 分流区增设出口预告标志规划设计示意图

小净距路段分流区车道行车安全诱导管控系统总体设计方案(与正常路段比较)

表 7-2

车道管控主要措施	正常路段车道行车安全诱导管控系统总体设计方案
(1) 出口预告标志 (2) 导航启动区间 (3) 换道启动区间 (4) 车道导向箭头 (5) 限制换道标线	

与正常路段比较	满足不同车道最小净距要求的车道行车安全诱导管控系统设计方案
(1) 满足最内侧车道一般值要求	
差别:总体方案完全相同	
(2) 满足最内侧车道最小值要求	
差别:隧道内增设 1 处出口预告标志	

续上表

车道管控主要措施	正常路段车道行车安全诱导管控系统总体设计方案
(3)不满足最小净距要求	
差别：车道管控措施前置至隧道入口前，隧道出口前设置出口预告标志	
(4)不满足最小净距(0m)要求	
差别：同(3)	
(5)满足次外侧车道最小值要求	
差别：同(3)	

续上表

车道管控主要措施	正常路段车道行车安全诱导管控系统总体设计方案
（6）满足次外侧车道一般值要求 差别：车道管控措施部分前置至隧道入口前	*分流区车道行车安全诱导管控总距离*（三车道示意图）
（7）满足次内侧车道最小值要求 差别：车道管控措施部分前置至隧道入口前	*分流区车道行车安全诱导管控总距离*（四车道示意图）
（8）满足次内侧车道最小值要求 差别：车道管控措施部分前置至隧道入口前，出口处增设1处出口预告标志	*分流区车道行车安全诱导管控总距离*（四车道示意图）

注：表中高速公路车道数为示意。

根据《国家公路网交通标志调整工作技术指南》规定,本书建议小净距路段增设300m、200m、100m 出口近距预告标志,最小净距小于300m 时,300m、200m、100m 出口近距预告标志应延伸至隧道内设置(图7-7)。

图7-7 以出口为基准点的300m、200m、100m 出口预告标志(尺寸单位:cm)

(2)导航启动区间与换道启动区间规范化规划设计

根据不同车道换道区间距离的最小净距,结合相关规范规定,并根据出口识别视距设计原理,提出车道导航启动区间和换道启动区间概念。在导航启动区间启动导航提示,第一次导航提示时,驾驶人应能发现并看清前方分流区起始点出口预告标志,完成出口预告标志视认、判读和导航提示确认过程;车辆进入换道启动区间,该区间路面设置车道导向箭头标线,车辆在车道导向箭头标线的引导下,进入换道插入等待区间,寻找换道合适时期开始从内侧车道向外侧车道或最外侧车道换道行驶,完成换道全过程。八车道高速公路导航提示3次,六车道高速公路导航提示2次,四车道高速公路导航提示1次,导航启动提示区间见表7-1。

基于数字化交通组织管理的车道行车安全诱导主动管控系统,主要通过导航主动管控系统,辅以出口预告标志、路面车道导向箭头标线,提升车道行车安全诱导管控时效性、准确性、可控性,提升交通主动管控服务水平,保障交通安全。分流区导航启动区间与换道启动区间可按表7-1区间规定值进行标准化、规范化规划设计,从而形成车道行车安全诱导主动管控系统的标准化、规范化规划设计。

(3)小净距路段不同车道换道区间技术要求

隧道出口至互通式立交出口(隧出+互出)满足不同车道换道距离要求的区间最小净距、导航启动区间、换道启动区间及换道行驶时间建议值见表7-1。

7.3.2 分流区(隧出+互出)车道行车安全诱导主动管控设置方案

1)小净距路段净距满足最内侧车道区间换道要求时

(1)当满足最小净距一般值要求时

当最内侧车道最小净距满足一般值要求时,小净距路段与正常路段互通式立交分流区交通管控总体设置方案相同,如图7-8所示,主要车道管控措施如下:

①在②位置(图7-8)设置出口预告标志。

②驾驶人发现并看清出口预告标志,同时得到导航提示后,车辆在换道启动区间开始准备向外侧车道换道。

③在禁止车辆变道区间设置限制变道的车道实线标线。

④导航启动区至限制变道区之间设置车道导向箭头标线。

⑤换道启动区可考虑采用彩色路面或其他特殊标识。

⑥从有利于远处视认出口位置(识别目标)考虑,应在①位置(图7-8)设置出口标志,有必要时,可考虑在减速车道三角段起点前开始的一定距离对路侧防撞护栏涂以醒目颜色,提高出口位置的辨认度。

⑦除了在②位置设置出口预告标志外,在出口基准点前设置300m、200m、100m出口近距预告标志。

⑧按规范规定设置2km或1km或500m出口远距预告标志,在②位置设置的分流区起始点出口预告标志,如果与2km或1km或500m出口远距预告标志重复或距离较近,应采用2km或1km或500m出口远距预告标志。

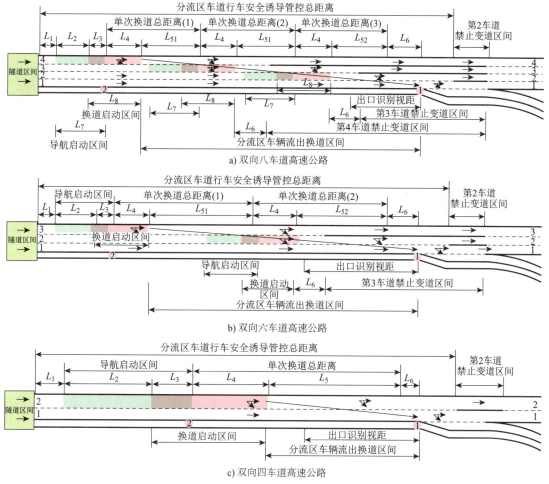

图7-8 净距满足最内侧车道区间换道要求(一般值)的车道管控设置方案

⑨导航提示内容：

八车道高速公路：第一次为"前方××m是某某（地名）出口，行驶时间约××s，下高速公路的车辆，请走外侧车道"；第二次为"下高速公路的车辆，请走最外侧车道"；第三次为"下高速公路的车辆，请走最外侧车道"。

六车道高速公路：第一次为"前方××m是某某（地名）出口，行驶时间约××s，下高速公路的车辆，请走最外侧车道"；第二次为"下高速公路的车辆，请走最外侧车道"。

四车道高速公路："前方××m是某某（地名）出口，行驶时间约××s，下高速公路的车辆，请走外侧车道。"

(2) 当满足最小净距最小值要求时

小净距路段净距仅满足最小净距最小值要求时，根据最小净距计算模型，标志视认与信息读取在隧道内完成，因此，应在隧道出口设置出口预告标志，六车道以上高速公路应在换道等待距离区间中间②位置（图7-9）再设置1处出口预告标志，车道管控总体设置方案如图7-9所示（以六车道高速公路为例），其他车道管控措施设置与满足最小净距一般值要求时基本相同。

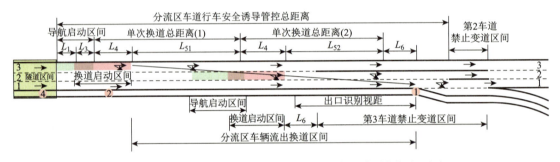

图7-9　净距满足最内侧车道区间换道要求（最小值）的车道管控设置方案

2）小净距路段净距不满足次外侧车道区间换道要求时

(1) 总体设置方案

当小净距路段的净距小于次外侧车道最小净距最小值规定时，隧道出口至互通式立交出口之间的距离不满足内侧所有车道（含次外测车道）换道要求。互通式立交出口前为中短隧道时，内侧车道的导航启动区间、换道启动区间和换道区间的车道管控设施应设置在隧道入口前，驶离高速公路的车辆应在隧道入口前换道至最外侧车道，如图7-10a)、图7-10b)、图7-10c)、图7-10d)所示。同时，出口换道行驶距离小于减速车道和三角段总长度的一半，车辆出隧道并通过明适应段后开始换道，在减速车道终点前能换道至最外侧车道；考虑隧道内设有出口预告标志，标志视认与信息读取已在隧道内完成，因此，车辆出隧道并通过明适应段后开始变道是可行的，应允许次外侧车道车辆在减速车道与三角段区间的前半段换道至最外侧车道，为在隧道前尚未换道至外侧车道的车辆提供驶离高速公路的机会，包括隧道洞口紧接减速车道三角段起点的情况（最小净距为0），如图7-10d)所示，但减速车道路段次外侧车道不应标注换道驶出的路面车道导向箭头标线。六车道、八车道高速公路内侧车道（不含次外侧车道），在隧道出口之后，不应再允许换道至次外测车道，更不允许强行变道并驶离高速公路，如图7-10b)、图7-10c)所示。

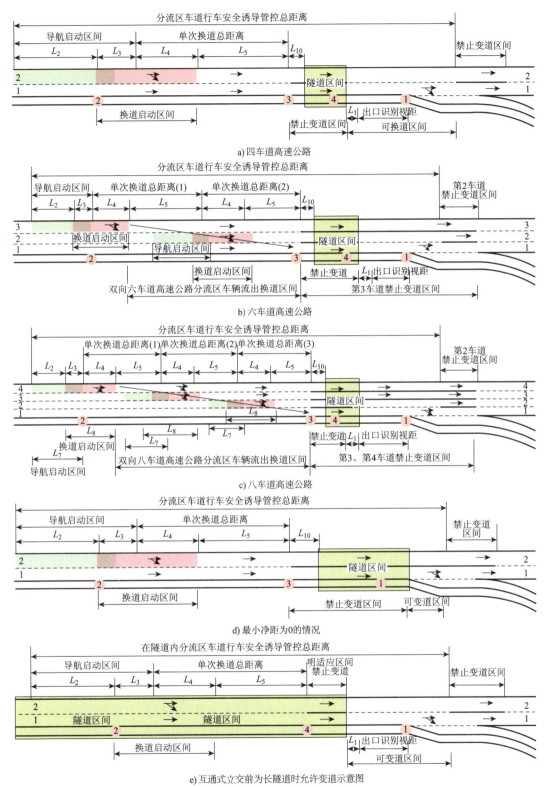

图 7-10 净距不满足内侧车道换道要求的车道管控设置方案

当互通式立交出口前是长隧道时,建议进一步分析允许在隧道内变道的可能(本书不含该内容),如图7-10e)所示,隧道内分流区车道行车安全诱导主动管控措施仅供参考。

(2)标志设置方案

隧道出口距离减速车道三角段起点(识别目标)的长度宜大于出口识别视距+明适应距离。当隧道出口距离减速车道三角段起点(识别目标)小于出口识别视距+明适应距离时,设置在①位置(图7-10)的出口标志应移至隧道内④位置(图7-10),同时在③位置(图7-10)设置隧道入口标志、限速标志、限制变道标志、开灯标志,隧道全长及暗适应区间设置禁止变道标线[图7-10a)、图7-10b)];在②位置(图7-10)设置××0m出口预告标志,具体数字结合隧道长度确定;当隧道长度大于500m时,在隧道内需要增设500m或1km、500m出口远距预告标志,在④位置设置出口预告标志(距离为实际长度);如果在②位置所设置的出口预告标志与出口远距预告标志出现重复或相近时,应采用出口远距预告标志;同时,在出口基准点前增设300m、200m、100m出口净距预告标志。

(3)标线设施设置方案

①在禁止车辆变道区间设置限制变道的车道实线标线。

②在换道启动区间设置车道箭头导向标线。

③驾驶人发现并看清出口预告标志,同时得到导航提示后,车辆在换道启动区间开始准备向外侧车道换道。

④换道启动区间也可考虑采用彩色路面或其他特殊标识。

⑤从有利于远处视认出口位置考虑(识别目标),有必要时,可考虑在减速车道三角段起点前开始的一定距离路侧防撞护栏涂以醒目颜色,强化出口位置的辨认度。

(4)导航提示内容

八车道高速公路:第一次为"前方××m是某某(地名)出口,下高速公路的车辆,进隧道前请走最外侧车道,距隧道还有××m,行驶时间约××s";第二次为"下高速公路的车辆,进隧道前请走最外侧车道";第三次为"下高速公路的车辆,进隧道前请走最外侧车道"。

六车道高速公路:第一次为"前方××m是某某(地名)出口,下高速公路的车辆,进隧道前请走最外侧车道,距隧道还有××m,行驶时间约××s";第二次为"下高速公路的车辆,进隧道前请走最外侧车道"。

四车道高速公路:"前方××m是某某(地名)出口,下高速公路的车辆,进隧道前请走外侧车道,距隧道还有××m,行驶时间约××s"。

3)小净距路段净距满足次外侧车道区间换道要求时

(1)当净距满足次外侧车道最小净距最小值要求时

当六车道、八车道高速公路小净距路段净距满足次外侧车道换道要求(最小值)时,次外侧车道在隧道出口之后,除了出口预告标志应移至隧道内④位置(图7-11)外,其他可按小净距路段分流区车道行程安全诱导主动管控设置方案设置;内侧车道换道区间距离不满足要求时,对应的车道主动管控设置应前置至隧道入口前;分流区行车安全主动诱导管控设置方案如图7-11所示,其他车道管控措施设置参照前述设置;对长隧道需要进一步研究允许在隧道内变道的可能。

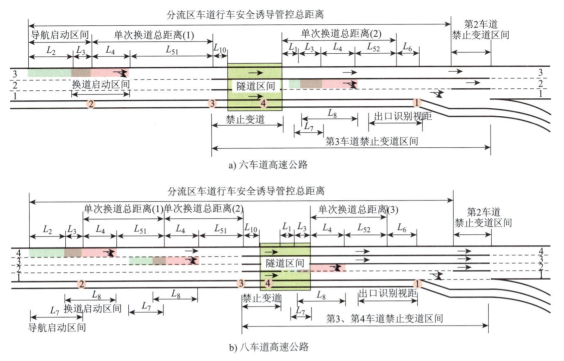

图7-11 净距满足次外侧车道换道要求(最小值)的车道管控设置方案

(2) 当净距满足次外侧车道最小净距一般值要求时

当六车道、八车道高速公路小净距路段净距满足次外侧车道换道要求(一般值)时,次外侧车道在隧道出口之后,按小净距路段分流区车道行程安全诱导主动管控设置方案设置。内侧车道换道区间距离不满足要求时,对应的车道主动管控设置应前置至隧道入口前;分流区行车安全诱导主动管控设置方案如图7-12所示(以六车道高速公路为例),其他车道管控措施设置参照前述设置;对长隧道需要进一步分析允许在隧道内变道的可能。

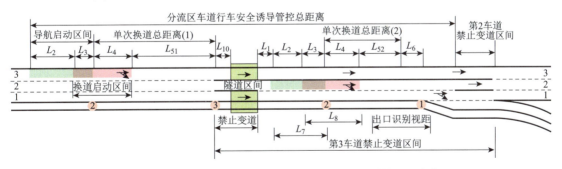

图7-12 净距满足次外侧车道换道要求(一般值)的车道管控设置方案

(3) 净距满足次外侧车道和次内侧车道区间换道要求时

八车道高速公路小净距路段净距满足次外侧车道和次内侧车道区间换道要求时,满足一般值与最小值的主要差别在于出口预告标志的设置。当满足一般值要求时,隧道洞口前不需要设置出口预告标志,只需在正常②位置设置出口预告标志[图7-13a)];当仅满足最小值要求时,除了在隧道出口前④位置(图7-13)设置1处出口预告标志外,还需在隧道外换道等待区间中间②位置再设置1处出口预告标志[图7-13b)]。分流区车道行车安全诱导主动管控设置方案如图7-13所示,其他车道管控措施设置参照前述设置。对长隧道需要进一步研究允许在隧道内变道的可能。

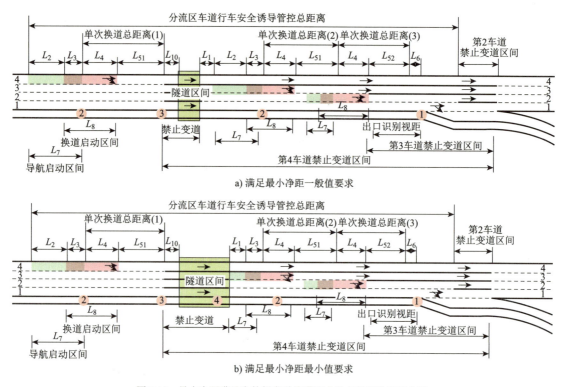

图7-13 最小净距满足次外侧车道换道要求的车道管控设置方案

7.3.3 合流区前区(隧出+互入)车道行车安全诱导主动管控设置方案

(1)最外侧车道向内侧车道换道或车辆减速避让区间最小净距

隧道出口与互通式立交入口之间存在主线直行车辆与匝道入口车辆发生交通冲突的可能;当主线最外侧车道的车辆发现匝道驶入主线的车辆时,最外侧车道上的小客车一般会采用向内侧车道换道方式避让,货车一般采取减速方式避让(行驶速度较低,适当减速即可);避让区间最小净距由隧道洞口明适应距离 L_1、判断决策距离 L_3、换道行驶距离 L_5 或车辆减速距离 L_7、安全富余距离 L_6 组成,如图7-14a、图7-14b)所示。不考虑纵坡影响时,隧出+互入车辆避让区间最小净距见表7-3。

表7-3 隧出+互入区间最小净距

最外侧车道运行速度或限速值(km/h)	120	100	80	60
区间最小净距(m)	260	200	160	120

注:最外侧车道的运行速度或限速值宜采用隧道路段的速度。

(2)合流区前区车道行车安全诱导主动管控设置方案

从高速公路主线平纵面技术指标的规定值和入口匝道布设方案验算结果可以看出,隧出+互入区间最小净距及入口识别视距基本能满足要求,因此,不再考虑不满足最小净距要求的情况。合流区前区(隧出+互入)最外侧车道基于数字化交通组织管理的行车安全诱导主动管控设置方案如图7-14所示,主要车道管控措施有:

①在锲形端部①位置(图7-14)设置入口标志;在隧入+互入区间设置向内侧车道变道的车道导向箭头标线。

②在隧道内的②位置(图7-14)设置互通式立交入口预告标志。

③在导航启动区开启导航提示,同时驾驶人发现并看清①位置的入口标志、前方车辆从匝道入口进入主线的行驶情况,然后在换道启动区间做出换道行驶或减速避让的驾驶决策;原则上小客车会采取换道避让方式,货车会采取减速避让方式。

④导航提示内容:"前方××m是某某互通立交入口,小客车请走内侧车道,货车请减速慢行"。

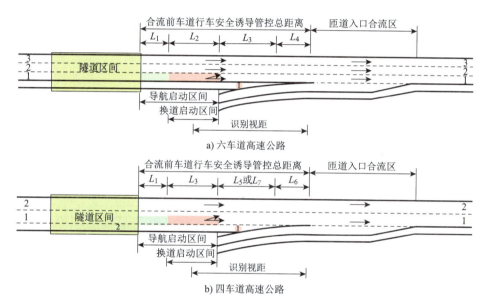

图7-14 合流区前区车道行车安全诱导管控设置方案

7.3.4 合流区后区(互入+隧入)车道行车安全诱导主动管控设置方案

1)区间(互入+隧入)最小净距技术要求

在隧道之前满足最外侧车道向内侧车道舒适换道要求的区间最小净距为理想值,由标志视认距离 L_2、判断决策距离 L_3、换道等待距离 L_4、换道行驶距离 L_5、车辆减速距离 L_7 和暗适应距离 L_{10} 组成,如图7-15a)、图7-15b)所示;小净距路段驾驶人能看清隧道洞口,且车辆进入主线看到隧道限速标志后不会加速行驶,因此,小净距路段可不考虑标志视认距离、车辆减速距离。

不满足最外侧车道的小客车向内侧车道换道要求的区间最小净距,为判断决策距离 L_3 与暗适应距离 L_{10} 之和,如图7-16a)、图7-16b)所示。

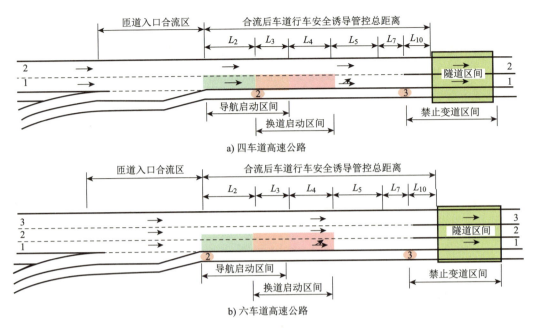

a) 四车道高速公路

b) 六车道高速公路

图 7-15　最小净距满足向内侧车道换道要求的车道管控设置方案

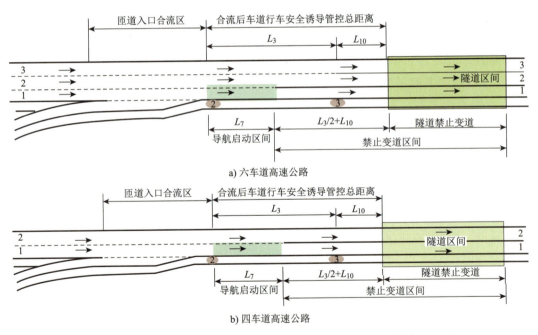

a) 六车道高速公路

b) 四车道高速公路

图 7-16　最小净距满足向内侧车道换道要求的车道管控设置方案

2) 区间(互入+隧入)车道安全行车诱导主动管控设置方案

隧道内一般限制车辆变道行驶,有条件时区间(互入+隧入)最小净距应满足最外侧车道向内侧车道换道的要求;但受地形条件的限制,较多项目存在区间最小净距难以满足最外侧车道的小客车向内侧车道换道行驶的要求,因此,应根据满足向内侧车道换道要求、不满足换道要求但大于一般值和小于一般值三种情况,分别提出区间车道安全行车诱导管控设置方案。

(1)满足向内侧车道换道要求的情况

主要车道主动管控措施(图7-15)包括:

①在②位置(图7-15)设置互通入口标志。

②在隧道前的③位置(图7-15)设置隧道入口标志、隧道限速标志、隧道内限制换道标志、开车灯标志。

③在导航启动区间之后设置向内侧车道变道的车道箭头导向标线,隧道及暗适应段设置限制变道的实线标线。

④在导航启动区开启导航提示,同时驾驶人可看到隧道洞口、隧道前③位置的标志,然后在换道启动区间做出向内侧车道换道行驶的驾驶决策。

⑤导航提示内容:"前方××m是某某隧道,隧道内禁止变道,小客车请走内侧车道"。

(2)不满足向内侧车道换道要求但大于一般值的情况

主要车道主动管控措施(图7-16)包括:

①在②位置(图7-16)设置互通入口标志。

②在隧道前的③位置(图7-16)设置隧道入口标志、隧道限速标志、隧道内限制换道标志、开车灯标志。

③隧道内及暗适应段+判断决策距离的一半区间设置限制变道的实线标线。

④在导航启动区开启导航提示,在判断决策距离一半位置之前不限制向内侧车道换道,但也不提示可以换道。

⑤导航提示内容:"前方××m是某某隧道,请勿随意变道"。

(3)不满足向内侧车道换道要求且小于一般值(最小值为0)的情况

主要车道主动管控措施(图7-17)包括:

①区间最小净距过小,可不设置互通入口标志。

②在隧道前的③位置(图7-17)设置隧道入口标志、隧道限速标志、隧道内限制换道标志、开车灯标志。

③隧道内及洞外暗适应段设置限制变道的实线标线。

④合流区前区①位置(图7-17)导航启动区间之后,设置向内侧车道变道的车道导向箭头标线。

⑤合流区前区导航启动区开启导航提示,引导小客车向内侧车道换道。导航提示内容:"前方××m是某某隧道,隧道内禁止变道,小客车请走内侧车道"。

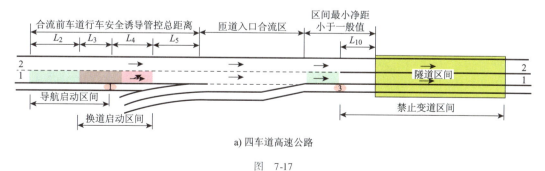

a) 四车道高速公路

图 7-17

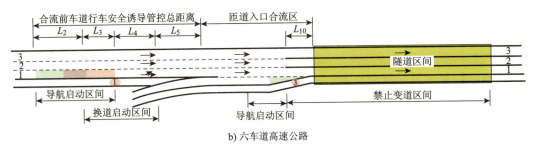

b) 六车道高速公路

图 7-17　合流区后区车道行车安全诱导管控设置方案

⑥在匝道入口合流区的三角段位置或之后设置导航启动区间,提示车辆沿最外侧车道进隧道。导航提示内容:"前方××m是某某隧道,请勿随意变道"。

7.3.5　分合流区车道行车安全诱导主动管控技术要求

分合流区最小净距计算参数指标见表7-4,分合流区车道管控区间技术指标见表7-5。分流区处于下坡路段时应考虑安全富余距离,其值应结合纵坡及连续坡长等具体情况确定,表7-5中的规定值仅供参考。

小净距路段分合流区最小净距计算参数指标(m)　　表7-4

设计速度 (km/h)	明暗适应距离		标志视认距离 L_2	判断决策距离 L_3	换道等待距离 L_4	换道行驶距离 L_5	
	明 L_1	暗 L_{10}				舒适换道 L_{51}	出入口换道 L_{52}
120	53	67	149	53	130	248	125
110	52	61	140	49	113	212	115
100	47	56	131	44	97	181	104
90	43	50	122	40	78	158	94
80	40	44	113	36	62	137	83
70	35	39	104	31	45	117	73
60	32	33	95	27	29	98	63

注:不同车道设计速度可采用车道限速值或运行速度。

分合流区车道管控区间技术指标(三级服务水平)　　表7-5

区间名称		计算式	区间长度(m)							备注
			设计速度或运行速度(km/h)							
			120	110	100	90	80	70	60	
平行式减速车道	单车道	S = 减速车道长度 + 三角段车道	245		215		190			
	双车道		315		270		240			
单次换道总距离	舒适换道	$S_换 = L_4 + L_{51}$	378	325	278	236	198	162	127	
	出入口换道	$S_换 = L_4 + L_{52}$	255	228	201	172	145	118	92	
出口识别视距	一般值	$S_出$	320	290	260	220	190	160		
	最小值		260	230	200	170	150	120		
入口识别视距		$S_入$			170	160	140	120		
导航启动区间		$L_7 = L_2 + L_3$	202	189	175	162	149	135	122	

续上表

区间名称		计算式	区间长度(m) 设计速度或运行速度(km/h)							备注
			120	110	100	90	80	70	60	
换道启动区间		$L_8 = L_3 + L_4$	183	162	141	118	98	76	56	
安全富余距离	纵坡 $i \leq -1\%$	L_6	0							
	纵坡 $i \leq -2\%$		10							
	纵坡 $i \leq -3\%$		15							
	纵坡 $i > -3\%$		20							
禁止变道区间	第4车道	$L_{51} + L_4 + L_{52} - L_6 + S$	748		597		472			暂取 $L_6 = 0$
	第3车道	$L_{52} - L_6 + S$	370		319		273			
	第2车道	$S/2$	123		108		95			

注:不同车道设计速度可采用车道限速值或运行速度。

7.3.6 小净距路段最小净距技术要求

1)隧道出口至互通式立交出口区间最小净距

隧道出口至互通式立交出口(隧出+互出)之间,满足不同车道换道要求的区间最小净距建议值见表7-6,最外侧车道的车辆不需要换道,最小净距可为0,有条件时,尽量满足明适应距离要求(一般值)。

互通式立交出入口与隧道口小净距路段最小净距建议值(服务水平三级) 表7-6

(1)隧道出口至互通式立交出口(隧出+互出)最小净距								
不同车道的设计速度或限速值(km/h)		120	110	100	90	80	70	60
八车道高速公路最内侧车道(第4车道)	一般值	1270	1120	980	850	730	610	500
	最小值	1120	980	845	725	620	510	405
六车道高速公路最内侧车道(第3车道)	一般值	890	795	700	610	530	450	370
	最小值	740	655	570	490	420	350	280
四车道高速公路内侧车道(第2车道)	一般值	510	470	425	375	335	290	245
	最小值	360	330	290	255	220	185	150
最外侧车道(第1车道)	一般值	55	50	50	45	40	35	30
	最小值	0	0	0	0	0	0	0
(2)隧道出口至互通式立交入口(隧出+互入)最小净距								
最小净距(m)		260	230	200	180	160	140	120
(3)互通式立交入口至隧道入口(互入+隧入)最小净距								
满足小客车向内侧车道换道要求的最小净距								
最小净距(m)		410	370	330	290	250	210	170
限制小客车向内侧车道换道的最小净距								
最小净距(m)	一般值	120	110	100	90	80	70	60
	最小值	0	0	0	0	0	0	0

2) 隧道出口至互通式立交入口区间最小净距

隧道出口与互通式立交入口(隧出＋互入)之间,需考虑主线最外侧车道的车辆避让匝道入口进入主线的车辆,满足所需要的避让距离最小净距见表7-6。

3) 互通式立交入口至隧道入口区间最小净距

互通式立交入口至隧道入口(隧入＋互入)之间,分别从最外侧车道的小客车满足向内侧车道换道要求和不满足要求的两种情况考虑,区间最小净距建议值见表7-6。不满足小客车向内侧车道换道要求的区间距离,主要考虑判断决策距离和洞外暗适应距离;当地形条件受限制时,判断决策距离和洞外暗适应距离可考虑在加速车道和三角段完成,这时最小净距为0。

7.4 基于交通安全综合保障技术的小净距路段最小净距合理控制方法

7.4.1 小净距路段分合流区最小净距合理控制的基本原则

(1) 基于车道行车安全诱导主动管控系统的交通安全综合保障技术,为小净距路段出入口之间不同净距的交通安全提出了不同的解决方案;采取车道行车安全诱导主动管控等综合保障技术措施后,不同净距(最小值为0)的分合流区间行车安全能得到保障,因此,原则上分合流区最小净距可不受限制。

(2) 从隧道交通环境、出口预告标志设置、交通安全综合保障技术等因素考虑,分流区小净距路段净距宜满足最内侧车道最小净距要求;受条件限制时,应满足次外侧车道(第2车道)最小净距要求;特别困难路段,最小净距可为0;但不同净距应采取相应的交通安全保障技术措施。

(3) 从匝道入口进入主线的车辆对主线车道上的车辆行车安全产生影响的角度考虑,有条件时,合流区前区(隧出＋互入)净距应满足小客车向内侧车道换道避让或货车减速(适当减速)避让所需区间距离(较大者)的最小净距要求,合流区后区(互入＋隧入)净距应满足小客车向内侧车道换道行驶的最小净距要求;受条件限制,合流区后区最小净距不满足向内侧车道换道行驶要求时,应限制进入主线的小客车向内侧车道换道行驶,这时最小净距可为0。

7.4.2 分流区(隧出＋互出)最小净距合理控制方法

1) 六车道、八车道高速公路(表7-7)

(1) 有条件时,净距应满足最内侧车道(第3或第4车道)最小净距规定值要求,小净距路段需设置完善的车道行车安全诱导主动管控系统。

(2) 受条件限制,且次外侧车道以小客车为主或流出车辆以货车为主时,净距可采用大于或等于次外侧车道(第2车道)最小净距规定值,但需设置完善的车道行车安全诱导主动管控系统和相应的安全保障措施。

(3)特别困难路段,流出交通量较小时,可采用最外侧车道(第1车道)最小净距规定值,最小值为0,但在出隧道口前需设置完善的车道行车安全诱导管控系统和相应的安全保障措施。

(4)特别困难路段,流出交通量较大,且仅满足最外侧车道(第1车道)最小净距规定值要求时,最小值为0;这时需加强隧道内及洞口的照明设计,并需设置完善的车道行车安全诱导主动管控系统和相应的交通安全保障措施与提升交通安全保障的建议措施等,必要时须经专项研究后,确定基于车道行车安全诱导管控的交通安全综合保障技术措施。

2)四车道高速公路(表7-7)

(1)有条件时,净距应大于或等于内侧车道(第2车道)最小值规定值,小净距路段需设置完善的车道行车安全诱导主动管控系统。

(2)特别困难路段,同六车道、八车道高速公路的方法。

(3)小净距路段分流区最小净距见表7-4,本表不含纵坡影响距离,最小净距原则上宜采用规定值的一般值。

小净距路段分流区最小净距合理控制方法 表7-7

不同车道的设计速度或限速值(km/h)		120	100	80
高速公路车道数及最小净距符合条件	有条件时,应满足最内侧车道最小净距要求,小净距路段需设置完善的车道行车安全诱导管控系统			
八车道高速公路最内侧车道(第4车道)	一般值	1270	980	730
	最小值	1120	845	620
六车道高速公路最内侧车道(第3车道)	一般值	890	700	530
	最小值	740	570	420
四车道高速公路内侧车道(第2车道)	一般值	510	425	335
	最小值	360	290	220
高速公路车道数及最小净距符合条件	条件受限时,应满足次外侧车道(第2车道)最小净距要求,需设置完善的车道行车安全诱导管控系统和相应的交通安全保障措施			
六车道、八车道高速公路次内侧车道(第2车道)	一般值	510	425	335
	最小值	360	290	220
高速公路车道数及最小净距符合条件	特别困难路段,可采用最外侧车道的最小净距,最小值为0,但应设置完善的交通安全综合保障技术措施			
四车道、六车道、八车道高速公路最外侧车道(第1车道)	一般值	55	50	40
	最小值	0	0	0
《路线规范》推荐值为1000m				
《立交细则》推荐值(m)				
单向四车道高速公路		1000	700	500
单向三车道高速公路		800	600	400
单向双车道高速公路		600	450	300

7.4.3 合流区前区(隧出+互入)最小净距合理控制方法

从已建高速公路项目分析,隧道出口与互通式立交入口之间的区间距离一般能满足最小净距要求(表7-8);特别困难路段,对互通式立交匝道的布设方案进行适当调整后也能满足要求,结合合流区应满足入口识别视距的要求,建议净距应满足表7-8规定的最小净距要求。

小净距路段合流区前区最小净距建议值　　　　　　　表7-8

最外侧车道运行速度或限速值(km/h)	120	100	80	60
区间最小净距(m)	260	200	160	120
《路线规范》《立交细则》规定,通视三角区应满足车辆相互通视的要求,如右图,没有考虑主线设计速度的影响(不含隧道出口的明适应距离)				

注:最外侧车道的运行速度或限速值宜采用隧道路段的速度。

7.4.4 合流区后区(互入+隧入)最小净距合理控制方法

(1)有条件时,净距应采用满足小客车向内侧车道换道要求的最小净距。

(2)特别困难路段,可采用限制小客车向内侧车道换道的最小净距,最小值为0;但应设置完善的车道行车安全诱导管控系统。

小净距路段合流区后区最小净距合理控制的建议值见表7-9。

小净距路段合流区后区最小净距建议值　　　　　　　表7-9

有条件时,应满足小客车向内侧车道换道要求的最小净距					
最外侧车道运行速度或限速值(km/h)		120	100	80	60
最小净距(m)		410	330	250	170
特别困难路段,可采用限制小客车向内侧车道换道的最小净距,最小值为0;但应设置完善的车道行车安全诱导管控系统					
最小净距(m)	一般值	120	100	80	60
	最小值	0	0	0	0
《路线规范》推荐值		120	100	80	—
《立交细则》推荐值		125	100	80	—

7.5 互通式立交分合流区技术要求与安全保障措施

7.5.1 基于识别视距要求的分合流区平纵面技术指标

1)分流区平纵面技术指标

当满足出口识别视距的圆曲线最小半径计算值小于《路线规范》中互通式立交区规定值

的最小值时,原则上应采用《路线规范》规定值,本书基于出口识别视距的圆曲线最小半径建议值采用《互通式立交优化设计原理与方法》中的相应结论。当不能满足本书建议值和《路线规范》规定值要求时,应采取相应的交通安全保障措施。

(1)主线分流区(后)路段满足出口识别视距要求的圆曲线最小半径计算值,见表7-10。

主线满足出口识别视距要求的圆曲线最小半径　　表7-10

设计速度(km/h)		120			100			80		
基本路段次外侧车道运行速度或限速值(km/h)		120	110		100	90		80	70	
单向行车道数		2	3	4	2	3	4	2	3	4
左偏曲线(m)	最小值	1650	730	500	1040	410	280	620	210	140
	一般值	2500	1150	800	1750	680	470	990	370	250
右偏曲线(m)	硬路肩3.0m 最小值	1500	1180		880	640		500	320	
	硬路肩3.0m 一般值	2270	1880		1500	1080		790	570	
	硬路肩2.5m 最小值	1670	1310		980	710		550	360	
	硬路肩2.5m 一般值	2530	2080		1660	1190		880	630	
	硬路肩1.5m 最小值	2150	1680		1270	920		710	460	
	硬路肩1.5m 一般值	3260	2680		2140	1530		1140	810	
《路线规范》互通区规定值(m)	最小值	1500			1000			700		
	一般值	2000			1500			1100		

(2)主线分流区后区路段满足出口识别视距要求的竖曲线最小半径计算值,见表7-11。

分流区路段主线竖曲线最小半径　　表7-11

基本路段次外侧车道运行速度或限速值km/h		120	110	100	90	80	70
凸形竖曲线最小半径(m)建议值(物高0.005m)	最小值	24900	19500	15000	10600	8300	5300
	一般值	37700	30900	24900	17800	13300	9400
《路线规范》互通区凸形竖曲线最小半径规定值(m)	最小值	23000	—	15000	—	6000	—
	一般值	45000		25000		12000	
凹形竖曲线半径最小半径计算值(m)	一般值	4500	3900	3400	2800	2400	1900
	最小值	5600	5040	4500	3700	3200	2600
《路线规范》互通区凹形竖曲线半径规定值(m)	一般值	16000		12000		8000	
	最小值	12000		8000		4000	

2)合流区平纵面技术指标

当满足入口识别视距的圆曲线最小半径计算值小于《路线规范》中互通区规定最小值时,原则上应采用《路线规范》规定值,本书基于入口识别视距的圆曲线最小半径建议值采用《互通式立交优化设计原理与方法》中的相应结论。当不能满足本书建议值和《路线规范》规定值要求时,应采取相应的交通安全保障措施。

（1）主线合流区路段满足入口识别视距要求的圆曲线最小半径计算值，见表7-12。

合流区路段主线圆曲线最小半径　　　　　　　表7-12

基本路段最外侧车道限速值(km/h)		100			90			80		
单向车道数		2	3	4	2	3	4	2	3	4
左偏圆曲线最小半径计算值(m)	最小值	410	280	210	360	250	180	280	190	140
右偏圆曲线最小半径计算值(m)	硬路肩3.0m	860			760			580		
	硬路肩2.5m	980			870			660		
	硬路肩1.5m	1370			1200			930		
《路线规范》互通区规定值	设计速度(km/h)	120			100			80		
	一般值(m)	2000			1500			1100		
	最小值(m)	1500			1000			700		

（2）主线合流区路段满足出入口识别视距要求的竖曲线最小半径计算值，见表7-13。

合流区路段凸形竖曲线最小半径　　　　　　　表7-13

基本路段主线最外侧车道运行速度或限速值(km/h)			100	90	80
入口识别视距(m)			170	160	140
凸形竖曲线最小半径计算值(m)			10600	9400	7200
凹形竖曲线最小半径计算值(m)			2800	2600	2200
《路线规范》互通区规定值	设计速度(km/h)		120	100	80
	凸形竖曲线最小半径(m)	一般值	17000	10000	4500
		最小值	11000	6500	3000
	凹形竖曲线最小半径(m)	一般值	16000	12000	8000
		最小值	12000	8000	4000

7.5.2　互通式立交变速车道形式的采用

1）互通式立交出口（隧出＋互出）减速车道形式的采用

出口变速车道包括直接式减速车道和平行式减速车道两种（图7-18）。其中直接式减速车道是以一定的渐变率、平顺地与主线形成有效衔接的外侧附加车道，其线形符合驾驶人行车轨迹，以流出角驶离主线的车辆不存在方向的回正过程，理论上可满足大部分驾驶人高效、平稳分流驶出主线的安全行驶需求；平行式减速车道由于车辆行驶轨迹为S形，理论上似平行驶顺畅性、舒适性方面比直接式差一些，因此，现行《路线规范》《立交细则》原则上推荐采用直接式减速车道。

但是，平行式减速车道其他方面的优点更突出，如图7-18a）所示，主要包括：

（1）平行式减速车道渐变段起点突变明显，更加易于识别，对出口可以起到特殊提醒的作用，有利于及时发现并识别出口位置，缩短识别与判断时间。

（2）平行式减速车道有较长一段平行于主线的平行加宽段，使驶出主线的车辆换道操作更加从容,有利于保障交通安全。

(3)次外侧车道上的车辆在平行加宽段附近可利用主线最外侧车道车头时距的增大(多数驶出车辆已进入减速车道),可插入间隙机会增加,提升互通式立交出口附近交通安全性。

直接式减速车道存在的不足,如图7-18b)所示,主要包括:

(1)直接式减速车道由于与主线行车道没有平行加宽段,驶出车辆必须在到达减速车道渐变段起点后立即转向驶入减速车道,否则车辆容易违规进入三角导流区,造成驾驶人操作紧张,降低交通安全性。

(2)直接式减速车道分流鼻前的三角导流区长度过长,不利于衔接匝道灵活布设。

综上所述,本书原则上推荐互通式立交采用平行式减速车道。当隧道出口后至互通式立交出口净距较小时,驾驶人完成明适应过程后,留给其完成出口识别与换道的距离与空间较为有限,因此,在隧道出口后互通式立交出口应采用平行式减速车道。

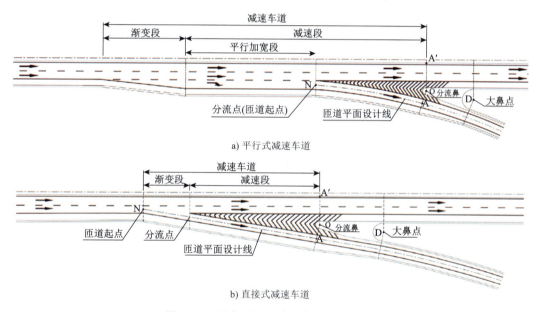

图7-18 互通式立交出口变速车道形式示意图

2) 互通式立交入口加速车道形式的采用(隧出 + 互入)

入口加速车道在设置形式上也分直接式与平行式两种。车辆在加速车道的行驶过程可分为加速过程、等待可插入主线间隙过程以及汇流过程。

平行式加速车道设置于主线外侧,并与主线保持一致的线形指标。平行式加速车道有较长一段平行加宽段为汇流车辆提供观察、等待可插入间隙的行驶空间,有利于保障交通安全。直接式加速车道则以一定渐变角进行衔接,由于匝道上车辆只能选择直接汇入主线,与主线最外侧车道上的车辆发生碰撞的可能性高于平行式加速车道,如图7-19所示。现行《路线规范》《立交细则》推荐采用平行式加速车道。

隧道出口后的互通式立交入口,主线车辆受到匝道车辆汇入的影响,将会采取换道至内侧车道或制动减速措施,当隧道出口与互通式立交入口净距较小时,本身留给驾驶人决策、换道或减速的距离较为有限,此时更应尽量减少入口匝道车辆汇入对主线的影响。因此,对隧道出口后互通式立交入口,应采用平行式加速车道。

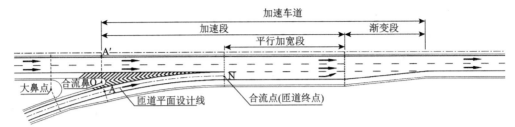

a) 平行式加速车道(无须辅助车道)

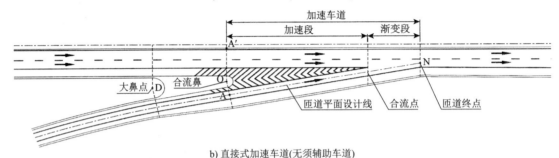

b) 直接式加速车道(无须辅助车道)

图 7-19　互通式立交入口变速车道形式示意图

7.5.3　基于横向行驶稳定性要求的分流区安全保障建议措施

互通式立交分流区平纵面技术指标应满足本书的技术要求;同时,根据调研结果,互通式立交出口前分流区路段的纵坡与超高均较大时,交通安全风险较大,故从车辆横向行驶稳定性要求考虑,提出这些路段应采取表 7-14 中的相应措施,以利于降低互通式立交出口及分流区路段的行车安全风险。

分流区路段不利线形组合的安全保障对策　　表 7-14

基于车辆横向行驶稳定要求的分流区安全保障对策					
平纵面技术指标			分流区路段安全保障措施		
平纵类型	指标要求	变速车道形式	路面颜色	标志	标线
左偏曲线 组合一	超高≥2%	应采用平行式	彩色防滑路面	限制速度 严禁超速	减速标线
	纵坡>-2%				
左偏曲线 组合二	超高<2%	建议采用平行式	一般路面	限制速度	正常标线
	纵坡≤-2%				
右偏曲线 组合一	超高≥3%	应采用平行式	彩色防滑路面	限制速度 严禁超速	减速标线
	纵坡>-2%				
右偏曲线 组合二	超高<3%	建议采用平行式	一般路面	限制速度	正常标线
	纵坡≤-2%				

7.6 基于车道行车安全诱导管控系统的交通安全保障措施

7.6.1 互通式立交出口预告标志

出口预告标志设置是互通式立交出口分流区域内交通组织引导的关键设施和保障公路安全运营的基本措施。在出口前,驾驶人能提前根据出口预告标志和导航提示,顺利换道至最外侧车道,则隧道出口与互通式立交出口之间的最小净距可以为0。因此,出口预告标志的设置非常重要,为保障预告效果,特别是给内侧车道行驶的小客车预告出口位置,避免其错过预告信息,建议以最内侧车道区间换道距离为出口预告标志距离,标志牌采用门架式。

1) 出口预告标志设置要求

根据《公路交通标志和标线设置规范》(JTG D82—2009)中的预告标志设置要求,应在距离互通式立交前基准点分别设置2km、1km、500m出口远距预告标志和出口标志。本书建议增设分流区起始点(距离≈最小净距 – 明适应距离 – 标志视认距离 – 判断决策距离)出口预告标志,采用门架式;该标志如果与2km或1km或500m位置接近,应采用2km或1km或500m出口远距预告标志。出口预告标志版面上应注明地点、距离前方出口的距离,地名宜控制在两个以内,字数宜控制在6个以内;六车道、八车道高速公路500m处的远距预告标志宜采用门架式支撑,并给出直行信息,门架右侧立柱上设置匝道限速标志。对于长隧道,还应在进入隧道前,在距离互通式立交前基准点3km处补充出口预告标志,以此加强出口预告,防止驾驶人忽略隧道中的出口标志而错过出口。同时根据《国家公路网交通标志调整工作技术指南》规定,小净距路段建议增设前基准点距离300m、200m、100m出口近距预告标志(图7-7),最小净距小于300m时,300m、200m、100m出口近距预告标志应延伸至隧道内设置。

2) 净距大于或等于500m时

(1) 净距大于500m时:若上游为中长隧道,则在隧道内设置2km、1km出口远距预告标志(图7-20);若上游为短隧道,则在隧道内设置1km出口远距预告标志(图7-21)。隧道出口后应设置500m出口远距预告标志和出口标志;同时增设前基准点距离300m、200m、100m出口近距预告标志。

(2) 净距接近500m时,应将500m出口远距预告标志移至隧道内,可改为530m出口远距预告标志;增设前基准点距离300m、200m、100m出口近距预告标志(图7-22)。

(3) 隧道内设置出口预告标志时,应采用发光LED屏或反光标志,设置于隧道顶部或紧急停车带迎风面的顶部,并采取特殊设计或定期人工清理,保持版面的清洁。

3) 净距小于500m时

若上游为中长隧道,隧道内应设置2km、1km、500m出口远距预告标志(图7-23);若上游为短隧道,隧道内应设置500m出口预告标志(图7-24)。增设前基准点距离300m、200m、100m出口近距预告标志。

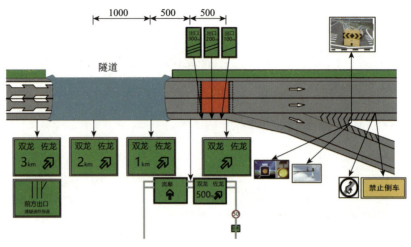

图 7-20 中长隧道净距大于 500m 且小于 1km 时出口预告标志示意图(尺寸单位：m)

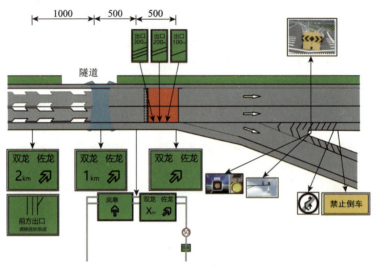

图 7-21 短隧道净距大于 500m 且小于 1km 时出口预告标志示意图(尺寸单位：m)

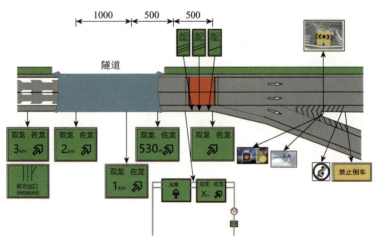

图 7-22 中长隧道净距接近于 500m 时出口预告标志示意图(尺寸单位：m)

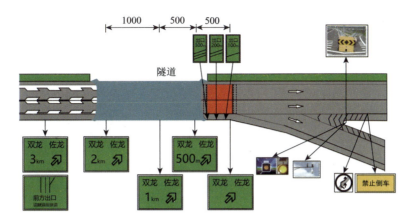

图 7-23　中长隧道净距小于 500m 时出口预告标志设置示意图(尺寸单位:m)

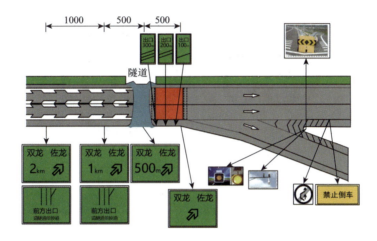

图 7-24　短隧道净距小于 500m 时出口预告标志设置示意图(尺寸单位:m)

7.6.2　隧道入口预告标志

1) 净距大于车辆向内侧车道换道的条件

当净距大于向内侧车道换道的条件时,应在隧道入口前方设置隧道内禁止换道标志标线、限速标志、开灯标志等,保障小车驾驶人在进入隧道前完成换道操作,提升交通安全性。

2) 净距不满足车辆向内侧车道换道的条件

由于净距过短,应在加速车道渐变段内的路外侧设置"保持外侧车道进入隧道,严禁变道"和"减速进入隧道"的提示性标志;在标线上加强严禁变道的标线设置,引导小车减速进入隧道;当为中长隧道时,建议考虑小车在隧道内允许换道的标志标线设置。

7.6.3　车道换道限制标志标线

通过对小净距路段采取一定的车道限制措施,可以限制驾驶人在净距不足时强行换道造成的事故。通过系统设置标志标线，引导驾驶人提前进行换道，以便为驾驶人提供更多的辨识、判断和反应时间，从而提升隧道与互通式立交小净距路段的行车安全性。本书确定的车辆位于不同车道时隧道出口至互通式立交出口的最小净距建议值，是基于车辆换道的需求提出的，由分析结果可知，内侧车道车辆所需净距远大于外侧车道所需净距。故当条件受限而难以满足内侧车道所需最小净距时，可采取车道限制措施，即在车辆驶入隧道后直至通过出口，严禁其向外侧车道换道；同时必须采取有效的预告措施、引导措施和管控措施，引导驶出主线的车辆进入隧道入口前提前换道至最外侧车道，以保障其安全驶离主线。

7.6.4 隧道入口前限速标志

从最小净距的理论模型可知，运行速度对保障安全行驶的影响最大，为了控制车辆在小净距路段内行驶速度，不要超速行驶，在小净距路段应采取速度控制措施，提醒和约束驾驶人按照合适的安全速度行驶。其中限速标志是一种禁令标志，其规定车辆行驶速度不能超过限速值（图7-25），同时提醒驾驶人采用限速值行驶时事故风险较低。

图7-25 限速标志与解除限速标志

限速标志应提前设置，以便提醒驾驶人提前减速，以及预留足够的减速所需距离。对隧道内路段进行限速时，通常将限速标志提前设置于隧道入口前一段距离（图7-26）；对隧道出口及连接段进行限速时，通常将限速标志设置于隧道内部，以保证车辆按照规定速度驶出隧道。

图7-26 隧道入口前和隧道内限速标志

限速标志不宜直接设置在隧道入口，因为驾驶人对于标志的视认、判断需要一定的时间。若直接设置在隧道入口，此时车辆还未完全完成减速，车辆行驶速度降低至隧道的限速，容易发生追尾或碰撞等事故。因此，需要留有一定距离满足驾驶人完成以上操作。根据长安大学倪娜的研究，不同隧道限制速度的情况下限速标志前置距离见表7-15。

限速标志前置距离　　　　　　　　　表7-15

隧道限制速度(km/h)	最大前置距离(m)	最小前置距离(m)
80	330	160
60	265	110

7.6.5　安全诱导设施

1) 轮廓标

(1) 设置位置

轮廓标作为隧道内视线诱导设施的一种,能够起到使驾驶人对前方路况正确认识的作用,尤其在隧道这种照度较低的环境内,作用更为明显。隧道内的轮廓标设置位置有三种,分别为上轮廓标、中轮廓标、下轮廓标。上轮廓标的设置考虑到大车车身对中、下轮廓标的遮挡;中轮廓标的设置考虑到大车与小车的车型不同,视点位置高度也有所差异;下轮廓标的作用是防止驾驶人与隧道侧壁刮擦,使驾驶人能够更快速地发现道路信息(图7-27)。

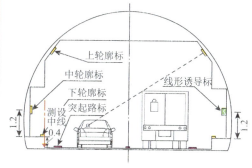

图7-27　隧道内轮廓标的设置(尺寸单位:m)

(2) 轮廓标的间距设置

根据驾驶人夜间行驶特性、隧道横断面组成等因素,可计算出隧道直线路段、曲线路段的轮廓标间距,根据长安大学唐力焦的研究,结果见表7-16～表7-18。

隧道直线路段轮廓标设置间距值　　　　　　　　　表7-16

设计速度(km/h)	120	100	80	60
下轮廓标间距值(m)	20	20	21	22
中轮廓标间距值(m)	18	19	19	20
上轮廓标间距值(m)	21	21	22	22
推荐值(m)	20			

隧道右转曲线路段轮廓标设置间距值　　　　　　　　　表7-17

设计速度(km/h)		120	100	80	60
圆曲线半径(m)	800	—	2	5	7
	900	7	8	9	10

续上表

设计速度(km/h)		120	100	80	60
圆曲线半径(m)	1000	11	11	12	12
	1100	13	14	14	14
	1200	15	15	16	16
	1300	17	17	17	17
	1400	18	19	19	19
	≥1500	18	19	19	20

隧道左转曲线路段轮廓标设置间距值　　　　表7-18

设计速度(km/h)		120	100	80	60
圆曲线半径(m)	800	3	5	5	6
	900	8	9	9	9
	1000	11	11	11	11
	1100	13	13	13	13
	1200	15	15	15	15
	1300	16	16	16	16
	1400	18	18	18	18
	≥1500	18	19	19	19

2) 突起路标

通过在互通立交分合流段设置突起路标(图7-28),可以在夜间提高驾驶人对出入口的视认性;突起路标宜采用逆反射和自发光形式。

图7-28　匝道合流安全诱导设施

3) 护栏颜色

对出口路段,为更有利于驾驶人辨认分流渐变段起点,可将渐变段起点后一段距离内右侧护栏用涂料改成更为醒目的颜色,以区别于一般路段,增强出口位置的标示。对于入口路段,也可将合流鼻附近护栏利用涂料改成更为醒目的颜色,以引起驾驶人对右侧匝道汇入车辆的识别和注意。

7.6.6 隧道洞口照明设施

隧道照明直接影响隧道运营安全与节能,可靠先进的照明控制是确保隧道安全运营及节能的重要手段。为了使隧道内的照明亮度更加符合驾驶人眼睛的暗适应特性,并且减少由于明暗适应造成的交通事故,应加强隧道出入口处的照明(图 7-29),并根据洞外照度进行动态调控,从一定程度上还能节约能耗。

图 7-29　隧道洞口照明

现有隧道照明控制系统研究主要集中于自动控制和智能控制 2 个方面,人工控制作为传统的控制方式已基本被市场淘汰,建议隧道照明系统采用自动控制方式。自动控制方式指根据实时监测的洞外亮度、车流量和车速等信息,按照事先设计的调光逻辑对洞内亮度进行动态调整。近年来隧道照明控制系统逐渐由自动控制向智能控制发展,智能控制方式通常利用神经网络、人工智能等算法,通过大量的数据采集,并经过模拟、调试建立准确、高效的控制系统,根据隧道实时照明需求进行动态调光,实现按需照明、节约能源的目的。控制的核心就是要根据洞外的照度,合理调整洞口的灯光照度,减少洞内外的照度差,减少驾驶人明暗适应的时间,提高进洞和出洞时驾驶人眼睛的适应性,进而降低进出隧道的行车风险。

7.6.7　防撞设施

按照《公路交通安全设施设计规范》(JTG D81—2017)中的要求:高速公路主线分流端、匝道分流端、隧道入口等位置应设置可导向防撞垫。隧道入口与外侧护栏已进行了护栏过渡处理的,可不设置防撞垫。防撞垫的主要作用在于当汽车与道路基础设施发生碰撞时,其产生的形变可一定程度吸收车辆的动能,以减少碰撞对车辆、驾驶人及乘客的损害程度,并将车辆导向正确的行驶方向。在隧道出口与互通式立交出口的小净距路段,主线分流端应设置防撞设施(图 7-30)。

图 7-30　护栏端头防撞设施

7.6.8　加强主线侧出入口预告与识别

根据研究,针对互通式立交出入口与隧道口小净距路段,出入口变速车道宜采用平行式。已建高速公路入口加速车道多为平行式,而出口减速车道绝大多数采用的是直接式。故针对已有小净距路段互通式立交出口直接式减速车道,应采取相应保障措施:

(1)加强出口预告,引导驾驶人提前换道至最外侧车道。

加强出口预告,提示驾驶人出口位置。可采取在临近渐变段起点路面增设地面出口方向文字标线、设置门架式出口预告标志、隧道内增设出口距离提示标志、导航信息提示等措施,引导驾驶人提前换道至最外侧车道。本书建议小净距路段增设 300m、200m、100m 出口近距预告标志。

(2)加强减速车道渐变段起点的识别。

采用直接式减速车道时,因其相对平行式不容易被驾驶人识别,故除了加强出口预告外,还应采取措施提升其辨识度,引导驾驶人注意观察出口渐变段起点。可通过设置系统、完善的出口预告及地点方向标志,减速车道全长范围内的路面采用反光型彩色防滑路面,设置变速车道轮廓灯(或反光突起路标),标示减速车道范围,同时加强导航信息的提示等措施,加强驾驶人对减速车道渐变段起点的识别。

7.7　提升交通安全保障的措施

7.7.1　遮阳设施及其他照明设施

1)遮阳棚

遮阳棚是指顶部封闭的构筑物,其作用机理是利用顶棚材料为透明或半透明透光材料对自然光进行遮挡,以此降低隧道出入口洞外的照度,同时棚内的照度环境又较为明亮(图 7-31)。遮阳棚的优点在于不仅能够保持棚内亮度的良好均匀度,且其封闭的棚式结构又可以起到挡雨、挡雪的作用,可以避免隧道出入口路面上出现积雪、结冰等现象。遮阳棚的缺点在于由于遮阳棚对遮阳的要求较高,因此,对材料有特殊要求。此外,遮阳棚还有容易积累落叶、道路扬尘,难以清洁,后期清洁不好易影响遮光能力的缺点。

图 7-31　遮阳棚

2) 遮光棚

遮光棚又称遮光栅格(图 7-32),与遮阳棚不同,遮光棚的顶部为敞开式形状,其作用原理为利用遮光棚的镂空部分使部分自然光可以直射在路面上,部分阳光则被遮挡。其优点为对材料要求低,成本需求低,修筑难度低,维护运营的要求也较低。缺点为由于栅格间为镂空状态,允许阳光直射,路面容易出现照度不均匀带来的"斑马效应"。除此之外,其也不能起到遮挡雨、雪及落叶的作用。

3) 通透式棚洞

通透式棚洞(图 7-33)是将隧道本身与遮光构筑物相结合,利用隧道的侧壁部分,修筑成镂空式结构,通过对侧向入光的减光处理,达到隧道内外光环境的过渡。这种处理不但能够减小对山体、植被的影响,同时还能够给隧道带来良好的通风及照明效果。但是其受自然条件的影响较大,较为依赖自然光,因此,无法大范围推广使用。另外,由于通透式棚洞本身与隧道相结合,因此,受地形条件影响较大,多应用于傍山偏压隧道,在设计中应考虑结构稳定性。

图 7-32　遮光棚

图 7-33　通透式棚洞

7.7.2 彩色防滑路面

彩色防滑路面(图 7-34)能够通过其不同的色彩和质感强调道路的分区,增加不同道路的可辨别性,对交通进行引导和警示,并提高驾驶人的注意力,提醒驾驶人选择合适的车道和驾驶行为,能够有效地降低交通事故发生的可能性。研究认为,在道路中铺筑不同色彩的路面比树立交通标志牌更加直观、形象,更容易起到警示作用。另外,彩色防滑路面的防滑性能优于普通沥青路面和水泥路面,在同等条件下彩色防滑路面上的制动距离相比普通路面上可减少40%以上,能有效提高车辆行驶的横向稳定性,能够有效地减少交通事故的发生。彩色防滑路面铺筑在互通式立交出入口与隧道口小净距路段,能有效提高驾驶人的注意力,降低交通事故的发生、减少经济损失,有着重要的经济效益和社会效益。建议出口三角段起点前 300m 范围、隧道出入口(纵坡大于1%的下坡路段)前后各 150m 采用彩色防滑路面。

图 7-34　隧道出入口彩色防滑路面

7.7.3 高频边缘率标线

在隧道的检修道侧面进行立面高频边缘率标线的设置,可提高驾驶人对行驶速度的感知。边缘率是指指定物体在单位时间内穿过驾驶人的数目,边缘率越大,驾驶人就会感到行驶速度越快。由于隧道内照度较低,昏暗的条件下对视线引导设施的反光性能要求较高,因此,标线颜色为黑、黄结合更为适宜(图 7-35)。

图 7-35　隧道内检修道侧面高频边缘率标线

1) 间距

研究发现,随着边缘率的增大,驾驶人的速度高估效应逐渐明显,当边缘率为 8~12Hz 时,驾驶人对速度产生高估的效果最好,能够使驾驶人主动采取减速行为,因此选取 8~12Hz 为边缘率的设置值。高频率边缘率标线的设置间距值应满足式(7-1):

$$0.023v \leq l \leq 0.035v \tag{7-1}$$

式中:l——高频率边缘率标线的设置间距(m);

v——设计速度(km/h)。

路面标线在驾驶人行车过程中会保存视觉暂留虚像,当标线的虚像与实像重叠时,就会减弱速度高估效应。同时根据研究,视觉暂留虚像在正常人眼中的停留时间为 0.05~0.2s,一般选取停留时间为 0.1s。为避免虚实像的重叠降低速度高估效应,高频率边缘率标线的间距还应满足式(7-2):

$$l > 0.1 \times \frac{v}{3.6} = 0.028v \tag{7-2}$$

根据式(7-1)、式(7-2)可得高频率边缘率标线的设置间距值(表7-19)。

高频边缘率标线设置间距值 表7-19

设计速度(km/h)	60	80	100
标线间距(m)	1.68~2.08	2.24~2.78	2.80~3.47

2) 角度

边缘率标线的角度对驾驶人速度高估效应的感知产生很大影响。根据佐尔拉错觉产生机理,如图 7-36 所示,标线角度为钝角时,车道的分界线会形成收缩的错觉,角度越大,收缩效应越明显。当驾驶人感到车道宽度减小时,就会主动减速。因此,在 30°、45°、135°、150° 这几种角度中,减速效果的明显程度排名为:150°、135°、45°、30°。边缘率标线的合适设置角度为 150°。

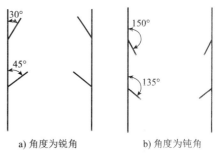

a) 角度为锐角　　b) 角度为钝角

图 7-36　佐尔拉错觉

7.7.4 减速标线

1) 纵向减速标线

(1) 设置区域

设置纵向减速标线不仅要能起到降低车速、防止超速的作用,还应能保障车辆在纵向减速标线之间的路段保持在正确的车道内行驶,减少骑线行驶的现象,有利于安全行车。纵向减速标线应布置在距离隧道洞口外一定距离,主要在驾驶人易超速行驶的路段设置。

相关研究发现,驾驶人在隧道入口前 50~100m 范围内心率上升最快,在隧道出口之后 0~50m 范围内心率上升最快,表明在该路段范围内驾驶人心理的紧张程度最大。因此,纵向减速标线设置在隧道入口前 50~100m 及隧道出口之后 0~50m 范围内较为合适。

(2) 设置颜色

纵向减速标线的颜色一般为白色或黄色,考虑到白色更有利于驾驶人的视认且相对于黄色受到外界光强的影响较小,因此,选取白色为纵向减速标线的设置颜色。

(3)几何参数

纵向减速标线主要有鱼刺形和梳齿形。根据刘浩学对减速标线的研究,可知鱼刺形减速标线的夹角为90°且宽度为30cm时产生的减速效果最好。鱼刺形减速标线的设置位置如图7-37和图7-38所示。

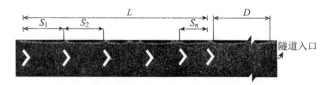

图7-37　鱼刺形减速标线设置位置

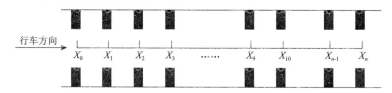

图7-38　标线相对位置

假定车辆行驶在减速标线前做匀减速运动,减速标线的长度计算公式见式(7-3):

$$l = \frac{v_0^2 - v_t^2}{2a} \tag{7-3}$$

式中:v_0——车辆行驶在减速标线前的速度(km/h);

v_t——车辆驶过减速标线后的速度,$v_t = v_0 + a\dfrac{n}{f} = \dfrac{\mathrm{d}x}{\mathrm{d}t}$;

a——车辆制动减速度(m/s²),根据相关研究,可取3.4m/s²;

n——标线数量;

f——闪频率,为标线每秒进入驾驶人视野的数目。

通过积分可得第 n 条标线的设置位置,见式(7-4):

$$X_n = 0.5a\left(\frac{n}{f}\right)^2 + v_0\frac{n}{f} + X_0 \tag{7-4}$$

则减速标线的设置间距为 $S_n = X_n - X_{n-1}$。

目前采用的鱼刺形标线的设置方向与行车方向一致,这样可能会导致驾驶人加速行驶,很大程度降低减速的作用。因此建议将鱼刺形标线的设置方向逆向设置(图7-39)。

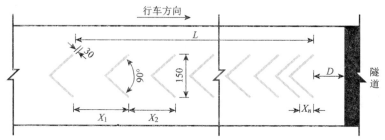

图7-39　逆向鱼刺形减速标线的设置参数(尺寸单位:cm)

2) 横向减速标线

横向减速标线多设置为垂直于行车道方向的多组标线,组内间距设置为45cm,单独标线的宽度为45cm,每组设置1~3条,且常做成振动标线的形式以增强减速效果(图7-40)。

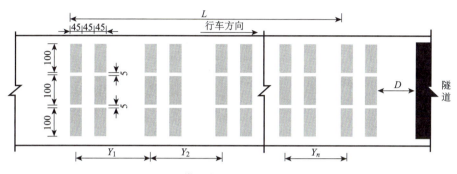

图7-40 横向减速标线(尺寸单位:cm)

7.7.5 超速抓拍系统

1)定点超速抓拍

虽然限速标志和减速标线可以对车辆的运行速度进行控制,但仍有部分驾驶人超速意愿较强。在互通式立交出入口与隧道口的小净距路段,为防止驾驶人因超速行驶而错过主线出口,保证驾驶人行车安全,在小净距路段可以考虑设置超速抓拍系统,特别是在隧道出口与互通式立交出口分流鼻之间的小净距路段应考虑安装超速抓拍系统(图7-41),并在上游隧道入口前或隧道内发布超速车辆的车牌信息,警示后方车辆不要超速行驶。

图7-41 超速抓拍系统

2)区间测速

为了严格控制互通式立交与隧道口小净距路段车辆行驶速度,可根据项目安全性评价的建议在小净距路段一定范围内设置区间测速设备。

区间测速是在同一路段上布设两个相邻的监测点(图7-42),检测通过这两个监测点处车辆的瞬时车速,并基于车辆通过前后两个监测点的时间,计算车辆在该路段上的平均行驶速度,取三次测速结果最大值判定是否超速。区间测速可以防止车辆通过监测点后重新超速行驶,有效降低测速区间范围内超速车辆比例,提高路段行车安全性。

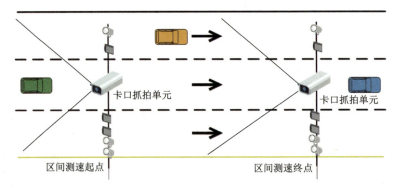

图 7-42　区间测速原理

在实际运营中,部分小车的驾驶人为了躲避监控设施的拍摄,会紧邻前方大车行驶,车辆之间的距离过小,容易造成追尾等事故的发生,为了避免这一现象的发生,建议监控设施拍摄车辆尾部牌照信息。

7.7.6　反光环

安装隧道反光环(图 7-43)能够帮助驾驶人适应隧道内外的强光反差,特别是帮助驾驶人判断隧道前方车道走向;反光环还可以帮助驾驶人判断隧道宽度,避免车辆与检修道碰撞;此外,反光环能提高隧道内的照度,可以增强隧道立体视觉效果,减轻视觉疲劳的作用,减轻进出隧道时明暗适应导致的视觉反应迟缓的问题,降低明暗适应时间。

图 7-43　隧道反光环

7.7.7　隧道洞壁瓷化

在隧道内对洞壁进行瓷化涂装(图 7-44),能有效提升隧道内的照度,使隧道内行车可视度距离提高 3 倍以上,并消除或降低进出隧道瞬间盲光、黑洞等不安全因素,增加行车安全性。

7.7.8　透水型路面

在小净距路段的合成坡度较小,或排水方向不合理,导致雨天路面排水不及时的情况下,可以考虑在洞外采用透水型路面(图 7-45),降低路面积水的情况。可能排水不畅路段包括凹形竖曲线底部、超高过渡段、超高路段(曲线内侧)、设置拦水带的路段。

 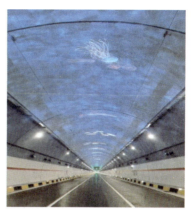

图 7-44　隧道洞壁瓷化涂装

图 7-45　透水型路面

第 8 章

小净距路段交通流特征参数采集与交通仿真试验验证

为验证本书提出的最小净距模型和安全保障措施,选取了相关高速公路小净距路段进行交通流特征参数采集与分析,并依据交通量资料和设计资料进行了仿真试验验证。

8.1 小净距路段交通流特征参数采集

8.1.1 数据采集设备与采集方案设计

1) 数据采集设备

试验采用的调查设备包括:便携式计算机、电池、UMRR 链式开普勒雷达测速仪(以下简称 UMRR)、雷达测速枪、大疆 DJI Air2s 无人机。

2) 数据采集地点及内容

调查路段为国家高速公路银百线(G69)安康至岚皋(陕渝界)高速公路路段中互通式立交出入口与隧道洞口之间的小净距路段。选取双龙互通式立交至何家寨隧道路线左幅和跷溪河隧道路线右幅路段作为交通量、运行速度和车流密度调查路段。

3) 数据采集时间

通过对数据采集路段 3 个工作日的调查,得到数据采集点的平均小时交通量图,为了避免交通量波动幅度大而产生的影响,选取交通流稳定的时间段进行调查。

4) 数据采集方法

使用链式雷达在数据采集范围内记录下多辆车的长度和车辆在不同时刻的平面坐标和速度信息,采集调查路段的交通量、车辆运行速度;辅助使用测速枪将运行速度的少量样本数据与测得的大量数据进行对比,以便更好地寻找出 UMRR 的安装角度。采用大疆 DJI Air2s 无人机,运用地面高处摄影观测法采集测量路段车流密度。

8.1.2 采集交通数据结果分析

1) 双龙互通式立交与跷溪河隧道之间

(1) 安岚高速公路左线测量点

该测量点位于安岚高速公路左线,双龙互通式立交与跷溪河隧道之间,左线隧道北入口与测量点净距为 80m。左线隧道北入口与双龙湖互通式立交入口匝道的合流鼻距离约为 400m,如图 8-1 所示。路侧激光设备放置在隧道出口处("点 1"),用以测量隧道口车辆轨迹变化情况;第一个雷达放置在隧道出口处("点 2"),用以测量隧道口车辆速度和轨迹变化情况;第二个雷达放置于互通式立交入口逆行车方向("点 3"),用以测量隧道口前 400m 的合流处车辆运行速度和轨迹变化情况。

"点 3"合流速度如图 8-2 所示,其中 y 轴附近黑点表示隧道口放置的路测激光设备采集数据,蓝色线条表示图 8-1 中"点 3"雷达测量数据,红色线条表示"点 2"测量数据。

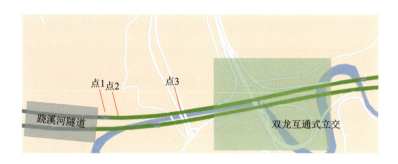

图 8-1　双龙互通式立交至跷溪河隧道左线测点仪器布置示意图
注："点 1"为路侧激光设备,测量隧道口车辆速度;
"点 2"为第一个雷达,测量隧道入口范围的车辆速度和轨迹;
"点 3"为第二个雷达,测量合流车辆的速度和轨迹。

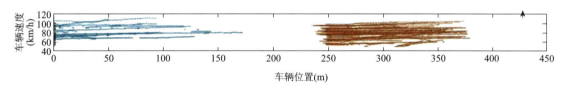

图 8-2　双龙互通式立交至跷溪河隧道左线测点合流速度

从图 8-2 中可以看出,合流区至隧道入口的车辆运行速度变化较微,最低车速为 50km/h,最高车速为 110km/h,平均车速为 80km/h。在测量范围内,车辆的车速保持稳定,没有明显的加减速行为,其原因为交通量过小,无论是直行还是合流车辆,均可以保持完全自由流的状态运行,不需要采取加减速行为。

从图 8-3 中可以看出,车辆运行轨迹的变化较为混乱,车辆集中在外侧车道,由于测量路段交通量过小,车辆合流过程中,即使发生合流行为,由于没有其他车辆干扰,车辆合流时行为也较为随意,从外侧车道直接合流的现象时有发生。同时,车辆骑线行驶、不打灯变道等行为也时有发生,在没有监控摄像监测的路段,车辆随意行驶的现象较多。

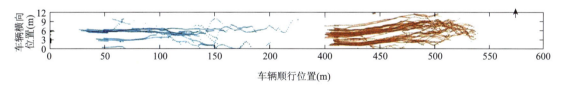

图 8-3　双龙互通式立交至跷溪河隧道左线测点合流轨迹

(2)安岚高速公路右线测量点

该测量点位于安岚高速公路右线,跷溪河隧道与双龙互通式立交之间。右线隧道南侧出口与双龙互通式立交出口匝道的分流距离为 320m,左线双龙互通式立交入口匝道至隧道口距离为 80m,如图 8-4 所示。根据设计图纸显示,从匝道分流鼻处至隧道口距离不超过 1000m,分流车辆在该处分流至隧道的过程中,存在隧道出口至匝道出口距离过小影响驾驶的因素。因此,此处仅对右线进行相关数据采集。路侧激光设备放置在隧道出口处("点 1"),用以测量隧道口车辆运行速度;第一个雷达放置于隧道口顺着行车方向("点 2"),用以测量出隧道口后 200m 的车辆运行速度变化情况;第二个雷达放置在分流渐变段起点上游 100m 处("点3"),用以测量车辆分流行为发生时的速度和轨迹变化情况。

图 8-4　双龙互通式立交至跷溪河隧道右线测点仪器布置示意图

注:"点 1"为路侧激光设备,测量隧道口车辆速度;
　　"点 2"为第一个雷达,测量隧道出口 200m 范围的车辆速度和轨迹;
　　"点 3"为第二个雷达,位于分流渐变段起点上游 100m 处,测量分流车辆速度和轨迹。

"点 3"分流速度如图 8-5 所示,其中 y 轴附近黑点表示隧道口放置的路侧激光设备采集数据,蓝色线条表示图 8-4 中"点 2"雷达测量数据,红色线条表示"点 3"雷达测量数据。

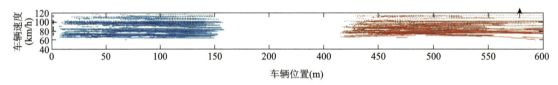

图 8-5　双龙互通式立交至跷溪河隧道右线测点分流速度

从图 8-5 中可以看出,隧道口至分流区的车辆运行速度基本没有变化,最低车速为 42km/h,最高车速为 120km/h,平均车速为 80.5km/h。在测量范围内,车辆的车速保持稳定,没有明显的加减速行为,无论是直行还是分流车辆,均可以保持完全自由流的状态运行,不需要采取加减速行为。

从图 8-6 中可以看出,车辆运行轨迹的变化较为混乱,车辆集中在外侧车道,由于测量路段交通量过小,车辆分流过程中,即使发生分流行为,由于没有其他车辆干扰,车辆分流时的行为也较为随意,从内侧车道直接分流的现象时有发生。同时,车辆骑线行驶、不打灯变道等行为也时有发生,在没有监控摄像监测的路段,车辆随意行驶的现象较多。

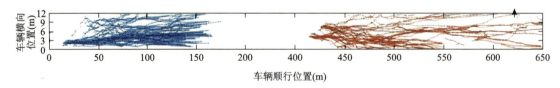

图 8-6　双龙互通式立交至跷溪河隧道右线测点分流轨迹

2)双龙互通式立交与何家寨隧道之间

(1)安岚高速公路左线测量点

该测量点位于安岚高速公路左线,双龙互通式立交与何家寨隧道之间,左线隧道南侧出口与双龙互通式立交分流鼻距离为420m,如图8-7所示。路侧激光设备放置在隧道出口处("点1"),用以测量隧道口车辆运行速度;第一个雷达放置于隧道口顺着行车方向("点2"),用以测量出隧道口后200m的车辆运行速度变化情况;第二个雷达放置在分流渐变段起点上游50m处("点3"),用以测量车辆分流行为发生时的速度和轨迹变化情况。

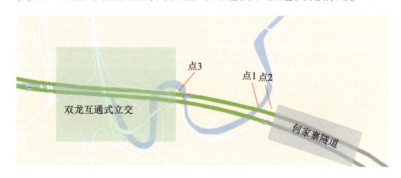

图8-7 双龙互通式立交至何家寨隧道左线测点仪器布置示意图

注:"点1"为路侧激光设备,测量隧道口车辆速度;
"点2"为第一个雷达,测量隧道出口200m范围的车辆速度和轨迹;
"点3"为第二个雷达,位于分流渐变段起点上游50m处,测量分流车辆速度和轨迹。

"点2"分流速度如图8-8所示,其中 y 轴附近黑点表示隧道口放置的路侧激光设备采集数据,蓝点表示图8-7中"点2"雷达测量数据,红色线条表示"点3"雷达测量数据。

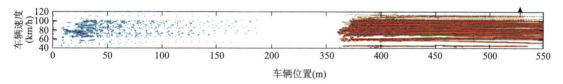

图8-8 双龙互通式立交至何家寨隧道左线测点分流速度

从图8-8中可以看出,隧道口至分流区的车辆运行速度基本没有变化,最低车速为42km/h,最高车速为115km/h,平均车速为84km/h。在测量范围内,车辆的车速保持稳定,没有明显的加减速行为,其原因为交通量较小,车辆行驶条件良好,无论是直行还是分流车辆,均可以保持完全自由流的状态运行,车辆运行速度稳定,不需要采取加减速行为。

从图8-9中可以看出,车辆运行轨迹的变化较为混乱,车辆多集中在外侧车道,由于部分车辆需要分流,因此,在最外侧会更利于车辆及时分流驶出,即使发生分流行为,由于没有其他车辆干扰,车辆分流时的行为也较为随意,从内侧车道直接分流的现象时有发生。同时,车辆骑线行驶、不打灯变道等行为也时有发生,在没有监控摄像监测的路段,车辆随意行驶的现象较多。

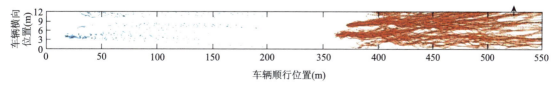

图8-9 双龙互通式立交至何家寨隧道左线测点分流轨迹

（2）安岚高速公路右线测量点

该测量点位于安岚高速公路右线，双龙互通式立交与何家寨隧道之间，互通式立交入口至何家寨隧道入口距离为310m，如图8-10所示。其中，路侧激光设备放置在隧道入口处（"点1"），用以测量隧道口车辆运行速度；第一个雷达放置于隧道口逆着行车方向（"点2"），用以测量出隧道口前200m的车辆运行速度变化情况；第二个雷达放置在分流渐变段终点下游150m处（"点3"），用以测量车辆合流行为发生时的速度和轨迹变化情况。

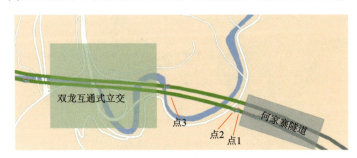

图8-10 双龙互通式立交至何家寨隧道右线测点仪器布置示意图
注："点1"为路侧激光设备，测量隧道口车辆速度；
"点2"为第一个雷达，测量隧道出口200m范围的车辆速度和轨迹；
"点3"为第二个雷达，位于合流渐变段终点上游150m，测量合流车辆速度和轨迹。

"点2"分流速度如图8-11所示，其中y轴附近黑点表示隧道口放置的路侧激光设备采集数据，蓝点表示图8-10中"点2"雷达测量数据，红色线条表示"点3"雷达测量数据。

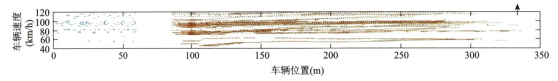

图8-11 双龙互通式立交至何家寨隧道右线测点合流速度

从图8-11中可以看出，合流区至隧道的车辆运行速度变化幅度不大，最低车速为58km/h，最高车速为122km/h，平均车速为92km/h。在测量范围内，车辆的车速保持稳定，没有明显的加减速行为，其原因为交通量过小，无论是直行还是合流车辆，均可以保持完全自由流的状态运行，不需要采取加减速行为。

从图8-12中可以看出，车辆运行轨迹的变化较为混乱，车辆集中在外侧车道，由于测量路段交通量过小，车辆合流过程中，即使发生合流行为，由于没有其他车辆干扰，车辆合流时的行为也较为随意，从外侧车道直接合流的现象时有发生。同时，车辆骑线行驶、不打灯变道等行为也时有发生，在没有监控摄像监测的路段，车辆随意行驶的现象较多。

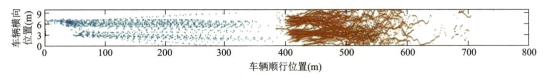

图8-12 双龙互通式立交至何家寨隧道右线测点合流轨迹

8.2 模拟驾驶仿真验证

8.2.1 试验目的及内容

根据试验路段施工图设计资料及现场采集的交通运行数据资料构建三维道路模型,以 Forum8 模拟驾驶仿真系统平台及实车驾驶模拟仓为试验平台,观察测试者在不同试验方案场景中的驾驶情况,记录视觉变化数据。通过驾驶模拟仿真数据,结合对视觉指标的分析,对试验路段正反向小间距互通式立交与隧道或服务区段的标志标线设置的合理性和速度运行特性进行研究。

8.2.2 仿真模型场景搭建

1) 加载地形

将地形图.dwg 或地形图.dxf,使用 DXF Data Conversion Tool(ChineseVersion)工具(x-南北、y-东西),得到.xml 文件;新建自定义项目输入对应的参数(x、y 坐标与 xml 文件的相反),导入.xml 文件,三角形化。

2) 加载街区图

通过地图下载器下载项目卫星图,将其插入地形图.dwg 中,将该卫星图放在 UcwinRoadData9.1\Textures\Terrain\Satellite 目录下,在 UC 中点击街区图命令,输入图片在 cad 图左下角(x,y)坐标,输入宽度和高度,即可添加街区图。

3) 平(主线和立交)、纵设计

用纬地道路 8.0 软件输出直曲表,采用定义道路命令定义路线;采用定义曲线道路定义匝道;平面设计完成后,双击路线就可进行纵断面设计,纵断面需要纬地输出的纵坡竖曲线表,再定义桥梁、隧道、平交等,如图 8-13、图 8-14 所示。

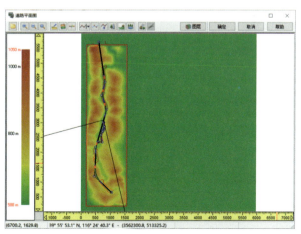

图 8-13 平面设计

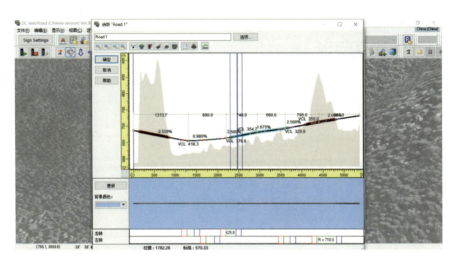

图 8-14 纵断面设计

4）横断面设计

根据道路标准横断面自动进行编辑,包括隧道断面,所有点相对于基点 x、y 方向的长度,如图 8-15 所示。

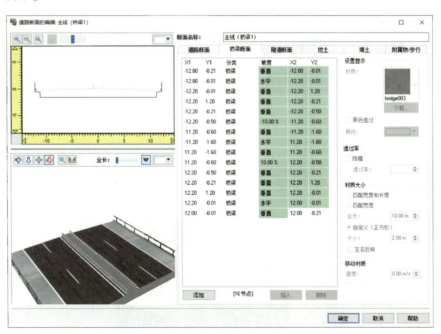

图 8-15 横断面设计

5）添加构造物及景观设计

采用 3DMAX 或 cad 三维设计建立模型,添加图片,或采用 UC 软件自带的模型。三维道路总体模型如图 8-16 所示。

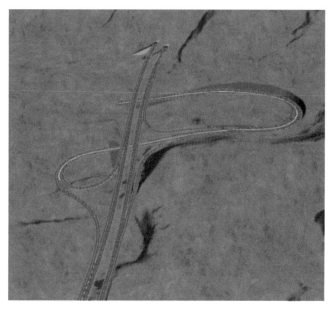

图 8-16 三维道路总体模型

8.2.3 试验设备和试验方案设计

驾驶模拟仿真平台采用 Forum8 模拟驾驶仿真系统,不再赘述。

1) 试验指标选取

试验指标主要包括:驾驶人明适应时间、驾驶人标志视认时间、驾驶人行车过程中车速变化情况,以及车速变化的断面、驾驶人行车过程变换车道位置断面等。

2) 试验人员

为保证数据的有效性,对试验人员的要求如下:

(1)试验人员驾龄在 3 年以上,具有丰富的高速公路行车经验,驾驶操作熟练。

(2)试验人员无重大疾病、生理缺陷,并自愿配合相关试验。

为了减小眼镜对试验数据的影响以减少试验误差,研究选取的试验人员裸视力或矫正视力在 4.8 以上。

试验人员的数量需根据双侧检验计算确定样本量,具体如式(8-1):

$$n = 2\left[\frac{S(t_{2\beta} + t_{2\alpha})}{\delta}\right]^2 \tag{8-1}$$

式中:n——样本量;

$t_{2\alpha}$——显著水平 α 取 0.05,则 $t_{2\alpha} = 1.96$;

S——标准差;

$t_{2\beta}$——犯第二类错误的概率 β,当 $1-\beta \geq 0.75$ 时能够反映总体的差异,研究取 $\beta = 0.1$,则 $t_{2\beta} = 1.282$;

δ——检验与容许误差的差值,通过预试验取 8.5。

根据以上取值得 $n=9.8$，因此，试验人员至少取 10 人，才能满足试验的基本标准。

3) 试验流程

(1) 路段选取

试验以双龙互通式立交与隧道口小净距的路段为研究对象，选取互通式立交和隧道适当的范围进行模拟驾驶仿真。

(2) 设置试验组

① 试验组。

模型采用项目工程实际设计及实际道路采用的交安设施。

a. 试验路段正向驾驶模拟

试验选取项目的正向（顺桩号）作为仿真模拟场景。考虑最不利换道影响因素，要求试验人员初始位于最内侧车道行驶，行驶速度按照标志限定正常行驶。具体方案见表 8-1。

正向驾驶模拟路线　　　　表 8-1

互通式立交或服务区名称	试验起点	试验终点	备注
双龙互通式立交	主线：K23+700	主线：K30+000 E 匝道：K0+300	2 条试验路线

b. 试验路段反向驾驶模拟

试验选取反向（逆桩号）作为仿真模拟场景。考虑最不利换道影响因素，要求试验人员初始也位于最内侧车道行驶，行驶速度按照标志限定正常行驶。具体方案见表 8-2。

反向驾驶模拟路线　　　　表 8-2

互通式立交或服务区名称	试验起点	试验终点	备注
双龙互通式立交	主线：K30+000	主线：K23+700 B 匝道：K0+300	2 条试验路线

② 对照组：模型采用本研究推荐的交安措施，其余试验条件不变。

(3) 问卷调查

试验人员佩戴采集视觉信息的眼动仪，在驾驶模拟仓中进行仿真驾驶试验，进行完试验后，对试验人员进行问卷调查，收集整理试验人员的驾驶主观感受。调查问卷内容应通俗易懂，避免专业化，以便于试验人员回答。

8.2.4　试验数据处理结果分析

驾驶模拟仿真平台能够实时输出车辆的位置、速度、加速度等数据文本（图 8-17）。眼动仪数据分析软件 BeGaze（图 8-18），可以通过眼动仪采集的眼动视频进行视点的路径追踪，对视域范围内的兴趣区域进行划分，建立观测热力图，并可导出注视、扫视、瞳孔变化等数据。本试验主要为验证测试路段标志标线的合理性，因此，采用单因素方差分析方法对模拟驾驶位置、速度数据和眼动注视时间数据进行处理。

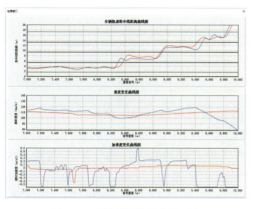

图 8-17　驾驶模拟数据分析工具

图 8-18　BeGaze 眼动仪数据分析软件

根据统计学原理,要检验自变量对因变量是否有显著影响,首先需要提出一个原假设,然后构造一个检验统计量来检验这一假设是否成立。分析方法的前提是数据要满足以下要求:

(1) 各样本为相互独立的随机样本;
(2) 样本总体符合正态分布;
(3) 样本满足总体方差齐次性。

在对样本均值进行比较之前,采用 S-W 检验对样本进行正态性检验($\alpha = 0.05$),用方差同质性检验法对样本方差齐次性进行检验。

通过 10 人在实车试验设备进行的虚拟驾驶试验,从驾驶人驾驶模拟主观感受、驾驶模拟数据、交通标志观察时间等方面,分析试验路段标志标线设置的合理性和速度运行特性。对比本书提出的小净距安全措施相对于传统设计的改善情况,验证结果表明,本研究提出的措施合理。

8.3　交通流仿真验证研究

互通式立交区域交通情况较为复杂,可能存在的交通冲突较多,由于互通式立交与隧道口相距较近时,车辆可能存在分合流的换道过程,分合流车辆要经过多次变换车道,与其他车道上高速行驶的车辆依次交织,冲突点的增多和汇流、分流影响路段较长,增加了车辆之间相互碰撞的概率,带来安全隐患。针对这些可能的安全问题,基于交通冲突技术,利用 VISSIM 微观仿真分析对双龙互通式立交进行交通流仿真分析。

8.3.1　VISSIM 仿真分析软件简介

VISSIM 是由德国 Karlsruhe 大学 PTV 公司开发的一种微观、时间驱动、基于驾驶行为的仿真建模工具。系统核心仿真模型——车辆跟踪模型采用了德国 Karlsruhe 大学 Wiedemann 教授的驾驶人生理-心理反应模型,横向变换车道运行采用了基于规则(Rules based)的算法。VISSIM 已广泛应用于交通领域的各个方面,包括平面交叉口、城市道路、高速公路、大型路网

等,其优势在于能够满足不同交通条件下的交通分析需求:

(1)交通管理系统设计方案的评价分析;

(2)交通几何设施改进方案的评价分析;

(3)道路交通安全分析;

(4)新交通技术和设想的试验。

VISSIM 交通仿真模型的精确性主要取决于车流量模型的质量,例如,路网中的车辆行驶行为。VISSIM 采用的生理-心理驾驶行为模型的基本思路如图 8-19 所示,一旦后车驾驶人认为他与前车之间的距离小于其心理安全距离时,后车驾驶人开始减速。由于后车驾驶人无法准确判断前车车速,后车车速会在一段时间内低于前车车速,直到前后车间的距离达到另一个心理安全距离时,后车驾驶人才会开始缓慢地加速,由此周而复始,形成一个加速、减速的迭代过程。

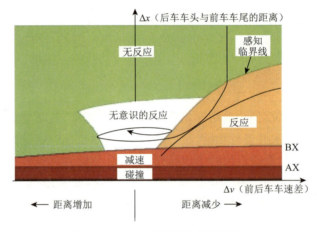

图 8-19 VISSIM 仿真原理(跟车模型)

车速和空间阈值的随机分布能够体现出驾驶人的个体驾驶行为特性。德国 Karlsruhe 大学进行了多次实地测试以校准该模型的参数。定期进行的现场测试和模型参数更新,能够保证驾驶行为的变化和车辆性能的改善在该模型中得到充分地反映。

在多车道路段上,VISSIM 允许驾驶人不仅考虑本车道上前面的车辆(默认为 2 辆),也可以考虑两边邻近车道的车辆。

通过分析 VISSIM 的输出结果,状态为 AX 的车辆处于撞车危险区,与前车的跟车距离小于期望车头间距,符合交通冲突的条件。因此,基于 VISSIM 的交通冲突可以定义为:行驶于道路上的车辆,如果与前车的跟车距离小于期望车头间距,那么认为车辆此时所处的状态为交通冲突。这样定义交通冲突考虑了路段车速及流量的影响,克服了以往交通冲突分类的弊端。

8.3.2 交通流仿真验证研究

(1)评估方案思路:保持现有道路线形设计及出入口匝道的限速不变,研究不同服务水平下不同主线与匝道交通量组合时,互通式立交出入口区域行车安全性影响。模拟驾驶仿真验证前的工作准备如图 8-20 所示。

a) 隧道路段、出入口匝道、圆曲线路段减速区域设定

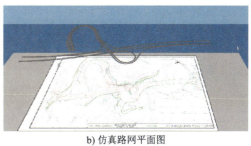
b) 仿真路网平面图

c) 平面图分合流路段

d) 交通流组成参数

图 8-20　模拟驾驶仿真验证前的工作准备示例

（2）互通式立交行车路径如图 8-21、图 8-22 所示。

a) 行车路径设定1

b) 行车路径设定2

c) 行车路径设定3

图 8-21　双龙互通式立交行车路径图

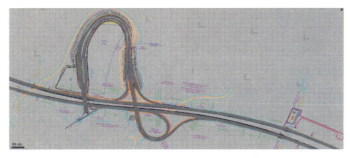

图 8-22　双龙互通式立交仿真路网总体图

道路设计及现有限速条件：出入口匝道限速 40km/h，隧道路段外侧限速 80km/h，内侧小客车限速 90km/h；基本路段限速 90km/h；小客车期望速度 100km/h，货车及大客车期望速度 80km/h。

（3）驾驶模拟仿真情景。

①方案一：按照设计文件中情景，主线交通量按 2450veh/h，匝道交通量按 70veh/h。

②方案二:主线交通量均达到三级服务水平,匝道达到二级服务水平,即450veh/h。

③方案三:主线和匝道交通量均达到三级服务水平,即主线交通量3600veh/h,匝道交通量650veh/h。

三个方案的交通流仿真设置参数见表8-3。

交通流仿真设置参数　　　　　　　　　　　表8-3

参数	情景1	情景2	情景3
主线交通量(veh/h)	2450	3600	3600
匝道交通量(veh/h)	70	450	650

(4)驾驶模拟仿真验证如图8-23~图8-25所示。

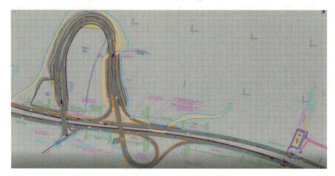

图8-23　情景1交通流仿真截图

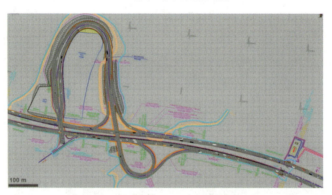

图8-24　情景2交通流仿真截图

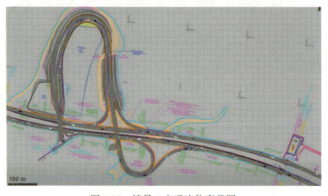

图8-25　情景3交通流仿真截图

(5)驾驶模拟仿真验证结论。

①在情景1状态下,主线交通流达到设计值,即2450veh/h,匝道70veh/h时,双龙互通式立交的交通运行状况良好,分合流区未出现明显的冲突。

②在情景2状态下,主线交通流达到三级服务水平,即3600veh/h,匝道450veh/h时,双龙互通式立交交通流运行基本稳定,流入匝道出现少量交织汇入情况。

③在情景3状态下,主线交通流达到三级服务水平,即3600veh/h,匝道650veh/h时,双龙互通式立交交通流运行出现不稳定状态,流入匝道出现明显排队汇入情况,流出匝道车辆会与主线直行车辆之间发生明显冲突。

(6)安全改善建议。

①按照设计预测交通量,双龙互通式立交流入、流出交通量均较小,满足匝道一级服务水平;主线交通量在三级服务水平时,该互通式立交运行安全性良好。为进一步提高隧道立交段安全性,建议隧道出口与互通式立交出口之间增设200m出口预告标志,再次提醒内侧车道上的车辆换道至外侧车道通行,避免短距离强行变道,影响主线外侧车道直行交通流正常运行。

②从仿真结果分析,该互通式立交能够满足主线三级及以下服务水平交通流的运行稳定性。如果未来该互通式立交匝道汇入、驶出流量出现激增情况,需对该互通式立交匝道汇入、流量进行匝道管控,通过互通式立交主动交通控制措施,降低汇流交通冲突,提高立交通行效率和安全性。

参考文献

[1] 中华人民共和国交通运输部.公路路线设计规范:JTG D20—2017[S].北京:人民交通出版社股份有限公司,2017.

[2] 中华人民共和国交通运输部.公路立体交叉设计细则:JTG/T D21—2014[S].北京:人民交通出版社股份有限公司,2014.

[3] Bassan S. Sight distance and horizontal curve aspects in the design of road tunnels vs. highways [J]. Tunnelling and Underground Space Technology incorporating Trenchless Technology Research,2015,45(jan.):214-226.

[4] Zhuang-Lin M,Chun-Fu S,Sheng-Rui Z. Characteristics of traffic accidents in Chinese freeway tunnels[J]. Tunnelling & Underground Space Technology Incorporating Trenchless Technology Research,2009,24(3):350-355.

[5] F H Amundsen,et al. Studies on traffic accidents in Norwegian road tunnels[J]. Tunnelling & Underground Space Technology,2000.

[6] Robatsch,Nussbaumer. Road Safety in Tunnels with Uni-and Bi-directional Traffic in Austria, International Conference Tunnel Safety and Ventilation,Graz[C]. 2004.

[7] McCartt A T,Northrup V S,Retting R A. Types and characteristics of ramp-related motor vehicle crashes on urban interstate roadways in Northern Virginia[J]. Journal of Safety Research,2004,35(1):107-114.

[8] Bourdy C,Chiron A,Cottin C,et al. Visibility at a tunnel entrance:Effect of temporal adaptation [J]. Lighting Research and Technology,1987,19(2):35-44.

[9] Verwey W B. Effects of Tunnel Entrances on Drivers' Physiological Condition and Performance. An Exploratory Study[J]. Drivers,1995.

[10] Plainis S,Murray I J. Reaction times as an index of visual conspicuity when driving at night [J]. Ophthalmic and Physiological Optics,2002,22(5):409-415.

[11] 日本道路协会.日本公路技术标准的解说与运用[M].北京:人民交通出版社,1980.

[12] 日本道路公团.日本高速公路设计要领[M].西安:陕西旅游出版社,1991.

[13] 杜尔特.联邦德国道路设计[M].北京:人民交通出版社,1987.

[14] 美国各州公路与运输工作者协会.公路与城市道路几何设计[M].西安:西北工业大学出版社,1988.

[15] 美国交通研究委员会.道路通行能力手册[M].北京:中国建筑工业出版社,1991.

[16] Hoeksma H,Broeren P,Hennink H,et al. Tunnel Road Design Junctions In and Near Tunnels in Freeways[J]. International Symposium on Highway Geometric Design,2010.

[17] Ammoun S,Nashashibi F,Laurgeau C. An analysis of the lane changing manoeuvre on roads: the contribution of inter-vehicle cooperation via communication:Intelligent Vehicles

Symposium[C]. 2007.

[18] Nishiwaki Y, Miyajima C, Kitaoka H, et al. Stochastic modeling of vehicle trajectory during lane-changing:Proceedings of the IEEE International Conference on Acoustics, Speech, and Signal Processing, ICASSP 2009,19-24 April 2009, Taipei, Taiwan[C]. 2009.

[19] Jurado-Pina R, Pardillo-Mayora R M, Jimenez R. Methodology to Analyze Sun Glare Related Safety Problems at Highway Tunnel Exits[J]. Journal of Transportation Engineering, 2010, 136(6):545-553.

[20] Shimojo A, Takagi H, Onuma H. A simulation study of driving performance in long tunnel: Vehicle Navigation & Information Systems Conference[C]. 1995.

[21] Yan W, Guo Z Y, Liao Z G. Safety Analysis for Illumination Design at Tunnel Entrance and Exit:International Conference on Intelligent Computation Technology & Automation[C]. 2010.

[22] Agent K R. Transverse pavement markings for speed control and accident reduction[J]. Crash Investigation,1980(773).

[23] Malik A. Guide for the Lighting of Road Tunnels and Underpasses[J]. cie publ,2005.

[24] Lovell, J. D. Automated Calculation of Sight Distance from Horizontal Geometry[J]. Journal of Transportation Engineering,1999,125(4):297-304.

[25] 赖金星,张鹏,周慧,等.高速公路隧道交通事故规律研究[J].隧道建设,2017,37(001):37-42.

[26] 张玉春,何川,吴德兴,等.高速公路隧道交通事故特性及其防范措施[J].西南交通大学学报,2009,44(005):776-781.

[27] 倪洪亮,戴忧华,赵庆鑫.高速公路隧道事故分布研究[J].公路,2010,000(004):126-129.

[28] 李玉岱,何国.高速公路出口路段车辆交通事故多发原因及对策[J].汽车运用,2011(01):32-33.

[29] 刘亚非,杨少伟,潘兵宏.基于交通心理学的高速公路出口匝道事故成因研究[J].公路,2011,000(011):104-108.

[30] 施卢丹.高速公路特长隧道驾驶人眼动注视特性研究[D].西安:长安大学,2011.

[31] 杜志刚,潘晓东,郭雪斌.高速公路隧道进出口视觉适应实验[J].哈尔滨工业大学学报,2007(12):1998-2001.

[32] 杜志刚,潘晓东,郭雪斌.公路隧道进出口行车安全评价指标应用研究[J].同济大学学报(自然科学版),2008,36(3):325-329.

[33] 杜志刚,潘晓东,杨轸,等.高速公路隧道进出口视觉震荡与行车安全研究[J].中国公路学报,2007(05):105-109.

[34] 杜志刚,潘晓东,郭雪斌.公路隧道进出口行车安全的视觉适应指标[J].华南理工大学学报(自然科学版),2007(07):15-19.

[35] 杜志刚,朱顺应,潘晓东.基于瞳孔面积变动的公路隧道视觉适应试验研究:第四届全国公路科技创新高层论坛论文集:下卷[C].北京:人民交通出版社,2008.

[36] 丁光明.高速公路隧道环境对驾驶人生理及心理影响研究[D].西安:长安大学,2011.
[37] 姚晶.主线分合流与隧道及互通式立交出入口最小间距研究[D].西安:长安大学,2017.
[38] 赵一飞,陈敏,潘兵宏.隧道与互通式立交出口最小间距需求分析[J].长安大学学报(自然科学版),2011(03):68-71.
[39] 王少飞,李伟聪,林志,等.三车道高速公路隧道出口与互通式立交最小间距研究[J].公路交通技术,2013,000(006):103-107.
[40] 廖军洪,王芳,邬洪波,等.高速公路互通立交与隧道最小间距研究[J].公路,2012(1):1-7.
[41] 马亚坤.高速公路隧道出口与服务区最小间距研究[D].西安:长安大学,2013.
[42] 吴玲,张冬梅,刘浩学,等.高速公路中长隧道出入口段视错觉减速标线设置研究[J].中国安全科学学报,2016,26(01):81-86.
[43] 于亚敏.公路隧道入口"黑洞"效应的数值表征与遮阳棚光环境设计方法[D].西安:长安大学,2019.
[44] 尹露.高速公路变速车道几何设计参数及安全保障措施研究[D].重庆:重庆交通大学,2018.
[45] 黄小勇.高速公路互通式立交出口标志优化研究[D].长沙:长沙理工大学,2017.
[46] 中华人民共和国交通部.公路路线设计规范:JTJ 011—1994[S].北京:人民交通出版社,1994.
[47] 中华人民共和国交通部.公路路线设计规范:JTG D20—2006[S].北京:人民交通出版社,2006.
[48] 倪永军,张雪峰,魏庆朝,等.高速公路隧道内噪声声场分布特性[J].长安大学学报(自然科学版),2014.
[49] 朱文,马非,何川,等.高速公路隧道内噪音特性研究[J].重庆交通大学学报(自然科学版),2008.
[50] 胡英奎,陈仲林,张青文,等.驾车接近隧道过程中驾驶人瞳孔大小变化规律[J].土木建筑与环境工程,2015,37(06).
[51] 中华人民共和国交通运输部.公路隧道设计细则:JTG/T D70—2010[S].北京:人民交通出版社,2010.
[52] 洪玉川.公路隧道洞口曲线线形指标研究[D].西安:长安大学,2018.
[53] 中华人民共和国交通运输部.公路隧道设计规范:第一册 土建工程:JTG 3370.1—2018[S].北京:人民交通出版社股份有限公司,2018.
[54] 张驰,杨少伟,于会江,等.高速公路隧道出入口过渡段的合理长度[J].长安大学学报(自然科学版),2012.
[55] 倪娜.山区高速公路隧道密集段交通特性及安全保障技术研究[D].西安:长安大学,2023.
[56] 吉小进,方守恩,黄进.高速公路基本路段V/C比与事故率的关系[J].公路交通科技,2003.
[57] Torbic D J, Harwood D W, Gilmore D K, et al. Safety Analysis of Interchanges[J].

Transportation Research Record Journal of the Transportation Research Board,2009,2092(2092):39-47.

[58] Janson B N,Awad W,Robles J,et al. Truck accidents at freeway ramps:data analysis and high-risk site identification[J]. Journal of Transportation and Statistics,1998,1(1).

[59] He Y,Sun X,Coakley R C. Safety Analysis of Freeway Interchanges[C]. First International Symposium on Transportation and Development Innovative Best Practices (American Society of Civil Engineers),2008.

[60] 颉骥,何柏青.高速公路交通事故主要成因分析及解决方案研究[J].交通与运输(学术版),2013(02):144-146.

[61] 裴玉龙,马骥.道路交通事故道路条件成因分析及预防对策研究[J].中国公路学报,2003(4):78-83.

[62] Mccartt A T,Northrup V S,Retting R A. Types and characteristics of ramp-related motor vehicle crashes on urban interstate roadways in Northern Virginia[J]. Journal of Safety Research,2004,35(1):107-114.

[63] Hauer E. Statistical Road Safety Modeling[J]. Transportation Research Record Journal of the Transportation Research Board,2004(1897):81-87.

[64] 刘亚非,杨少伟,潘兵宏.基于交通心理学的高速公路出口匝道事故成因研究[J].公路,2011(11):104-108.

[65] Bauer K M,Harwood D W. Statistical Models of Accidents on Interchange Ramps and Speed-change Lanes[J]. Highway Design,1998.

[66] 程飞,郭唐仪,白泉.美国Florida州高速公路出口区域事故特征分析[J].中外公路,2015,35(05):313-317.

[67] 周天赤,於方莹,张秀松,等.高速公路喇叭形互通式立交事故多发位置及成因分析[J].公路交通技术,2019,035(1):129-133.

[68] 沈强儒,赵一飞,杨少伟,等.基于识别视距的特殊互通式立交出口区域主线线形指标分析[J].安全与环境学报,2015,15(03):89-92.

[69] 崔洪军,由婷婷,李霞,等.高速公路隧道入口段照明动态阈值区间研究[J].交通信息与安全,2018,36(03).

[70] 杨格.基于驾驶人视觉特性的隧道入口安全评价方法探讨[J].中国交通信息化,2020,(S1).

[71] 邓敏,代言明.隧道照明光源光色对驾驶人视觉功效的影响[J].重庆大学学报(自然科学版),2016.

[72] 张扬帆,魏清华,梁波,等.公路短隧道照明环境对驾驶人生理的影响[J].照明工程学报,2018.

[73] 彭力,翁季,张青文,等.长隧道内光环境参数对驾驶人心理状态的影响[J].照明工程学报,2019,30(04).

[74] 秦鹏程,王明年,包逸帆,等.公路隧道疲劳缓解灯光带对驾驶人眼动特征影响研究[J].现代隧道技术,2021,58(01).

[75] 王首硕,杜志刚,文竞舟,等.低等级公路光学长隧道驾驶人视觉负荷研究[J].隧道建设(中英文),2020,40(02).

[76] 王新鑫,蔡贤云,刘银露,等.公路隧道照明环境下中老年驾驶人视觉特征研究综述[J].灯与照明,2021,45(01).

[77] 杜志刚,余昕宇,向一鸣,等.基于交通事故预防的高速公路隧道光环境优化研究[J].武汉理工大学学报(交通科学与工程版),2018,42(05).

[78] Yeung J S, Wong Y D. Road traffic accidents in Singapore expressway tunnels[J]. Tunnelling & Underground Space Technology Incorporating Trenchless Technology Research, 2013, 38(sep.):534-541.

[79] 赖金星,张鹏,周慧,等.高速公路隧道交通事故规律研究[J].隧道建设,2017,37(001):37-42.

[80] 中华人民共和国交通运输部.公路隧道照明设计细则:JTG/T D70/2-01—2014[S].北京:人民交通出版社股份有限公司,2014.

[81] Kohl B, Botschek K, Hörhan R, et al. Austrian Risk Analysis for Road Tunnels Development of a New Method for the Risk Assessment of Road Tunnels: Proceedings and Monographs in Engineering Water and Earth Sciences, May 05-10, 2007[C]. Prague, CZECH REPUBLIC,2007.

[82] 施洪乾.高速公路隧道群交通事故指标体系及方法研究[D].西安:西南交通大学,2009.

[83] 王烨.基于轨迹数据的高速公路车辆换道特性与换道模型研究[D].西安:长安大学,2020.

[84] 孔令臣.多车道高速公路互通式立交加减速车道长度及最小净距研究[D].西安:长安大学,2012.

[85] 中华人民共和国交通运输部.公路工程技术标准:JTG B01—2014[S].北京:人民交通出版社股份有限公司,2014.

[86] 金珊珊.公路横断面宽度过渡段技术指标研究[D].西安:长安大学,2013.

[87] MEHMOOD A. Integrated simulation model for driver behaviour using system dynamics[D]. Waterloo: University of Waterloo,2003.

[88] 张发,宣慧玉,赵巧霞.基于有限状态自动机的车道变换模型[J].中国公路学报,2008,21(3):91.

[89] 姚晶,王海君,潘兵宏,等.基于换道模型的高速公路隧道出口与主线分流点最小净距研究[J].中外公路,2017,37(04):298-302.

[90] 交通部.新理念公路设计指南[M].北京:人民交通出版社,2005.

[91] 刘斌.基于乘客感受的互通式立交范围内路面宽度过渡段关键技术研究[D].西安:长安大学,2023.

[92] 冯国红.人因工程学[M].武汉:武汉理工大学出版社,2013.

[93] 孟庆茂,常建华.实验心理学[M].北京:北京师范大学出版社,1999.

[94] 李霖,朱西产,马志雄.驾驶员在真实交通危险工况中的制动反应时间[J].汽车工程,2014,36(10):1225-1229.

[95] 刘宁伟,梁波,肖尧,等.基于驾驶员反应时间特性的特长隧道行车安全[J].科学技术与工程,2020,20(26):10927-10933.

[96] Bassan S. Sight distance and horizontal curve aspects in the design of road tunnels vs. highways[J]. Tunnelling and Underground Space Technology incorporating Trenchless Technology Research,2015,45(Jan.).

[97] 中华人民共和国交通运输部.公路限速标志设计规范:JTG/T 3381-02—2020[S].北京:人民交通出版社股份有限公司,2020.

[98] 袁中.高速公路合流区车辆运行模拟与评价研究[D].合肥:合肥工业大学,2004.

[99] He Y, Sun X, Coakley R C. Safety Analysis of Freeway Interchanges: First International Symposium on Transportation and Development Innovative Best Practices[C].2008.

[100] 姚晶.主线分合流与隧道及互通式立交出入口最小间距研究[D].西安:长安大学,2017.

[101] 潘兵宏,赵一飞,梁孝忠.动视觉原理在公路线形设计中的应用[J].长安大学学报(自然科学版),2004,24(6):20-24.

[102] 潘兵宏,王烨.基于双曲正切函数的小客车换道轨迹模型[J].江苏大学学报(自然科学版),2020(4):419-425.

[103] 潘兵宏,周锡浈,周廷文,等.高速公路互通式立交出口识别视距计算模型[J].同济大学学报(自然科学版),2020,48(9):1312.

[104] American Association of State Highway and Transportation Officials. A Policy on Geometric Design of Highways and Streets [S]. American Association of State Highway and Transportation Officials,2018.

[105] 潘兵宏,田曦,董爱强.高速公路互通式立交合流区安全视距分析[J].中外公路,2016,36(01):317-320.

[106] 李洋,潘兵宏,梅杰,等.基于合流视距的高速公路主线合流路段圆曲线最小半径研究[J].铁道科学与工程学报,2022.

[107] 赵永平,杨少伟,赵一飞.高速公路中央分隔带外侧超车道停车视距分析[J].公路,2004(06):39-42.

[108] 王维荣,张驰,杨少伟,等.匝道收费站平纵曲线技术指标探讨[J].公路交通科技(应用技术版),2016,12(3):355-356.

[109] 潘兵宏,韩雪艳,王云泽.中央分隔带凹形竖曲线防眩设施高度计算模型研究[J].中外公路,2016,36(06):315-319.

[110] 中华人民共和国交通运输部.公路交通安全设施设计细则:JTG/T D81—2017[S].北京:人民交通出版社股份有限公司,2017.

[111] 中华人民共和国交通运输部.公路交通安全设施设计规范:JTG D81—2017[S].北京:人民交通出版社股份有限公司,2017.

[112] 中华人民共和国交通运输部.公路交通标志和标线设置规范:JTG D82—2009[S].北京:人民交通出版社,2009.

[113] 唐力焦.基于高速公路几何线形与路侧安全设施的视线诱导技术研究[D].西安:长安

大学,2023.

[114] 中华人民共和国交通部.高速公路交通工程及沿线设施设计通用规范:JTG D80—2006[S].人民交通出版社,2006.

[115] 刘浩学,刘晞柏,赵珠昌.交通心理学[M].西安:陕西科学技术出版社,1992.

[116] 张子培.基于边缘率的路面标线减速效果增强实验与分析[D].武汉:武汉理工大学,2013.

[117] Bowen R W, Pola J, Matin L. Visual persistence: Effects of flash luminance, duration and energy[J]. Vision Research,1974,14(4):295-303.

[118] 中交第一公路勘察设计研究院有限公司.邻近隧道的立交合流区车道行车安全诱导主动管控系统:202223016966.3[P].2023-05-02.

[119] 中交第一公路勘察设计研究院有限公司.邻近隧道的立交分流区车道行车安全诱导主动管控系统:202223023797.6[P].2023-05-02.

[120] 长安大学.一种基于图像识别洞口车辆自动开过灯方法:201810241995.9[P].2021-07-02.

[121] 中交第一公路勘察设计研究院有限公司.一种高速公路危险交通行为识别方法:201811615215.9[P].2019-08-27.

[122] 中交第一公路勘察设计研究院有限公司.一种高速公路交通事故风险评估方法:201811156908.6[P].2019-10-01.